基于核心素养的语文生态课堂创新教学设计

主　编　刘　鹰
副主编　施　玮　秦迎春
参　编（按姓氏笔画顺序）
　　　　王红艳　刘应华　李　颖　李娅铭
　　　　时　敏　吴路平　余　萍　汪园园
　　　　张　琴　侍寒冰　周　静　郎　怡
　　　　胡　节　彭　超

东南大学出版社
SOUTHEAST UNIVERSITY PRESS
·南京·

图书在版编目(CIP)数据

基于核心素养的语文生态课堂创新教学设计 / 刘鹰主编. —南京:东南大学出版社,2021.12
ISBN 978-7-5641-9395-9

Ⅰ.①基… Ⅱ.①刘… Ⅲ.①语文课—课堂教学—教学设计—中等专业学校 Ⅳ.①G633.302

中国版本图书馆CIP数据核字(2020)第269572号

责任编辑:张丽萍　责任校对:李成思　封面设计:毕真　责任印制:周荣虎

基于核心素养的语文生态课堂创新教学设计
Jiyu Hexin Suyang De Yuwen Shengtai Ketang Chuangxin Jiaoxue Sheji

主　　编	刘　鹰
出版发行	东南大学出版社
社　　址	南京四牌楼2号　邮编:210096　电话:025-83793330
网　　址	http://www.seupress.com
电子邮件	press@seupress.com
经　　销	全国各地新华书店
印　　刷	常州市武进第三印刷有限公司
开　　本	787mm×1 092mm　1/16
印　　张	15
字　　数	336千字
版　　次	2021年12月第1版
印　　次	2021年12月第1次印刷
书　　号	ISBN 978-7-5641-9395-9
定　　价	48.00元

本社图书若有印装质量问题,请直接与营销部调换。电话(传真):025-83791830

前　言

　　职业学校的语文课程是学习正确理解和运用祖国语言文字的综合性、实践性课程。语文课程对于全面贯彻党的教育方针，落实立德树人根本任务，培养德智体美劳全面发展的社会主义建设者和接班人具有重要作用。课堂是培养语文核心素养的主阵地，直接影响人才培养质量。

　　近年来，尽管职业学校办学规模不断扩大，办学条件日益改善，但由于生源素质等因素，语文课堂教学现状不容乐观。学生学习兴趣不浓，厌学情绪比较严重。职业学校的语文课改虽然早已开始，可依旧雷声大，雨点小，存在着教学实践中"穿新鞋走老路"的现象。如：教师主宰课堂，学生被动接受，教学效率不高；教师厌教，学生厌学等。这些问题的存在，严重阻碍了文化基础课程改革的全面推进和深化，制约了职业教育人才培养质量的提高。如何在课堂教学中革弊布新，提高课堂教学的有效性，如何在教学实践活动中培养学生的语文素养，如何让我们的职教语文课堂焕发生命的活力，成为现阶段亟待研究的问题。

　　党的十七大报告中提出了"建设生态文明"的要求，突显出生态建设的重要性和紧迫性。十八大报告提出"努力走向社会主义生态文明新时代"以来，全国的生态文明建设发生了历史性、转折性和全局性的变化。学校生态文明教育是全民生态文明教育的关键环节，为有效推动生态文明建设与文化建设的有机融合，培养和输送人才。

　　2020年，教育部颁布了《中等职业学校语文课程标准（2020年版）》，对职业学校的文化基础课程改革提出了新的要求。如何从新的视角，以新的思路探索新策略、新方法，是现阶段职教语文教学改革的新目标。因此，高扬人本主义的理念，营造和谐生态的职教语文课堂，并通过多元互动的教学活动，使每个学生的个人潜能得到挖掘和发展，是目前职教语文课堂教学改革的重要目标。努力构建能够促进学生发展的语文生态课堂，从而发挥语文学科工具性、人文性和职业性的功能，为职教语文课堂教学确立学生本体，建立自由和谐富有个性的独立自主的学习生态环境，提高教学有效性，提供理论和实践依据。

　　构建语文生态课堂，就是要强调平衡、有机、统一、亲和与融洽，从而使教学内部的亲和性、创造性、自主性、生态有机性受到最大限度的重视和得到最大限度的强化；就是要为学生提供一个阳光、水分、空气充足的"生态园区"。这是现代教育的呼唤，是落实课改的行动，是学生发展的需要，是教师自身发展的需要。

语文生态课堂回应了现代教育的呼唤。

语文生态课堂是以人为本的课堂,关注人性,突出发展,充满活力。它是由认知领域到生命全域,是教师、学生、文本之间的对话过程,是学生成长的乐园,也是教师成长的平台,成为师生生命成长的原野。

语文生态课堂适应现代职教语文教育教学改革的趋势。它遵循人的生命发展的规律和原则,促进人的生命走向更加完整、和谐的境界,体现了教育本质的回归;它倡导自立、合作、探究地获取知识,要求教学走进学生的生命世界。只有促成课堂教学的各元素之间的和谐运作,形成"生态课堂",才能让课程改革取得真正的成功。

语文生态课堂顺应了学生发展的需要。

教育的最终目的是提高人的素质,促进人全面、协调、可持续的个性发展。在对待学生的发展问题上,一般认为人是有潜能的,人的潜能是可以开发的,充分发挥学生的潜能,培养具有创新意识的人已成为当今教育的共识。

课堂是学生自我发展的主要阵地。课堂教学中的学生是成长的生命、发展的主体,和谐有效的语文生态课堂教学活动能让学生获得较为全面的语文核心素养,提高审美意识和情趣,能为学生个人自主、全面、和谐发展提供平台。

语文生态课堂适应了教师发展的需要。

职业学校语文教学要遵循语文教育规律,突出职业教育特色。教学中要坚持以学生发展为本,探索富有实效的教学模式,改进教学方式、方法和手段,培养学生语文综合能力,提升学生的职业素养。而语文生态课堂教学要求教师关注的兴奋点发生转变,从关注语言文字学习转变到关注成长。也可以说是从关注眼前的成绩转变到关注学习者的生命状态。教师就会主动地围绕学生健康、和谐、快乐、幸福地学习和成长这一主旨设计课程和开发课程资源。在语文生态课堂的构建过程中教师将与学生共同成长,同样在对语言、文学的研究中提升自身的语文素养和能力。为此,语文生态课堂的构建也成了教师成长的推动器。

本语文教学团队十余年来结合职业教育语文和学生特点,积极探索职教语文教学有效育人功能。本书就是我们近年来进行课改探索的实践成果。全书共选取了30篇课例,大都取材于江苏省职业学校文化课教材《语文》。虽然,目前新教材即将出版,但是这些经典文章的生命力是经久不衰的。由于我们水平有限,本书疏漏之处在所难免,敬请专家和同行们批评指正。

刘 鹰

2021 年 5 月

目 录

前言

第一章　诗意盎然

1.《雨霖铃》创新教学设计　　　　　　　　　◇　胡　节 / 002
2.《将进酒》创新教学设计　　　　　　　　　◇　王红艳 / 011
3.《致橡树》创新教学设计　　　　　　　　　◇　胡　节 / 018
4.《我来到这个世界为的是看太阳》创新教学设计
　　　　　　　　　　　　　　　　　　　　◇　李娅铭 / 026

第二章　感悟生活

5.《我的空中楼阁》创新教学设计　　　　　　◇　李　颖 / 035
6.《故都的秋》创新教学设计　　　　　　　　◇　施　玮 / 044
7.《五月的鲜花》创新教学设计　　　　　　　◇　余　萍 / 050
8.《我的母亲》创新教学设计　　　　　　　　◇　时　敏 / 057

第三章　海纳百川

9.《晚秋佳日》创新教学设计　　　　　　　　◇　施　玮 / 064
10.《项链》创新教学设计　　　　　　　　　　◇　郎　怡 / 071
11.《蝉》创新教学设计　　　　　　　　　　　◇　李娅铭 / 080

第四章　独具匠心

12.《景泰蓝的制作》创新教学设计　　　　　　◇　刘应华 / 088
13.《庖丁解牛》创新教学设计　　　　　　　　◇　李　颖 / 097
14.《师说》创新教学设计　　　　　　　　　　◇　侍寒冰 / 105
15.《劝学》创新教学设计　　　　　　　　　　◇　刘　鹰 / 113

第五章　传情达意

16.《道歉》创新教学设计　　　　　　　　　　◇　彭　超 / 121
17.《口语交际——劝说》创新教学设计　　　　◇　施　玮 / 130
18.《情境对话》创新教学设计——以《荷花淀》为例
　　　　　　　　　　　　　　　　　　　　　　◇　侍寒冰 / 139

第六章　淡写轻描

19.《人物描写》创新教学设计　　　　　　　　◇　胡　节 / 146
20.《广告语的写作》创新教学设计　　　　　　◇　彭　超 / 154
21.《诗话南京》创新教学设计　　　　　　　　◇　秦迎春 / 161

第七章　同课异构

22.《子路、曾皙、冉有、公西华侍坐》创新教学设计
　　　　　　　　　　　　　　　　　　　　　　◇　秦迎春 / 172
23.《子路、曾皙、冉有、公西华侍坐》创新教学设计
　　　　　　　　　　　　　　　　　　　　　　◇　张　琴 / 181
24.《虞美人》创新教学设计　　　　　　　　　◇　周　静 / 185
25.《虞美人》创新教学设计　　　　　　　　　◇　时　敏 / 192
26.《念奴娇·赤壁怀古》创新教学设计　　　　◇　王红艳 / 199
27.《念奴娇·赤壁怀古》创新教学设计　　　　◇　余　萍 / 206
28.《亡人逸事》创新教学设计　　　　　　　　◇　吴路平 / 212
29.《亡人逸事》创新教学设计　　　　　　　　◇　张　琴 / 219

第八章　以赛促教

30."领略古典魅力,增强文化自信"教学实施报告
　　　　　　　　　　　◇　刘　鹰　彭　超　汪园园　时　敏 / 225

第一章　诗意盎然

"在心为志,发言为诗",诗歌是中国古代最美的文学、最动人的文学、最擅长抒情的文学。它们深微隐幽,意味隽永;美到极处,又豪放到极处;情调闲雅,襟怀旷达;雄放慷慨,动人心魄。细细品味,诗歌又是最能让人沉醉心迷的文字。

中国的诗歌作品博大精深、意蕴无穷,是文学宝库中的瑰宝,是诗人真情实感的咏唱,是心灵对现实的应答,也是丰富学生语言、提高学生审美能力、培养学生核心素养的宝贵教学资源。

我们在本章节撷取的只不过是诗歌宝库中的数朵小花,让我们一起轻叩诗歌的艺术大门,一起领略诗词的诗情画意,体悟古今中外诗人的心灵世界,感受诗歌那令人沉醉的艺术魅力。

《雨霖铃》创新教学设计

胡 节

设计意图

《雨霖铃》是宋代婉约派词人柳永的代表作,亦是离别词中的名篇,选自江苏省职业学校文化课教材《语文》第二册第二单元。本词以"离情"为线索,细致地描绘了词人在离开都城汴京时与红颜知己执手别离的情景。感情是抽象而不可捉摸的,但是本词的高明之处在于,以景写情,通过实景引出情感,再由情感造出虚景,可谓借景抒情、缘情造景、情景交融。由意象组成图景,层层铺叙,处处点染,在联想与想象中让读者感受离别后的惆怅与痛苦。写的是清秋景,抒的是离别情,一切景语皆情语。

本课授课对象为高职一年级学生。学生语文学习基础较好,课堂讨论交流较为主动、积极,拥有一定的分析鉴赏能力。但大部分学生在古典文学的学习上缺乏自信,阅读古诗词时只能直观感悟、猜测,难以表达;情感上缺乏体验,也不懂得从意象、意境等方面鉴赏诗词。结合学生学情与本词特点,运用生态课堂的理念,教学设计让学生学会运用自主探究、讨论交流的学习方法鉴赏诗词。教师将本课设计为"听读诵,定基调""寻意象,悟情感""品图景,析手法""说独白,诉衷肠""用所学,赏新词"这五大教学活动,以诵读感悟、情景教学和讨论分析的方式引导、点拨学生自主探究、合作交流,力求在课堂教学中,让学生通过对意象的分析解读,赏析"情景交融,虚实相济"的艺术特色,体悟词人无人可诉的落寞与前景渺茫的哀怨。

设计思路具体如图示:

语言理解与运用
　　抓住本词词眼,并明确其感情基调。通过对微课的自主学习,了解意象含义。借助网络平台,通过百度百科及热搜诗句,深入理解本词重点意象。通过给图景命名,锻炼学生的语言概括能力

思维发展与提升
　　通过分析《雨霖铃》的艺术手法,浅赏《八声甘州》的艺术手法,从而总结由意象入手、组成图景的学习方法。另外,虚实结合的艺术手法在《八声甘州》中亦有体现,加强了学生对其掌握的熟练度

中职语文核心素养(全面发展的人)

审美发现与鉴赏
　　通过连线搭配,让学生深层理解图景的作用,从而深度感知其艺术效果。理解实景、虚景,并能够明确虚实相生的艺术手法。理解铺叙、借景抒情、直抒胸臆的艺术手法。通过思考词人为什么无人可说、又想说什么,感知词人知音难觅、前途渺茫的苦闷

文化传承与参与
　　通过对本词艺术手法的总结与归纳,培养学生对古典诗词的热爱及纯正的文学趣味,使学生感受词的魅力,感受古人离别时的幽怨伤感之情,伤离别,重真情

语文核心素养的四个方面是一个整体,其中语言理解与运用是基础,其他三个方面都建立在语言理解与运用的基础之上。

教学目标

1. 整体感知,把握本词的感情基调;分析解读意象,赏析"情景交融,虚实相济"的艺术特色。
2. 通过品读意象,体悟情感,分析手法,提高理解和鉴赏词的能力。
3. 培养对古典诗词的兴趣,感受词的魅力。

教学重点

解读意象,把握离别时的幽怨伤感之情。

教学难点

分析诗词,理解虚实结合的表现手法,感知其"景中见情,缘情设景"的艺术特色。

教学过程

一、课前热搜

通过对课前全班同学在泛雅平台上所搜集的资料的学习,以及对班上各小组梳理的词意的讨论,先由学生自主进入知人论世、走进词人和用散文化的语言描述本词的环节。

1. 谈一谈多情的人。
2. 聊一聊离别的事。
3. 理一理全词的线。

二、课堂探讨

(一) 课前预备

播放音乐　　宋祖英的《雨霖铃》。

(二) 课前反馈

截图展示"我眼中的柳永"。

师:课前老师在QQ上留给大家一个作业,通过柳永生平与《雨霖铃》背景资料的搜集,写一写"我眼中的柳永",大家畅所欲言,虽有些观点还待商榷,但大部分是原创,值得鼓励,老师也一一回复了。现选取两位同学的截图,全班展示。

生1:柳永出身于官宦世家,却是个浪荡游子,流连烟花之地,不为当朝皇帝所容,但是在青楼女子的心中,他的地位甚至高于皇帝,又能看出他在与她们相处时是真心相待,发自内心地尊重这些底层女性。所以我认为他是一个有才华、风流、真性情的人。

师：就是放荡不羁爱自由，却也是真性情。

生2：柳永是一个生性浪漫的人，但他曾经又何尝不是一个抱负满怀、热血满腔的文人。"执手相看泪眼，竟无语凝噎"的无奈，"多情自古伤离别"的愁绪，这样的词是唱到人心里去的。

师：这是被命运捉弄的无奈，这也是郁郁不得志的苦闷。

（三）课堂导入

师：柳永出身于世代官宦家庭，却一生仕途坎坷；他是流连秦楼楚馆的浪子，也是民众喜爱的"白衣卿相"；他是"奉旨填词"的落拓词人，也是发展宋词的词坛巨匠。今天我们一起来读一读他的代表词作《雨霖铃》。

（四）具体流程

1. 读一读离愁别恨

听读诵，定基调

（1）欣赏音频朗诵，抓住词眼，确定感情基调

师：首先听一段音频朗诵，抓一抓它的词眼并确定其感情基调。

师：请问全词中哪个字最能代表此时词人的心情？

生：伤。

师：伤是何意？

生：感伤。

师：为何而伤？

生：因为离别。

师：所以词眼为？

生：伤离别。

师：让我们用感伤的语调，齐读这首词。

（2）学生齐读，整体感知离别时的幽怨伤感之情

2. 赏一赏艺术手法

（1）寻意象，悟情感

师：佛言，人生有"七苦"，生、老、病、死、怨憎悔、爱别离、求不得，其中最苦是"爱别离"，"黯然销魂者，唯别而已"。柳永又是如何把这离别之情抒写得如此动人呢？本节课老师带着大家一起赏析《雨霖铃》的艺术手法。

师：诗词鉴赏，品味意象是常见的方法之一。课前老师在泛雅平台上上传了如何鉴赏意象的微课，要求同学们通过自主学习，借助搜索引擎，完成三个任务：①解释意象的含义；②找出《雨霖铃》中的意象；③搜索含有这些意象的诗句并体悟其蕴藉的情感。现在来检查同学们的预习作业。

① 看微课，了解意象含义

师：何谓意象？

生：通过微课的学习，我知道了意象就是含有作者主观感情的客观物象。

② 寻意象，连缀生成意境

师：那么《雨霖铃》中又有哪些意象呢？

生：寒蝉、长亭、骤雨、兰舟、泪眼、烟波、暮霭、楚天、酒、杨柳岸、晓风、残月。

师：能概括这些意象的共同特点吗？

生：悲凉。

师：在原词中可以寻到形容这些意象特点的词语吗？

生：凄切。

③ 搜诗句，解读重点意象

师：词中意象很多。它们为寒蝉、长亭、烟波、杨柳，检查预习反馈。

生1：寒蝉——悲凉的同义词。

生2：长亭——表现离愁别绪的常用意象之一。

生3：烟波——许多愁绪却涌上心头。

生4：杨柳——柳有"留"意，与送别相关。

师：词人正是通过这些意象，连缀成意境，从而生出依依不舍之情、浓浓离愁别绪。正如王国维所说："以我观物，故物皆着我之色彩。"其中"今宵酒醒何处，杨柳岸晓风残月"之所以被称为"千古俊句"，正是因为词人将三个意象联排，哪三个？

生：杨柳、晓风、残月。

师：杨柳依依，晨风微凉，残月暗淡，酒醒后，这三件最能触动离愁的事物集中成为一幅鲜明的画面。柳永以清秋之萧瑟抒写离别之凄恻，哪位同学能起来读一读，读出这凄恻之情呢？

生：个别同学朗诵诗歌，深入感知诗歌意境。

课堂自主探讨。

（2）品图景，析手法

① 小组合作将词作分成些许图景并命名标题

② 小组代表展示讨论成果

③ 教师展示自拟图景标题

④ 图景与作用的连线搭配

师：在欣赏这位同学的朗诵时，其他同学的脑海中能否把我们之前寻到的意象组成一幅幅图景？又能否概括图景内容并给它们拟个标题呢？现四人一小组，给这些图景起起名，从离别前、离别时、离别后三个时间段划分。提个要求：字数相当，朗朗上口。

师：离别前是哪几句？

生:前三句。

师:前三句点明的时间是?

生:秋天的傍晚。

师:地点是?

生:长亭。

师:天气如何?

生:雨后初晴。

师:什么图景?

生:雨后清秋图。

师:请同学读读离别时的词句。

师:酒已无味,已然乱了心绪,雨已停,在船夫的催促下,离别的时刻终将到来。暗含哪些图景呢?

生1:都门帐饮图。

生2:执手相看图。

师:别后图景从何字开始?

生:念。

师:念为何意?

生:想到。

师:齐读离别后的词句。一个念字,展开思绪,词人心中浮现哪些图景?

生1:暮霭沉沉图。

生2:晓风残月图。

生3:良辰美景图。

师:此时词人离别的愁绪不就如同这千里烟波般绵长,沉沉暮霭般浓重,楚地天空般无边无际吗?"酒醒"遥接"帐饮",醉不成欢后方知相见时难别亦难。

师:为了突出本词的艺术效果,每幅图景都有其自身作用,现列出这几个作用选项,同学们连连线,找搭配,看看哪副图景对应哪个作用。

PPT 结构图:

① 上阕图景:离别苦

雨后清秋图——渲染环境 ⎫
都门帐饮图——铺垫情绪 ⎬ 实景图(眼前之景)
执手相看图——描摹情态 ⎭

② 下阕图景:思念长

暮霭沉沉图——渲染环境 ⎫
晓风残月图——渲染环境 ⎬ 虚景图(想象之景)
良辰美景图——乐景写哀情 ⎭

师：乐景写哀情的是什么图景？

生：良辰美景图。

师：良辰美景本为乐景，缺了赏景之人，是为哀情。

师：描摹情态者是什么图景？

生：执手相看图。

师：本应执子之手，与子偕老，竟只能相顾无言，惟有泪千行。

师：在何处铺垫情绪？

生：都门帐饮图。

师：其他几幅图为纯自然景物描写，其作用应当是什么？

生：渲染环境。

师：勾勒离别环境，渲染思念情境。

师：请问这些图景都是眼前之景吗？

生：不是。

师：这三幅为眼前之景，眼见为实，是为实景图，离别苦。这三幅为想象之景，所想为虚，是为虚景图，思念长。既有实写又有虚写，这在诗词的艺术手法中被称做什么？

生：虚实结合。

师：那么词人为什么要描绘出这一幅幅图景呢？

生：表达情感。

师：其实无论借助实景，抑或虚景，都可以抒发情感，这在艺术手法上被称做什么？

生：借景抒情。

（3）说独白，诉衷肠

① 明确直抒胸臆的艺术手法

② 找出直抒胸臆的词句，理解艺术手法

③ 思考：词人为什么无人可说？又想说什么呢？

师：当然除了借景抒情外，直接抒情也能表达情感，请找找直抒胸臆的词句。

生1：多情自古伤离别，更那堪，冷落清秋节！

生2：便纵有千种风情，更与何人说？

师：结合课前知人论世环节的资料搜集，思考柳永为什么无人可说。

生："知音少，弦断有谁听"的无奈与孤寂。

师：柳永又想说什么呢？

生：柳永的第一人生目标并不是填词，而是从政，因宋仁宗的批语，因窘迫的生活，让他不得不"奉旨填词"。我想他的"伤"不仅仅因为离别，也有仕途失意、前景渺茫的哀怨吧！

三、课堂小结

析一析方法

师:通过这节课的学习,大家是否能总结出本词最突出的艺术手法?

生:借景抒情。

师小结:感情是抽象而不可捉摸的,但是本词的高明之处在于,由意象组成图景,以景写情,通过实景引出情感,再由情感造出虚景,可谓借景抒情、缘情造景、情景交融。

四、熟读成诵

背一背全词

师:让我们在感伤的背景音乐中,再次齐读这首《雨霖铃》,感受它的艺术手法吧!

师:有会背的同学吗?可以尝试背一背。

五、巩固拓展

用所学,赏新词

1. 展示《八声甘州》全词

2. 学生找出重点意象

3. 学生概括图景特点

4. 学生小结词人所抒情感

师:其实由意象组成图景,借助图景抒发情感的手法在柳永别的词作中也有体现。柳永刚离开汴京,前往江浙,在不愿离开爱人又不得不离开的矛盾中写下《雨霖铃》,后游宦江浙,长久在外,有家难回,爱人再难相见,饱受相思之苦时写下《八声甘州》。

师:你们能否用今天课堂上学习的方法也来赏一赏《八声甘州》? 先从何处入手?

生:意象。

师:寻一寻!

生:潇潇暮雨、霜风、关河、红衰翠减、东流水。

师:写的是什么景?

生:悲凉秋景。

师:都是实景吗?

生:也有虚景。

师:在这首词中,柳永也运用了虚实结合的艺术手法。哪句为虚?

生:想佳人、妆楼颙望,误几回、天际识归舟。

师:佳人在眼前吗?

生:不在。

师：想为何意？
生：想象。
师：想象佳人高楼眺望，误认归舟的情景。所抒何情？
生：思乡怀人。
师：对这首词有兴趣的同学可以课后再做深入探讨。

六、课后作业

练一练文笔

1. 背诵全词
2. 把朗诵的音频传至泛雅平台
3. 观看品读《雨霖铃》的视频，撰写100字左右的全词赏析

板书设计

雨　霖　铃

柳　永

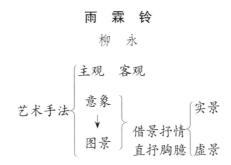

教学反思

古典诗词赏析一直是职业学校学生语文学习的难点，诗词教学该以何种方式才能发挥最大的课堂实效性，是我在语文教学中一直思考的问题。

1. 所悟

本课时为第二课时，重在艺术手法的赏析。《雨霖铃》被奉为经典之作，其艺术手法自是多样，托物言情、广用白描、点缀渲染、大胆泼墨、以赋作词、长于铺叙、虚实相济、情景交融等。如若统统教授，不仅课时不允许，也讲不透彻，对于职校的学生来说更是过耳即忘。

而本词历来为人们所称道之处便是它所包含的情与景的关系，所以最终我只选择了最突出的艺术手法——借景抒情做重点赏析。先从一个点说开去，即由意象品味起，再到一个面，即多个意象构成图景，后引出图景有实有虚，但都是借助图景表达情感，是谓借景抒情。

2. 所得

美学家朱光潜先生说："要培养纯正的文学趣味，最好从读诗入手。"所以我以朗诵体

悟串联课堂教学,读—析—悟—再读—再析—再悟,通过示范朗诵、集体朗诵、个别朗诵,让学生品味词的意境,体会词人情感。

此外,在解读意象的教学活动中,我运用微课视频,让学生自主学习意象的含义,并能理论联系实践,圈画《雨霖铃》的所有意象,还设置了重点意象的自我解读环节,都充分体现了以学生为主体、老师为主导的自主、合作、探究的学习方式。

最后,在阐述图景及其作用环节时,则采用了连线搭配的活动方式,既降低了难度,提高了学生的兴趣;又避免了满堂灌的教学方式,提高了学生的自主性。

3. 不足

本节课为了充分体现学生自主学习的过程,特设置了手机百度搜索诗句的环节。通过自主查找相关意象的诸多诗句,从而体悟此意象所要表达的情感。但是在实际操作中,会造成其中一组分享诗句时,其他三组的同学会事不关己,游离于教学活动之外。倘若教师能够充分利用现代信息技术,把这一组搜索的诗句内容同步呈现于电脑屏幕上,就能够保持其他三组同学的注意力集中程度了。

《将进酒》创新教学设计

王红艳

设计意图

中国古典诗歌源远流长,名家众多,佳作纷呈,风格多样。李白作为浪漫主义诗人的典型代表,《将进酒》则体现其狂放精神。《将进酒》一诗出自江苏省职业学校文化课教材《语文》第一册第四单元"千古流芳一诗心",是第四单元的第三首诗。诗歌教学以寻找文中酒的诗句为突破口,分析归纳诗人饮酒从"欢饮"到"狂饮"的境界变化,伴以情境听诵,去深刻把握和领会诗人大起大落的内心情感变化。学生把整节课的注意力落在这小小"酒杯"上,都希望端起它在台前高声吟诵此诗。生态语文课堂中通过学生的自主学习、师生互助合作探究等方式,在师生自然、默契的配合下,学生完成个人能力和综合素质的提升。学生们在"酒杯"的外引下,课堂氛围活跃,体会诗人内心情感的起伏变化,反复吟诵,深刻理解诗意,高效率地完成本节课的教学任务。

设计思路具体如图示:

语文核心素养的四个方面是一个整体,其中语言理解与运用是基础,其他三个方面都建立在语言理解与运用的基础之上。

教学目标

1. 理解诗歌的基本内容,把握诗歌的感情基调,理解其思想感情的复杂性;理清诗歌中诗人情感变化的线索。
2. 诵读吟咏,感受诗歌情感起伏变化;培养学生再创作能力及实际应用能力。
3. 理解诗人起伏的情感变化,树立积极的人生观。

教学重点

1. 深刻把握"酒""愁"二字,梳理脉络结构及作者情感变化。
2. 有感情地诵读本诗。

教学难点

理解作者思想感情的复杂性。

教学过程

一、导入新课

师:同学们,随着本单元诗歌的学习,我们已经来到了中国诗歌的全盛时期——唐朝,而在盛极一时的唐代,无数的诗人像满天的星斗一般闪闪发光……而李白作为一颗最璀璨的明珠照亮了整个东方!

课前布置了预习任务,大家收集了李白的很多资料,请2位同学上台来解说李白。大家欢迎!

生1:李白,字太白,号青莲居士。中国唐朝诗人,有"诗仙"之称,是伟大的浪漫主义诗人。出生于蜀郡绵阳昌隆县,存世诗文千余篇,有《李太白集》传世。公元762年病卒,享年61岁。

师:刚才他给我们介绍的是什么啊?

生:是关于李白的简介及地位。

师:概括得很好。再有请另一位同学。

生2:"李白诗歌五个最"——1.最惊心动魄的景物描写:飞流直下三千尺,疑是银河落九天。2.最催人泪下的诗句:令人惭漂母,三谢不能餐。3.最熟悉最经典的诗:床前明月光,疑是地上霜。举头望明月,低头思故乡。4.最脍炙人口的忧愁诗:抽刀断水水更流,举杯消愁愁更愁。5.最狂傲不羁的句子:仰天大笑出门去,我辈岂是蓬蒿人!

师:这位同学收集了李白的经典诗句,非常有心,当然李白的名篇远不止这些吧!

生:是的!

师:今天,我们来共同学习李白的另一个经典名篇,我来考考大家,怎么念啊?

学生齐答:《将(qiāng)进酒》。

二、初读诗歌

师:首先了解诗歌的题目,请大家跟我看:"将进酒"原是汉乐府的曲名。将,读qiāng,"请""愿"的意思。"将进酒"意即"劝酒歌",多以饮酒放歌为内容。李白的这首诗是借用乐府旧题,来抒发自己内心的情感。

再了解诗歌写作背景:此诗约作于天宝十一年(公元752年),距诗人被唐玄宗"赐金放还"已达八年之久。他当时与友人岑勋到元丹丘家里做客,三人登高饮宴。人生快事莫若置酒会友,又正值作者怀才不遇之际,于是将满腔的不合时宜,借酒兴诗情来了一次淋漓尽致的抒发。

下面对诗歌的字词预习情况进行检查,请大家跟着大声念出来。

生:樽、馔、裘、烹、恣、谑。

师:疏通完字词,我们一起齐声朗读这首诗歌。

生齐声朗读。

师:刚才大家读得好不好啊?

生:不好,没有感情,没有语调变化。

师:是的,大家没有掌握好朗读技巧。下面针对前两句老师指导示范一下,大家跟着老师去揣摩品读。

教师指导学生诗歌的朗读技巧,学生揣摩品读。

师:大家读得不错,希望在本节课的教学中大家深入理解诗歌感情后能更好地吟诵这首诗。

三、精读诗歌

师:下面大家一起来品读这首诗。诗歌为劝酒诗,请大家找出诗中有关"酒"的诗句。

教师启发,学生找关键字词,从文中找出相关诗句。

生:1.莫使金樽空对月 2.会须一饮三百杯 3.将进酒,杯莫停 4.但愿长醉不复醒 5.惟有饮者留其名 6.斗酒十千恣欢谑 7.径须沽取对君酌 8.五花马,千金裘,呼儿将出换美酒。

师:非常棒!全诗围绕一个"酒"字,我们进一步剖析"酒"后隐藏的情感,而情感又都是基于一个"什么(情感)"字?

生:围绕"愁"字。

师:作者因何而愁?

生:一愁高堂明镜悲白发,朝如青丝暮成雪。

师：这愁的具体内容是什么呢？

生：作者感叹人生易老，青春不再。

师：二愁是什么呢？

生：二愁天生我材必有用，千金散尽还复来。

师：这愁的具体内容是什么呢？

生：壮志未酬，怀才不遇。

师：三愁是什么呢？

生：三愁古来圣贤皆寂寞，惟有饮者留其名。

师：这愁的具体内容是什么呢？

生：圣贤寂寞，陈王失意。

师：大家对这三愁提炼归纳得都很好，那么我们进一步思考此"愁"的实质是什么？

教师启发点拨学生，知人论世，结合李白的生平经历来理解。

生：悲叹时光易逝，怀才不遇。

师：不错，能答到关键点，那么我们提炼总结此"愁"的实质：作者因愁而悲叹时光易逝，因愁而纵酒作乐，因愁而慷慨愤激，也因愁而狂放失态，表现了一种怀才不遇又渴望入世的矛盾复杂的情感。豪放是它的外壳，愤激才是它的内核。

情感是诗歌的灵魂，下面结合书后习题三体会全诗情感脉络的变化：

师："君不见黄河之水天上来"这句表达作者什么样的情感？用一个字概括。

生：悲。

师："人生得意须尽欢"这句呢？

生：欢。

师："古来圣贤皆寂寞，惟有饮者留其名"这句呢？

生：愤。

师：那么最后"呼儿将出换美酒，与尔同销万古愁"这句呢？

生：狂。

师：大家提炼得很好，对诗人在诗中的感情把握到位，学到这里，大家能否把诗人这种情感的变化动笔用线条勾画出来呢？老师这有一个画板，有哪位同学上台来用笔画出诗人情感变化脉络图？

学生上台勾画出诗人情感脉络图。

师：下面老师再补充一份诗人的人生脉络图，有哪位了解李白经历的同学为大家解读一下？

生：公元725年仗剑去国、辞亲远游，开元十八年（730年）初入长安、无功而返，天宝元年（742年）应召进京、供奉翰林，约752年与友畅饮借酒放歌，744年奸佞当道被迫离京。

师：说得非常好，我们对比前面的诗人情感变化脉络图，大家发现了什么？

生：诗人的人生脉络图和情感变化脉络图是重合的。

师：两者惊人的巧合！怎么巧合？诗人的情感变化与个人人生经历重合，我们怎么来理解这种巧合呢？

生：诗歌是诗人真情实感的流露。

师：对！诗歌是诗人真情实感的流露，诗歌如人生，这也是经典诗篇一直被传诵的原因！（教师板书：酒是引子，愁是血液，狂是脊梁）

解读完诗歌的情感变化，下面请欣赏一位名人的《将进酒》诵读，希望大家在聆听的时候进一步揣摩诵读技巧。

学生认真观赏聆听，齐声再读一遍《将进酒》，这遍学生在理解的基础上能够进行有感情的朗读。

师：大家体会一下，这一次朗读和上一次朗读哪一次好？

生：这一次好。

师：是的，这遍大家能够在理解的基础上进行有感情的朗读，能够较好地体会诗人的情感。

在对诗歌进一步解读的过程中，班上有同学根据诗歌内容创作了课本剧，大家来欣赏，希望大家在欣赏的同时能对诗歌有更进一步的理解。

三名男生分别扮演李白、岑勋、元丹丘，他们端起酒杯，配以情境表演，吟诵《将进酒》。

学生们对他们的表演给以掌声。

师：他们表演得怎么样？

生：表演得很好，他们喝酒的动作、朗诵的感情都很投入。

师：三位同学的表演可圈可点，我们大家通过这首诗歌的直观再现，对诗歌的内容及情感有了更进一步认识，最后让我们再次齐声有感情地诵读这首诗。

四、拓展运用

这首诗歌虽然是李白在忧愁郁闷中的借酒放歌，愤慨失意，但在诗中不乏诗人发出"天生我材必有用"的振聋发聩的积极声音，希望大家结合个人经历及职业中专学习生活，谈谈你对李白诗中的"天生我材必有用"的理解。（教师配图片：我校数控专业、烹饪专业、物流专业练习专业操作的图片）

学生们各抒己见，表达自己的观点，树立努力学习专业的信心。

师：同学们，无论将来的人生之路路途平坦还是崎岖有别，只要努力，不被困难吓倒、退缩，永不言弃，每个人必有其用武之地！

五、课堂小结

师：我们再回顾一下本节课的重点，《将进酒》是灵与肉、理想与现实、个人与社会猛烈碰撞的巨响低回,是一曲不羁灵魂的慷慨悲歌。诗歌重在诵读,本节课,我们三读《将进酒》,层层深入理解诗人的情感变化,并不断提高诵读水平。

六、布置作业

1. 背诵全诗,体会作者的情感。
2. 试将"钟鼓馔玉不足贵,但愿长醉不复醒"跟"安能摧眉折腰事权贵,使我不得开心颜"(《梦游天姥吟留别》)做一比较,说说二者在内容和表现手法上有什么不同。
3. 课外写作训练:如何看待生活中的不如意? 要求:主要以李白的豪情和怀才不遇为事例,并点评事例;联系现实;300 字左右。

板书设计

教学反思

诗歌作为我国古代优秀文化的精髓,是我国文学史的一朵奇葩,是我国丰硕的文化遗产。中国古代诗歌记载着中华民族精神文明的历史,有着独特的审美风格和博大的精神力量,有利于培养学生的高尚情操、爱国思想、审美情趣,健全学生人格。教学中强化诗词诵读,加大学生诗词积累。俗话说:"熟读唐诗三百首,不会作诗也会吟。"一首短短的古诗词往往蕴含着作者丰富的思想感情,里面包含了作者的千言万语,对于古诗词,我们一定要强化学生的阅读和朗诵训练,"读书百遍,其义自见",读得多了,学生自然就能从中体味出更多的韵味。

职业学校语文课堂生态的特征体现之一是和谐的情境性。在对《将进酒》这首诗歌的教学中,结合诗歌背景,知人论世,紧抓关键字词"酒""愁",梳理脉络结构及作者的情感变化。为了更好地调动学生的主动性,我把传统的创设情境法和现代化多媒体手段结合起来,既然是感悟和鉴赏,在教学中除了教师有自己的感悟外,重要的是让学生在学习中有自己的感悟和独特想法,让教学也带有个性化色彩,这种教学方法极大提高了学生学习的积极性,取得了很好的效果。

作为语文教师,通过诗歌教学使学生进一步了解中华民族的优秀文化传统,接受爱国主义熏陶与教育,增强民族自豪感和自信心,在诗歌教学实践中受到心灵的陶冶和潜移默化的感染。

教师感觉这一课上得很是热闹,学生也很积极,课后仍进一步要求学生熟练诵读这首诗歌,深刻理解诗歌的内涵。

　　诗歌教学要加强诗文的诵读,在诵读中感受和体验作品的意境和形象,得到精神陶冶和审美愉悦。因此,在《将进酒》的教学中,我坚持以读带讲、边读边讲的方法。

　　教学中我尽量用最少的问题、最有效的问题来贯穿这堂课的始终。首先,以"酒"为切入点。通过对"李白怎样劝朋友喝酒",从而引出"李白自己怎样喝酒",由"李白自己怎样喝酒"引出"李白为什么要劝别人这样喝酒,且自己要这样纵情饮酒"这样的问题。其目的是引出"愁"字,从而生发出关于"愁"的讨论,主要来自两点:一是政治上的不得志;二是感叹时光易逝。这样问题设置的有效性是有目共睹的,既可降低学生理解上的难度,又可有效地引导学生理解诗文的内容,体味诗人的情感。在此基础上指导学生梳理文章结构、全诗情感脉络变化,并通过课堂情景剧让学生演示三人喝酒吟诗画面,学生能进一步深入诗境。

　　但本课问题的设置也有其局限性。第一点,该问题的设置相当于教师拿着一条线,引着学生走,牵着学生跑,缺少一份自主性与开放性。第二点,该类问题的设置缺少研究性,没能让学生在研究的基础上来理解诗义的内容。

　　本节课通过不断的诵读,逐步"入境、入情、入神",让学生深入理解诗人在文中渗透出的情感,从而让学生与诗人产生情感的共鸣。这样既能增加学生学习语文的兴趣,活跃课堂学习的氛围;又能对学生进行美的教育、美的熏陶,从而认识美、欣赏美和创造美。

《致橡树》创新教学设计

胡 节

设计意图

《致橡树》选自江苏省职业学校文化课《语文》第一册第一单元"飞扬的诗情"。语言优美、句式工整、极富节奏感,以意象的朦胧代替了形象的确定性。品读意象,解读其象征含义是感悟这首诗歌最重要的钥匙。本课授课对象为高职一年级学生。学生语文学习基础较好,课堂讨论交流较为主动、积极,拥有一定的分析鉴赏能力,在此之前,已经研读赏析过《再别康桥》,初步对"意象"在诗歌中的作用有一定的认知。但是,《致橡树》中意象具有朦胧性,有其象征内涵,又会给学生在阅读中制造困难。除此之外,本诗主题涉及爱情,是这个年龄段学生既敏感好奇又懵懂迷茫的话题。结合学生学情与本诗特点,融入生态语文的教学理念,设计让学生学会运用诵读体悟、自主探究、讨论交流的学习方法鉴赏本诗。教师将本课设计为"整体感知,寻找诗意象""深入研读,品鉴诗意象""自主探究,感悟爱情观""合作朗诵,明确诗结构""拓展延伸,树立人生观"这五大教学活动,以诵读感悟、情景教学和讨论分析的方式引导、点拨学生自主探究、合作交流,力求在课堂教学中,让学生通过对意象的分析解读,理解其内在的象征含义,感悟诗人独立平等、相互依存的爱情观,从而培养学生独立自尊的人格追求,树立正确的爱情观。

设计思路具体如图示:

语言理解与运用
通过中心意象的寻找,理解课题。通过百度百科上介绍橡树的说明文字与本诗描绘橡树的诗句做比较,得出橡树象征男性的阳刚之气。通过百度百科上介绍木棉的说明文字与本诗描绘木棉的诗句做比较,得出木棉象征女性的阴柔之美

思维发展与提升
通过对关键词语的理解,明确本诗其他意象的象征含义。通过仿写句式的训练,发挥创造性思维,感受祖国语言的丰富多彩。汇总性表格的填写有助于学生总结本诗内容与特点,从而体悟诗人想要肯定与支持的爱情观

中职语文核心素养(全面发展的人)

审美发现与鉴赏
通过寻找表达诗人感情色彩的词语,体悟诗人想要否定与批判的爱情观。通过分角色的合作朗诵,感悟诗人渴求独立平等、相互依存的爱情需求。通过结构框架图的展示,让学生对本诗结构有更为一目了然的认知

文化传承与参与
通过《简·爱》名言的摘选,引导学生理解女性独立意识的觉醒,女性追求独立平等的爱情不分国籍。通过爱情大树的互动,让学生描绘理想爱情的词句,树立正确的爱情观。通过小诗《十七岁的爱情》的朗诵,探讨十七岁的爱情观

语文核心素养的四个方面是一个整体,其中语言理解与运用是基础,其他三个方面都建立在语言理解与运用的基础之上。

教学目标

1. 整体感知,把握诗歌内容,体味情感基调。
2. 通过品读意象,解读其象征含义,感悟诗人提倡的独立平等、相互依存的爱情观。
3. 培养学生独立自尊的人格追求,树立正确的爱情观。

教学重点

解读意象,美读诗歌,把握诗歌内容,领会诗歌情感。

教学难点

感悟诗人独立平等、相互依存的爱情观。

教学过程

一、课前小报

1. 通过课前所搜集的资料的学习,分组制作介绍舒婷的小报,由学生自主开展包含舒婷印象、朦胧诗集萃、时代大背景等内容的知人论世环节。
2. 通过对爱情小诗的搜集和整理,分组制作爱情主题的小报,从而引发学生对理想爱情的探讨。

二、课堂导入

1. 课前预备:播放歌曲《因为爱情》高潮部分。
2. 课堂导入:因为爱情,卓文君奔向了司马相如;因为爱情,孟姜女哭倒了万里长城;因为爱情,林黛玉含恨焚诗稿;因为爱情,祝英台忍悲赴黄泉。爱情虽然只有两个字,却引出了人世间多少酸甜苦辣、是非恩怨、悲欢离合。当代女诗人舒婷也喜吟唱爱情,让我们一起聆听她的爱情宣言。

三、整体感知

1. 播放朗诵视频:沙画配乐朗诵视频。

2．全班齐声朗诵。

3．寻找中心意象：木棉与橡树。

师：看课题，这是谁写给谁的情诗？

生：木棉写给橡树的。

师："致"，写给。"致橡树"，写给橡树。

板书：课题——致橡树　舒婷。

师：这是木棉对橡树的告白。木棉、橡树本为植物，却产生了人类的爱情，是什么艺术手法？

生：拟人。

四、深入研读

1．品鉴中心意象

师：百度百科上是这样介绍橡树的。（PPT展示）

板书：橡树。

师：什么特点？

生：高大。

师：在小诗里，是如何描述的呢？

生：你有你的铜枝铁干，像刀、像剑，也像戟。

师：如此诗意的表达突出了橡树怎样的性格特征呢？

师小结：坚毅刚强、敏锐有力。

师：那么橡树象征了什么？

师小结：象征男性的阳刚之气。

板书：阳刚之气。

师：百度百科上是这样介绍木棉的。（PPT展示）

板书：木棉。

师：什么特点？

生：高大、花红。

师：在诗里，是如何描述的呢？

生：我有我的红硕花朵，像沉重的叹息，又像英勇的火炬。

师：突出了木棉怎样的性格特征？

师小结：美丽热烈、真挚柔韧。

师补充：生在男权社会的女性，被十年"文革"扭曲践踏的灵魂，似乎唯有在争取女性尊严和价值道路上的一声叹息、一把火炬才能概括。

师：那么木棉象征了什么？

师小结：象征女性的阴柔之美。
板书：阴柔之美。

2. 寻找其他意象

师：除了橡树与木棉外，还有没有其他意象？请在书上圈画。

生：凌霄花、鸟儿、泉源、险峰、日光、春雨。

3. 品鉴其他意象

师：这些意象象征什么？

师小结：凌霄花，是一种藤本植物，没有主干，为了满足自己的虚荣心，为了追求高贵的地位，置自身的人格尊严于不顾，只知攀附别人。

师：从哪些词语分析出？

生：攀援、炫耀。

师小结：鸟儿，不知道绿荫外面的广阔天空，只知为对方歌唱，却忘了自身存在的价值。

师：从哪些词语分析出？

生：痴情、重复、单调。

师小结：泉源，只知道慰藉别人。

师：从哪些词语分析出？

生：常年、送来。

师小结：险峰，只是做了陪衬。

师：从哪些词语分析出？

生：增加、衬托。

师：那日光和春雨呢？会给爱人带来什么呢？

生：只知爱抚，一味奉献。

师：你能模仿前一句"险峰"的句式，把这两句补充完整吗？（仿句展示）

生1答：甚至也不止像日光，照亮你的前程，温暖你的心灵。

生2答：甚至也不止像春雨，播撒爱的甘霖，滋润你的心田。

4. 否定的爱情观

师：这些爱情是诗人想要的爱情吗？

生：不是。

师：从哪些词语表达出这样的感情色彩？

生：绝不像、绝不学、也不止、甚至。

师：如果要给这首诗分个层次，我想应该到这里为止，为什么？

生：这些写的都是对以往各种类型的爱情观的否定。

师：请同学来朗诵一下这首诗的第一层。

生读第一层。

5. 肯定的爱情观

师:在爱情中只要不一方攀附,不单方痴恋,不一味奉献,不失去自我就行了吗?

生:不,这些都还不够!

师:那么,舒婷所向往的爱情到底是怎样的一种爱情?请同学来朗诵一下这首诗的第二层。

生读第二层。

师:请大家找找描写木棉与橡树爱情的诗句,你能用些四字词语去概括它们吗?(表格展示)同桌之间可相互讨论。

生1:"作为树的形象和你站在一起",不再是树上、树下或者周围,不仅仅是烘托,而是独立的形象,平等的关系,平等独立。

生2:"根,紧握在地下,叶,相触在云里""每一阵风过,我们都互相致意,但没有人,听懂我们的言语",相知相依,相互尊重,心心相印,息息相通。

生3:"我们分担寒潮、风雷、霹雳;我们共享雾霭、流岚、虹霓",同甘共苦,祸福相依。

板书:平等独立、相知相依、相互尊重、息息相通、同甘共苦。

师:正如诗人所言,这样的爱情"仿佛永远分离,却又终身相依"。最后诗人大声表白,"这才是伟大的爱情"。如何伟大?齐读。

生:不仅爱你伟岸的身躯,也爱你坚持的位置,足下的土地。

师:身躯指什么?位置是什么?土地又有何内涵呢?

生:身躯指外表与身姿,位置指事业与信仰,土地指家庭、社会背景等所有的过去。

师:总得来说就是,爱他,始于颜值,陷于才华,忠于人品,爱他所爱,爱屋及乌。

师小结:橡树与木棉,比邻而居、并肩站立,独立、平等、互相依存又互相扶持,理解对方的存在意义又珍视自身的生存价值。这样的爱情方才配得上"坚贞"二字。这是走进新时代的女性的独立宣言。

6. 合作朗诵全诗

分角色朗诵

第一层:女生朗诵(我如果爱你……甚至春雨)

第二层:男生朗诵(不,这些都还不够……听懂我们的言语),男生代表朗诵(你有你的……也像戟),女生代表朗诵(我有我的……的火炬),男生女生合(我们分担……足下的土地)

五、课堂小结

全诗结构框架(PPT展示结构图):

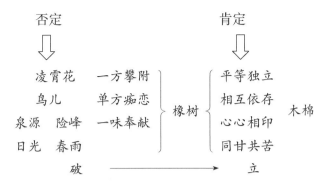

师说：诗的开头首先否定了种种世俗的爱情，是为"破"，接着在强调独立平等的基础上，提出了理想的爱情，是为"立"，先破后立。

六、拓展延伸

1. 简·爱的爱情观

师：女性追求独立平等的爱情不分国籍，同学们所熟悉的小说人物简·爱就曾说过这样的一段话。

我的灵魂跟你的一样；

我的心也跟你的完全一样；

我们的精神是同等的。

生读PPT。

2. 绘出理想爱情

学生在记事贴上写下描绘理想爱情的词句，贴在爱情树上。

师：拿出你们的小叶子，写下描绘你的理想爱情的词句吧！

生写、生读。

师：贴在这棵爱情大树上吧！

生贴。

3. 十七岁的爱情

师：爱情是美妙的，但春天不是收获的季节，强摘的果实必然是酸涩与苦楚的。我们一起来听听这首《十七岁的爱情》。

生读PPT。

师：十七岁的我们，思想尚未定型，经济还未独立，心理也不成熟，事业更没确定方向。十七岁的我们还不能恰到好处地把握自己的理智与情感，我想我们还不能轻率鲁莽地向爱情靠拢。现在我们还是勤读书、多学习，爱情需要静静等待、默默守候。

七、课后作业

既然木棉向橡树表达了自己的心声，那么，橡树听了这些，会有何感想呢？假如你是那棵橡树,你又会向木棉说些什么?请以《致木棉》为题,写一首诗或一篇短文。

师:课前同学们分组制作了介绍舒婷和爱情主题的小报,现已上墙展示,可供课后阅览。

板书设计

<pre>
              致 橡 树
                舒 婷

                平等独立
    橡树   相知相依   木棉
                相互尊重
  阳刚之气   息息相通   阴柔之美
                同甘共苦
</pre>

教学反思

诗歌是文学宝库中不可掩藏的瑰宝,无论是古典诗词抑或现代诗歌都具有极大的文学价值和审美趣味。高职一年级学生进入校园所学习的语文第一单元,就是由六首现代诗歌所组成的"飞扬的诗情"模块。

现代诗歌常因较长的篇幅和易懂的诗句让学生产生浅显好学的错觉,难以体会其中的深刻情感和杰出之处,教师有时也只是通过分析词句、勾画亮点、总结手法的机械化程序完成教学任务,忽视了诗歌中的情感教学与价值导向。以《致橡树》课例为鉴,我听取了多位专家的评课意见,现总结如下:

本节课教学目标清晰,从意象入手,通过丰富的教学手段,让学生体味诗人对独立人格的追求,对平等爱情的向往,自然而然,水到渠成。值得一提的是,对于情境教学的探索,我也是花了些心思的。例如,上课伊始,由学生所熟悉的流行歌曲《因为爱情》中的高潮选段,营造旖旎舒缓的氛围,从而引出"爱情"话题。播放写意沙画与诗歌朗诵相结合的视频,诗中意象由文字变为实体,映入眼帘,带动学生自觉进入诗歌情境,获得美的直观感受。

在品鉴中心意象的教学环节中,考虑到南京的学生对橡树与木棉这两种植物不了解,缺乏具象的概念,我特增设了橡树与木棉的图像展示及特点描述。无需过多的语言解释,学生能自主体会诗人在万千植物中选取这两棵树作为男女恋人代表的缘由。

拓展延伸部分是本课的亮点,无论是小说人物《简·爱》的独白选段,还是青涩小诗《十七岁的爱情》,对于爱情观的探讨都是点到即止,而非大篇说教。学生在文艺的感受中,主动升华对爱情的认知与理解,而不是被动地听从教师的爱情理论。学生构建美好"爱情树"的课堂活动更是彻底调动了他们的积极性,把对"爱情"的探讨推向了高潮。

本人的教学经验还不够丰富,教学流程的环节过渡略显生硬。虽然诗歌诵读不是本课的重点,但是为了赶进度保证课堂的完整性,对于学生朗诵所呈现出的问题,没有深入指导。

　　此外,在品鉴"日光"和"春雨"这两个意象时,加入了仿句练习,有些影响诗歌解读的情感连贯性,可放置课堂最后,作为反馈或作业。希望自己经过不断磨练,把握课堂的能力能不断提升。

《我来到这个世界为的是看太阳》创新教学设计

李娅铭

设计意图

《我来到这个世界为的是看太阳》一诗选自江苏省职业学校文化课教材《语文》第三册,是第一单元"理想之光"的第一篇课文。本单元选取了中外经典的现代诗歌,语言凝练、想象丰富、感情真挚,蕴含着深刻的人生哲理。诗歌教学中,"以读品诗"是重要的教学环节,诵读既是目的也是手段。通过声情并茂地配乐诵读,引导学生在大开大合的自然景物中,领悟到生命的真谛,触发对人生的思考,从而点亮自己的理想之光。本首诗歌作为"太阳诗人"巴尔蒙特的代表作,具有非常高的艺术价值和美的享受。在知人论世的基础上,理解诗人对于"太阳"的渴望和歌颂,感悟诗歌中的悲悯情怀。诗歌不长,解读也不难,所以用一个课时来完成教学活动。

设计思路具体如图示:

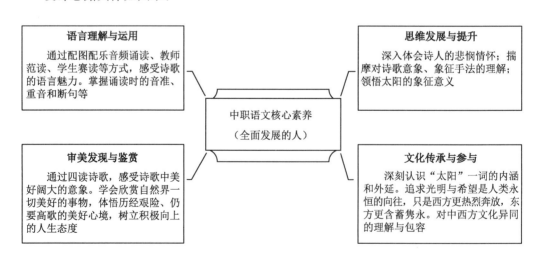

语文核心素养的四个方面是一个整体,其中语言理解与运用是基础,其他三个方面都建立在语言理解与运用的基础之上。

教学目标

1. 感悟诗歌精练的语言、丰富的感情和鲜明的节奏。
2. 揣摩诗歌意象,理解象征手法的运用,领悟太阳的象征意义。
3. 体会诗人淋漓的豪情和跌宕跳跃的音律,树立积极向上的人生态度。

教学重点

对诗歌意象、象征手法的理解。

教学难点

知人论世,诗人坎坷的人生经历在作品上的体现。

教学过程

一、创设情境,激情导入

课前循环播放帕瓦罗蒂的名曲《我的太阳》,PPT 配以太阳的图片。

师:这是什么歌曲?

生:我的太阳。

师:古今中外,歌颂太阳的人多吗? 比如……

生1:王维的"大漠孤烟直,长河落日圆"。

生2:白居易的"日出江花红胜火,春来江水绿如蓝"。

师:从古至今,人类对太阳永远是崇拜的,这是至高无上的太阳神! 埃及人把太阳当作"光明之父",波斯人心目中的太阳是一个翩翩美少年,希腊人雕塑了太阳神阿波罗的英雄形象,玛雅人建造的神庙里的太阳神是一位慈祥老者。一首意大利民歌《我的太阳》,已经成为全人类对太阳的热情赞颂。今天我们来认识一位"太阳诗人",他就是俄国的巴尔蒙特。

二、新授内容

(一) 检查预习,了解情况

师:在上课之前,我们先检查一下大家的预习情况。

生(填空):巴尔蒙特是(俄国)(象征派)领袖之一,以鲜明的形象性和独到的艺术手法得到世人的赞誉,获得了(诗歌之王)的桂冠。他一生执着于对太阳的崇拜,被当时的诗歌界誉为(太阳诗人)。巴尔蒙特很重视诗歌的音乐性,获得了(俄国诗歌中的帕格尼尼)的赞誉。

(二) 初读诗歌,整体感知

师:"帕格尼尼"是谁?

生:著名音乐家。

师:帕格尼尼是国际上非常著名的作曲家、小提琴演奏家。他的作品的特点是非常华丽、多变的,从这里我们可以窥视出巴尔蒙特作品的特点可能也是……

生:绚丽的、华丽的、多变的,等等。

师:《我来到这个世界为的是看太阳》写于1903年,是诗集《我们将像太阳一样》的开篇之作。我们看到课本上的作品其实是编者选取开头几小段而成。以写在扉页上的话"我来到这个世界为的是看太阳"作为标题。

师:诵读前,我们先来解决一下生字词。"我与世界面对面签订了和约"中"和约"是什么意思?

生:合同、契约。

师:和约的本义是战争双方终止战争的条约,诗歌中和约的意思是"约定"。

师:"我是世界的真主","真主"是哪个教里提到的?

生1:基督教。

生2:不对,应该是伊斯兰教。

师:对,"真主"是伊斯兰教的神。这里是说"我是神"吗?

生:不是,是主人的意思。

师:很好。"冷漠无言的忘川"中"忘川"指的是……

生:希腊神话中阴界的河流。

师:字词解决了,接下来请大家自由地诵读诗歌。我们一起来回忆一下诵读诗歌的几个标准。首先我们要怎么样?

生:读准音。

师:首先我们要把它读正确,要注意诗歌的"音律美"。还要关注诗中流露出的……

生:情感美。

师:对。另外,我们还要标出诗中的重音和停顿,这是诗歌的……

生:节奏美。

师:大家诵读时,掌握这三美原则。等会看一下谁读得最有味道。

生自由诵读。

生齐读。

(三) 再读诗歌,"三美"原则

师:齐读得太平淡了,接下来我给大家示范诵读一下,请大家仔细听,做好停顿和重音的标记,希望大家有所收获。(教师配乐诵读)

我/来到这个世界/为的是/看太阳,
和/蔚蓝色的原野。
我/来到这个世界/为的是/看太阳,
和/连绵的群山。

我/来到这个世界/为的是/看大海,
和/百花盛开的峡谷。
我与世界/面对面/签订了和约,
我/是世界的/真主。

我/战胜了/冷漠无言的/忘川,
我/创造了/自己的理想。
我/每时每刻/都充满了启示,
我/时时刻刻/都在歌唱。

我的理想/来自/苦难,
但/我因此/而受人喜爱。
试问天下/谁/能与我的歌声/媲美?
无人、无人媲美。

我/来到这个世界/为的是/看太阳,
而/一旦/天光熄灭,
我也/仍将/歌唱……我要/歌颂太阳
直到/人生的/最后时光!

师:接下来,请几位同学根据自己的理解来为我们诵读一下这篇诗歌。

生1、生2、生3诵读。

师:请大家点评一下这几位同学的诵读。

生4:我觉得第二位读得最好,第一位太快了,第三位太平淡了。

生5:我觉得他们读得很有感情,就是都有点快了,还是应该让抑扬顿挫再明显一些。

师:大家说得很好。其实虽然诗歌诵读我要求大家遵循"三美"原则,但读无定法,每个人对诗歌都有自己的解读,都有个人专属的诵读方式,这一点需要大家在今后的诗歌学习中反复打磨,形成明确的个人风格。

(四)精读诗歌,品味赏析

师:我们看一下课题"我来到这个世界为的是看太阳",除了看太阳,还看了什么?

生：还有原野、群山、大海和峡谷。

师：这些景物都属于……

生：大自然的景物。

师：那请大家读一下诗歌的一二两节，诗人是怎么描绘这些自然景物的？

生：蔚蓝色的原野、连绵的群山、大海、百花盛开的峡谷。

师：说明这些景物很……

生：很美丽、很美好。

师：除了美丽，大家再感受一下太阳、大海、原野、峡谷还有什么共同的特点？

生：都很大。

师：很好。所以诗人在一开篇就给我们营造了一个美好阔大的气势。这些自然景物就构成了诗歌的意象。

师：前面解释字词时，我们说过真主是主人的意思。那第二节结尾说"我是世界的真主"，就是"我是世界的主人"。哇，这句话听起来，真是……

生1：豪放。

生2：狂妄。

师：大家都有自己的看法哈。请大家再读读接下来的第三段。"我战胜了冷漠无言的忘川""我创造了自己的理想""我每时每刻都在歌唱"，从这些句子看，与其说我是世界的主人，不如说是……

生：是命运的主人。

师：很好。所以还能说他狂妄吗？

生：不能。

师：文中多次出现"太阳"这个意象，有什么特殊的意义吗？

生1：热。

生2：光明。

生3：温暖。

师：还有什么？在文学作品中，提起太阳，往往还象征着……

生：爱和希望。

师：很好。在诗中，"太阳"一词多次重复出现，它不仅仅代表自然界中的一个星体，更重要的是它象征着一个崭新的富有生机的世界，象征着希望、光明、爱等生命中一切崇高美好的事物，是生命不停追求的东西，是世间万物生生不息的源泉。

师：诗中几次出现"我来到这个世界为的是看太阳"，采用了什么样的修辞手法？

生：反复？

师：请大家记录一下，这里运用了排比复沓的修辞手法。这种复沓手法，使得诗歌的主题不断提升，情绪不断高扬。在现代诗歌中，排比复沓的手法经常使用。

师:接下来我们有一个讨论题。请大家在小组内讨论"我的理想来自苦难,但我因此而受人喜爱"和"一旦天光熄灭,我也仍将歌唱",谈谈你的理解。

(学生讨论,小组代表准备发言)

生1:因为有了苦难,而我通过个人努力,跨越了苦难,这份毅力和精神会受到别人的尊重和敬佩,因此而受人喜爱。

生2:因为我的理想是在苦难中寻得的,所以特别珍贵,如果没有苦难,可能我只是一个碌碌无为的人。

生3:天光应该代表了太阳,或者说是作者的希望吧。即使外部条件再差,我也不会丧失信心,会一直歌唱下去。

生4:作者应该不是无病呻吟,是不是受了很多挫折磨难,才会有这样的感慨,才会说理想来自苦难?

师:问得好,为什么诗人会发出这样的呐喊?为什么理想会来自苦难又为什么天光会熄灭呢?我们再来补充一下作者的生平。除了前面提到的巴尔蒙特的成就,其实他的一生是充满坎坷的。

(PPT投影)巴尔蒙特的一生充满动荡,得到的评价也曾经褒贬不一。巴尔蒙特因为对十月革命表示反对并拒绝参与,因此在那个以政治态度作为评价作家的标准的年代,他一度被定性为"颓废、个人主义、反革命"。他的诗歌也被说成"基调属于颓废主义,在艺术上追求过分的夸饰和外表的华丽"而长期被打入另册。1942年,他怀着苦闷和忧郁凄凉地客死在巴黎。

师:所以,现在大家能体会诗中的情感了吧。

生1:所以,巴尔蒙特经历的人生低潮,才让他直面困难时无所畏惧,才让他的理想更为坚定。

生4:所以巴尔蒙特人生的最后,真的是天光熄灭了,可他仍然没有放弃歌唱的心。

师:所以,我们对他的精神应该感到敬佩。虽然巴尔蒙特一生都在追寻太阳、渴望着爱和光明,但是我们仍能感受到诗人的悲悯情怀,比如……

生:一旦天光熄灭,我读起来特别有画面感。

师:什么样的画面感?

生:就是诗人奋力追寻太阳,但太阳仍有可能熄灭在他眼前,想想该多失望。

师:是失望吗?

生:还有歌唱,还有歌颂。

师:虽然天光熄灭了,虽然世人都会历经苦难,但经历过后,作者对于生命、对于人类的悲悯之心,也就自然而然地滋长发育起来。

(五) 四读诗歌,背诵经典

师:我们对本首诗歌有了更深入的了解。接下来,请同学们饱含激情地再次诵读。

学生齐读。

师：诗歌较短，也不难，给大家一分钟时间，每组背诵一小节，等会我们尝试一下接龙背诵。

学生完成接龙背诵。

三、拓展阅读

师：现在，请大家看一下PPT中我为大家选择的一首诗《生活的格言》，集体读一下。

生（读）：生活的格言

我问自由的风，

我怎样才能年轻。

嬉戏的风儿对我说：

"像烟和风一样轻灵！"

我问广袤的海，

什么是生活最伟大的格言。

喧闹的大海对我说：

"要像我一样永远奔腾澎湃！"

我问高天的太阳，

我怎样才能发出比朝霞更明亮的光。

太阳没有回答我，

可我的灵魂却听到了它的回答："要发光！"

师：大家读完有什么直接的感悟？

生：要发光。

四、课堂小结

希望大家都能像诗歌中描绘的那样，经得住苦难，在心中永远保留对太阳的渴望，拥有爱与希望。那无论你身处何方，心中"要发光"的呐喊声就永远不会停歇。请牢记，我们来到这个世界，不是为了经历苦难，而是要去看太阳、看大海、看百花盛开的峡谷。

五、布置作业，巩固知识

师：最后，交给大家两个任务。第一个任务是背诵全诗。第二是任务是请大家当一回小诗人，仿写一段诗句：

"我来到_____为的是_____，和_____。我来到_____为的是_____，和_____。"

要求意象运用恰当、情感真挚。

板书设计

我来到这个世界为的是看太阳

[俄]巴尔蒙特

意象：群山、峡谷 ⎫　　　　　　　　节奏美
　　　大海、百花 ⎭ 美好阔大　　　音律美

太阳——爱　光明　美好　　　　　　情感美

　　　　温暖　希望

教学反思

《我来到这个世界为的是看太阳》作为我曾经开设的一堂市级公开课，我在设计教案、上课、评课的一系列活动中获益匪浅。在教学需要的情况下，我自制了幻灯片辅助教学，用直观、漂亮的图片和音频，帮助学生理解词语、句子、诗歌内容，并用来指导背诵。首先来谈谈我的教学设计。在整体教学活动中，我还是采用了传统的诗歌鉴赏"品读结合"的模式。既然是诗歌赏析课，那就离不开诵读，而诵读又能准确反映出学生对诗歌的理解程度。我用"诵读"串起了整节课，真正实现了诗歌教学各环节的和谐有序。

诵读安排上，我采用循序渐进的方式将其分为四读：初读是整体感知，这时候的学生争取能读准确，大致了解诗歌即可。再读诗歌是教师范读，学生欣赏。作为一名语文老师，诵读应该是拿得出手的专长了，再配上班得瑞的优美音乐和相关图片，诵读时加入个人情感，抑扬顿挫，让学生沉浸其中，真切体会到诗歌的"音律美、情感美、节奏美"。范读结束后，收获了学生的掌声，也让学生跃跃欲试。在他们个人诵读时，大都有明显的提高，课堂气氛也更为活跃。三读诗歌就是精读，是细细品读。带着深入思考，了解诗人的写作意图和个人情感，当我们在课堂上解决一个个问题时，学生对诗人和诗歌有了更准确的认知，边品边读，这时候的诵读应该是深层次的，是跨越时间和空间与诗人产生共鸣的诵读。最后四读诗歌就是以尝试背诵为主，熟读自成诵，在反复的记忆中，将这首经典之作印入脑海深处。在师生默契地配合下，学生完成了个人素质的提升。

当然，我在授课过程中还是有很多不足之处的。首先因为课堂时间关系，对于"我的理想来自苦难""而一旦天火熄灭我也仍将歌唱"中表现出的诗人对生命的悲悯情怀未能更好地展开，从而使教学过程流于表面，未能更深入地直击心灵。其次，无法让全体学生参与到互动环节，只有小组代表或是少数同学能得到展示。今后，可以考虑多运用现代化教学手段，让全体学生动起来，也让教师能对每个学生的表现作出及时反馈。

第二章　感悟生活

　　生活在物质极大丰富的现代社会,人们却常常怀念"从前日色变得慢,车、马、邮件都慢"。这是因为"慢生活"让人们有时间停下脚步,褪去包裹在心灵上的坚硬外壳,让阳光洒进内心最柔软处。很多人渴望这样的生活,却又囿于现实,久而久之,贫瘠的精神世界再也无法快乐地绽放出一支娇艳的花朵。唯有细腻敏感的作家,用心体悟身边的景、身边的事、身边的人,用文字记录下转瞬即逝的感受,成为永恒的印迹,不时地拨动着后来人的心弦。

　　本章节收录了四篇作品,分别是李乐薇的《我的空中楼阁》、郁达夫的《故都的秋》、李皖的《五月的鲜花》和胡适的《我的母亲》。这些作品语言风格迥异,有的清新优美,有的自然朴质,但无一不是对生活的深刻感悟,对干涸精神世界的一次滋养。

《我的空中楼阁》创新教学设计

李 颖

设计意图

散文承载着我国的传统文化,满含作者的情感和时代精神,字里行间潜藏着耐人寻味的深邃意蕴。但同时,散文的教学如果处理不当,往往整堂课就会显得比较散、比较空,经常出现教师在台上不停讲、学生在台下听不明白的情况。面对《我的空中楼阁》(选自江苏省职业学校文化课教材《语文》第一册第二单元)这样一篇充满诗情画意的散文,我们应该明确教学思路,引领学生感受美、追求美、欣赏美,进而创造美。这与语文学科核心素养所倡导的"审美发现与鉴赏"不谋而合。"通过语文课程的学习,感受祖国语言文字独特的美,增强对祖国语言文字的审美意识,加深热爱祖国语言文字的感情。阅读中外文学作品,注重阅读中的情感体验,品味语言艺术,获得审美发现,感受和体验作品的语言美、形象美和情感美,丰富审美体验,提升发现美、体验美的能力"。据此,我确定本课时的三个主要环节:通过变化视角观察小屋,探寻美景;抓住散文语言的"三美",赏析妙语;探究重点语段,感悟人生志趣,最终将欣赏美落到实处。

在教学过程中,我们应该意识到学生是学习的"主人"、课堂的主体,教师只是学习活动积极的组织者、引导者和参与者。这是进行生态语文教学的最重要的前提。我们要充分发挥学生的主体性,充分发挥教学民主,对每一名学生的发言给予积极评价。在教学过程中,既紧紧结合教材,又适当向生活延伸,注重对学生情感、态度、价值观的培养,引导和调动学生的情感体验,关注学生的内心感受,珍视他们在研讨与探究过程中独特的感受、体验和理解。

设计思路具体如图示：

语言理解与运用		思维发展与提升
本文作者十分注重语言的锤炼，文中有很多节奏感强、音韵和谐、对仗对偶的诗化了的句子。可通过反复读诵文章，并结合图片品味文中优美的语句，领悟作品的表现手法	中职语文核心素养（全面发展的人）	通过梳理、分析、归纳文本，学习多角度、多侧面描写景物的方法，领悟本文托物言志、寄情于景的艺术手法，思考标题"空中楼阁"于作者的深一层的寓意
审美发现与鉴赏		文化传承与参与
通过文本的学习，学习作者是如何用优美的景语描绘优美的画面的，感受和体验作品的语言美、形象美和情感美，丰富审美体验，提升发现美、体验美的能力		李乐薇笔下的"空中楼阁"，是自己理想的栖身之所，体现了千百年来中国文人对"理想家园"的追求，就是在这样一个理想的家园里，文人士大夫才能安放疲惫的心灵，独善其身建设精神家园

语文核心素养的四个方面是一个整体，其中语言理解与运用是基础，其他三个方面都建立在语言理解与运用的基础之上。

教学目标

1. 学习从不同视角观察景物的方法。
2. 赏析优美的描写语言和抒情语言，感受语言的深厚意味。
3. 学习"托物言志"的写作手法，领略如诗如画的意境。
4. 体味作者对大自然、对自由生活的向往。

教学重点

鉴赏和品味本文清新、优美、生动的语言。

教学难点

学习托物言志的方法，理解作者寄寓小屋的理想。

教学过程

一、创设情境，导入新课

师：法国大雕塑家罗丹曾经说过："美是到处都有的，对于我们的眼睛，不是缺少美，而是缺少发现。"朱自清先生静夜漫步，偶然间行至一处，发掘了美不胜收的荷塘月色；徐志摩先生漂洋过海，竟倾倒于垂柳婆娑的康河的柔波里。在台湾作家李乐薇先生的心目中，也有这么一番小天地，他亲切地称之为什么？

生(异口同声):空中楼阁。

师:同学们是从哪里看出来的?

生(异口同声):题目。

师:通过上节课的学习,我们知道在文章中,李乐薇先生一直称之为什么?

生(异口同声):小屋。

师:小屋大家很容易理解,但是,我的小屋为什么又被称为我的空中楼阁呢?这将是我们今天需要解决的难点问题。

二、图画感知,寻踪美景

师:上节课老师给大家留了一个作业——"如果你是一位摄影师,请你以本文的'小屋'为素材,你会拍出什么样的照片?分别给每幅照片命名"。课下,老师将同学们的照片收集了起来,让我们一起来看一看。

(请一位学生描述图片内容,并给图片起名)

生1:图片上有树和小屋,小屋被树木遮住了,很漂亮。我给它起名为"树林小屋"。

师:非常好,一上来就抓住了图片的重点,起的名字也很贴切。老师也想了一个名字,和"树林小屋"很相似,叫"树之屋"。同学们觉得如何?

生(七嘴八舌):很好,很文艺。

师:那请同学们试着用老师示范的格式来为下面的图片起名。

生(异口同声):云之屋、山之屋、花之屋。

师:通过上节课对全文结构的学习,我们知道在文章中,李乐薇先生也分别为我们描绘了"山之屋""树之屋""云之屋""花之屋"。那么老师的问题来了,为什么同样的一间小屋,在同一个欣赏它的人眼中,会幻化出这么多的景致?

(有学生举手)

生2:作者观察景物的角度发生了变化,所以才会看到不同的景致。

师:有道理,那么我们观察景物的角度一般有哪些?

生(七嘴八舌):远观、近看、仰视、俯视。

师:作者从不同的角度来描写小屋,请在七至九段中找出与远观、近看、俯视、仰视几个角度相应的句子。请一位同学朗读这三段,其他同学边听边将句子划出来。

生4:我找到远观的句子了。"树把小屋遮掩了,只在树与树之间露出一些建筑的线条,一角活泼翘起的屋檐,一排整齐的图案式的屋瓦。"

师:好,这一句找得对不对?(其他学生点头称"对",师展示答案,诵读该句)老师也找到这一句了,那么你是从哪里看出这是远观的句子?

生4:前面有一句,"换个角度,由近看改为远观",所以这一句应该是远观的角度。

师:非常好,这一句十分重要。作者直接从自己的变化角度来观察景物的。那么其他的角度好找吗?

生5:近看的是这一句,"小屋后面有一棵高过屋顶的大树,细而密的枝叶伸展在小屋的上面,美而浓的树荫把小屋笼罩起来"。

生6:俯视的角度我觉得是这一句,"左顾有山外青山,右盼有绿野阡陌"。因为前面作者说,"足以俯仰天地",所以这一句是俯视。

生7:我找到了仰视的句子。"我的小屋在树与树之间若隐若现,凌空而起,姿态翩然。"

师:从哪个词语看出这是仰视?

生7:凌空而起。

师:是的,老师也找到了这一句。除此之外,老师还找到一句,我们一起来看一下,"小屋却又变换位置,出现在另一些树的上面,这个角度是远远地站在山下看"。同学们仔细看一下,这是不是也是仰视的角度啊?

生(七嘴八舌):是的,这个角度是远远地站在山下看,是仰视。

师:在大家的努力下,我们把四个角度的句子都找了出来。请同学们一起来读一读这几个句子。

(全班同学大声朗读表格中的句子)

视角	句子
远观	树把小屋遮掩了,只在树与树之间露出一些建筑的线条,一角活泼翘起的屋檐,一排整齐的图案式的屋瓦
近看	小屋后面有一棵高过屋顶的大树,细而密的枝叶伸展在小屋的上面,美而浓的树荫把小屋笼罩起来
俯视	左顾有山外青山,右盼有绿野阡陌
仰视	小屋却又变换位置,出现在另一些树的上面,这个角度是远远地站在山下看 我的小屋在树与树之间若隐若现,凌空而起,姿态翩然

三、研读文本,赏析美语

师:老师发现有些同学还是很有感情地进行诵读。非常好!我们说,画师是用画笔描摹美景,摄影师是用镜头记录美景,那作家则往往是用什么来记录呢?

生:文字、语言。

师:大家在读完之后,觉得这篇文章的语言如何?(提示:这是一篇写景抒情的散文)

生:很美。

师:在接下来的时间里,就让我们一起通过鉴赏首句"山如眉黛,小屋恰似眉梢的痣一点",举一反三,来感受文章语言之美。同学们,请先读一下这句话。回忆一下,我们评析句子可以从哪些角度出发,看一看这句话美在何处,换句话说,就是这句话有什么样的特色。

生8：使用了比喻的修辞。把山比作眉黛，把小屋比作眉梢上的痣。

师：眉黛是指什么？

生8：眉毛。

师：是的。黛是一种青黑色的颜料，古代女子常用之画眉，因而将眉毛称为眉黛。那么把山比作青黑色的眉毛，有什么样的妙处？

生8：写出山的颜色也是青黑色。

师：为什么山色是青黑色？

生（七嘴八舌）：有很多树，远远看颜色很深。

师：除了写出山色，还写出了什么？（作描眉状）眉毛除了颜色与山色相似，还有什么地方能与山联系在一起，与粗而短的物体相比，古代女子的眉毛显得如何？

生9：细长。

生8：哦，还写出了山的形状，高低起伏，连绵延长。

师：是的，前半句比喻写出了山形和山色。后半句呢？将小屋比作痣，并且是眉梢上的痣，点出了小屋的什么？

生10：位置。

师：在哪里，原文中是否提及？

生10：我的小屋玲珑地立于山脊一个柔和的角度上。在山脊。

师：将山比作眉黛，此处比喻写出了山的颜色和形状，而且眉黛也常让人联想到女子那淡扫的峨眉，这样一联想，山俨然成为一代佳人。将小屋比作眉梢上的痣，点出了小屋的位置处于山脊之上，玲珑小巧，别具韵味。连用两个比喻、绘形绘色、相映成趣，呈现一种独特的修辞美。

师：还可以从哪些角度来欣赏这篇文章的语言呢？既然眉黛就是眉毛的意思，那我们将"山如眉黛"换成"山如眉毛"，可好？

生（异口同声）：不好。

师：为什么？

生（七嘴八舌）：眉毛是口语，通俗。眉黛更好听。

师："眉黛"一词常出现在哪里呢？

生：古诗文。

师：同学们可曾听说过这句话，水是眼波横……

生（异口同声）：山如眉峰聚。

师：这是王观《卜算子》一词中的名句，怎么样，与"山如眉黛"是不是有异曲同工之妙？

生（点头）：是。

师:这样的手法,我们称为化用古诗词。它是指不直接引用前人诗词,而是将其进行微小改动,相当于暗引,你们觉得,这样做的好处是什么?

生11:更有诗意。

师:化用古诗词,典雅温婉,充满浓浓的诗意美感。这么美的句子,让我们再来读一读。

师:我们在前面学《再别康桥》的时候,提到了新诗"三美",其中有音乐美。我们来看一下,这一句是否也体现出了音乐美。首先"山如眉黛"是几个字?(生:四个字)在句式结构中,我们往往称之为"短句"。那么后一句呢?相较前面这一句,我们可称之为?

生:长句。

师:句式上长短结合,好处是什么?

生:有节奏感,有音乐感。

师:长短结合,错落有致,读来朗朗上口。

师:我们来总结一下,在分析语言美的时候,我们从三个角度出发,分别赏析了修辞美、诗意美、音乐美。接下来,请同学们试着从这三个角度来赏析文中其他的句子。

师:我们说品语言务必要读中品,品中读。所以先让我们来读一读PPT上的这些美句。

(生齐读"小屋的出现,点破了山的寂寞,增加了风景的内容。山上有了小屋,好比一望无际的水面飘过一片风帆,辽阔无边的天空掠过一只飞雁,是单纯的底色上一点灵动的色彩,是山川美景中的一点生气,一点情调。")

师:我们来分组进行赏析。第一、二组从修辞角度赏析,第三组赏析诗意美,第四组则从音乐美的角度体会。

(五分钟后,师请每一组学生代表回答,指导学生品析该句:

修辞美:使用拟人、比喻,以动写静,突出小屋充满生气、富有情调。

诗意美:化用古诗词,诗情画意,别具韵味。

音乐美:整句、散句结合,于整齐中富于变化,语意连贯,气韵流畅)

四、探究文本,感悟美志

师:通过我们的赏析,小屋给你一种什么样的感受?

生(七嘴八舌):很美,很有诗意,很有韵味。

师:那这样的小屋又给作者什么样的感受呢?请大家看第十三段,听完音频朗读后,请用两个词语回答我。

生(异口同声):快乐、幸福。

师:从哪一句看出来的?

生:我出外,小屋是我快乐的起点;我归来,小屋是我幸福的终站。

师:"出外"是指到哪里去?"归来"是指回到哪里来?

生 12:出外是指回到城市、回到世俗;归来是指回到小屋。

师:小屋在哪里?

生 12:在山上,回到山上,回到自然。

师:既然"小屋"是"快乐"和"幸福"的所在,为什么作者又把它称为"空中楼阁"呢?这回到老师刚开始提的问题了,现在你们是否可以作答了呢?

生 13:因为小屋在山上很高,空中楼阁也很高。

生 14:空中楼阁比较仙,比较神秘,小屋很虚无缥缈,也很神秘。

生 15:空中楼阁就像世外桃源,作者的小屋也像世外桃源。作者希望离开城市、回归自然。

师:我来总结一下大家的回答。"空中楼阁"既指"我"的小屋建于山上,在烟雾迷蒙中犹如一座空中楼阁,又指作者理想中独立安静的生活环境,反映了作者对喧嚣嘈杂的尘世生活的厌倦,而渴望超然物外,这其实是作者借小屋表达了一种回归自然的人生志趣。这种借某一客观事物表达自己人生志趣的手法,我们称之为什么?

生:托物言志。

师:李乐薇先生用他那优美动人的语言、明丽温婉的文笔给我们带来了这么一篇如诗如画的写景美文。这美文犹如一杯香气四溢的茗茶,淡淡的,悠悠的,却又让人回味无穷。我想,如果没有高深的文学功底,没有对大自然的热爱和向往,没有如诗如画般心灵的人是写不出这样的文章的。我希望同学们能在今后的学习生活中,多多阅读这样的美文,在读中品,品中读,开阔自身的视野,也陶冶自己的心灵。

五、课堂反馈,加深印象

师:请迅速填出下列语段的空缺。

(1) 予独爱莲之＿＿＿＿＿＿＿＿,＿＿＿＿＿＿＿＿,中通外直,＿＿＿＿＿＿＿＿,香远益清,亭亭净植。(周敦颐《爱莲说》)

(2) 斯是陋室,惟吾德馨。苔痕＿＿＿＿＿＿＿＿,草色＿＿＿＿＿＿＿＿。谈笑＿＿＿＿＿＿＿＿,往来＿＿＿＿＿＿＿＿。(刘禹锡《陋室铭》)

你能找到以上作者描写的分别是＿＿＿＿＿、＿＿＿＿＿(物),言的是＿＿＿＿＿、＿＿＿＿＿(志)。

这种通过描写客观事物,寄托、传达作者的某种感情、抱负和志趣的手法,就叫作＿＿＿＿＿＿＿＿。

六、布置作业,巩固知识

1. 有感情地诵读全文,体会其语言之美,感悟作者的人生志趣。

2. 下列句子采用了哪些修辞手法,好在哪里?

(1) 花好比人的面庞,树好比人的姿态。树的美在于姿势的清健或挺拔、苗条或婀娜,在于活力,在于精神!

(2) 本质上,它是一幢房屋;形式上,却像鸟一样,蝶一样,憩于枝头,轻灵而自由!

(3) 无需挂画,门外有幅巨画——名叫自然。

3. 将本文与《荷塘月色》比较阅读,说说两文观察景物的角度有什么不同。

板书设计

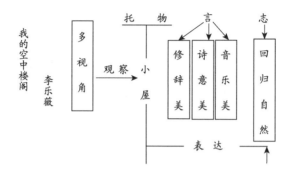

教学反思

这是一节"以文本为中心"的生态语文课堂。生态语文教育专家认为,文本自身具有丰富的生态文明内涵,具有生态本质,应当成为引领课堂教学的生态化设计的依据。因而,对文本生态化的解读已经成为生态语文课堂构建的核心。教师在教授《我的空中楼阁》这篇散文时,牢牢地把握住文本解读的唯一性原则,从作家个体和文本个案解读出发,在教学过程中采用梳理、分析、归纳等方法,逐渐由文本的特殊性上升到散文赏析的共性上,而不是强行利用文学赏析的各种理论,对文本进行机械性解读,从而严重破坏文本的审美感受。

这是一节依据学生认知特点和能力水平组织教学的生态语文课堂。教师根据教学内容和学生实际确立科学合理的教学目标,准确把握教学重难点。教师能灵活巧妙地驾驭教材,根据散文的教学要求,从语言品味和托物言志的写法两个角度入手,整体设计提纲挈领,局部分析细致入微,教学思路清晰,课堂结构完整。教师备课充分,对文本解读深入透彻,在引导学生领悟主旨的环节中,始终能紧扣文本,把握关键语句,提出核心问题,引导学生分析主旨。在学生理解主旨有一定难度时,教师巧妙利用学生已有的知识结构,联系学生初中所学课文《爱莲说》《陋室铭》,触类旁通,举一反三,援引课外教学资源帮助学生有效化解难点。

这是一节整体把握语文学科核心素养的生态语文课堂。教师善于启发,点拨得当,能引导学生通过梳理、分析、归纳文本,学习多角度、多侧面描写景物的方法,发展了学生的思维能力。同时又指导学生抓住优美语句,从修辞美、诗意美、音乐美的角度品析语句,三个维度把握精准,读中品、品中读,学生既掌握了品味语言的方法,又感受了本文语言清新优美的特点,较好地提升了审美情趣和审美能力。在反复诵读文中那些诗化了的句子的过程中,也是对中国古典诗词文化的再理解和再吸收,感受现代作家对中国优秀古典诗词文化的传承和发扬。

建议:在引导学生品味诗意美的环节中,应适当兼顾学生的阅读基础。学生的阅读积累达不到一定程度,课前应先布置一些预习任务,教学过程中从意境入手,再去联想相应诗句。这样一来,避免直接给出诗句,达到更好的教学效果。

《故都的秋》创新教学设计

施 玮

设计意图

这是一篇经典课文,出自江苏省职业学校文化课教材《语文》第四册"悠远的情思"单元,意在让学生在虚实相生、疏密有致的文字中体验、感悟与思考,领略那弥漫其间的无穷的意味。因此,如何上出新意,让学生们觉得学有所获,在教学中酿造语文核心素养的浓度,校准核心素养的宽度,课后延伸核心素养的长度,是值得思考与尝试的。本次课上准备以郁达夫为抓手,透过文字的背后理解他的性格、追求、为人以及独特的人格魅力。在开放性的学习过程中,拓展学生的学习内容、学习形式、学习方法。

设计思路具体如图示:

语言理解与运用	思维发展与提升
通过选择一段感受最深的文字配乐朗读,师生相互交流朗读的感受。结合五幅画面品味文中意味深厚的词语,理解表现技巧	通过比较、分析、归纳、概括每幅图中的文字表达,明确故都的秋的特点,在初识作者郁达夫其人的基础上,深入理解他的性格、追求
中职语文核心素养(全面发展的人)	
审美发现与鉴赏	文化传承与参与
在品味文中意味深厚词语的基础上,引导学生运用抓住关键词句、多角度入手、意象分析、观察细节等鉴赏方法,发现故都的秋独特的美,发现郁达夫独特的审美取向	对"故都"一词和"我愿意把寿命的三分之二折去,换得一个三分之一的零头"一句的解析,让我们看见了郁达夫爱国、正直、执着的精神,一种文化人对文化的捍卫与坚守

语文核心素养的四个方面是一个整体,其中语言理解与运用是基础,其他三个方面都建立在语言理解与运用的基础之上。

教学目标

1. 学习本文以情寓景、以景显情、情景交融的写作手法。
2. 知人论世,体会作者对故都的秋的眷念之情及其由来。

3. 品味文中意味深厚的词语,理解其表现技巧,运用方法逐步提高鉴赏散文的水平。

教学重点

自主赏析五幅秋景图,体会作者流露出的情感及其具有的独特的人格魅力。

教学难点

知人论世,准确把握"故都"二字的深刻内涵及其作者对文化的捍卫和坚守。

教学过程

一、导入新课

由斯皮尔伯格导演的全球票房超过 5 亿美元的电影《头号玩家》想必不少同学都看过,里面的主人公通过深入剖析游戏的创始人哈利迪,并与其他玩家合作找到了通关的三把钥匙而成功接手"绿洲"成为新的世界首富。今天,你们想不想与老师一起通过《故都的秋》这篇文章深入剖析一下作者郁达夫,从而获得一笔宝贵的精神财富呢?

二、新授内容

(一)诵读识其人

1. 选一段令你感触最深的文字配乐来读一读,老师也选一段配乐来读,读完以后说说郁达夫是怎样的人,从哪里看出来的。

生 1:(饱含感情地朗读第 7 段)我觉得是悠闲,从刚刚读的文字中"都市闲人"感受到的。

生 2:(有感情地朗读了第 3 段)我从中读出了细腻的感觉,观察非常细致。

生 3:(朗读了第 4 段)郁达夫的文字非常优美,其实除了这段外,还有许多地方都能让我们感受到。

师:大家从不同的角度给我们谈了自己关于这篇散文的读感,老师也来配乐朗诵两段,那就是课文的第 13、14 段。

2. 大家觉得郁达夫笔下故都的秋有何特点?

生齐答:清、静、悲凉。

3. 作为南方人的郁达夫为何会对北方的秋产生如此深厚的感情呢?

生 1:觉得北方的秋有味,尤其是秋雨,写得奇、有味、像样。

生 2:可能是距离产生美吧,从时间与空间的角度。

师:可见文章与人是有着密切联系的,品味语言如同品茶,味道不在入口那一刻,而在香气轻轻溢出的感觉,下面我们来品品从文中溢出的香气并看看在文字背后站立了一位怎样的郁达夫。

(二) 品鉴见其人

俗话说:言为心声,文见其人。

1. 细品语言,品读文字背后站立了一位怎样的郁达夫。大家自由组合,任选其中一幅画进行赏析,要求:立足文本,揣摩语言;合作探究,大胆表达;学习方法,融会贯通。

第一组学生:秋晨破院图

引导学生抓住关键词句,重点品读第一幅画面。

生1:我觉得课文第三节提到"牵牛花的蓝朵",感觉作者比较喜欢淡雅的颜色,"破屋""破壁腰"则说明了很破旧。

师引导:北平在作者的心目中是怎样的城市?

生2:有历史感和沧桑感,而这里的"破"恰恰说明了一种破旧感。

生3:老师,我发现这节还写到了"青天下驯鸽的飞声",能听见飞声就突出了作者强调的环境的"静"。

师:观察细致。你们看看"浓茶"呢?

生1:味道比较苦。喜欢浓茶,说明喜欢醇厚的苦味。

师:非常棒!品茶如同品人生。

生2:老师我知道了,这就说明郁达夫借此想表达人生的苦味。

师引导:说到这里,我们从中看到了一个怎样的郁达夫呢?

生小结:他崇尚简单质朴、淡雅,喜爱历史的厚重感。

师小结:这其实就是郁达夫独特的审美取向的表现。(板书:审美取向——淡雅、厚重)

第二组学生:秋槐落蕊图

如果说第一组的同学带领着我们共同抓住关键词来赏析文本的话,那么我们来看看第二组同学的学习成果,看看他们用了什么方法来赏析。

生1:我们发现第4节作者是从不同的角度来写的,首先是触觉——极细微极柔软,其次是视觉——细腻、清闲的扫帚的丝纹,再有是感觉——落寞、深沉。

生2:文中还提到了"梧桐一叶而天下知秋的遥想"。

师:你补充得很好,那么这让我们遥想到了什么呢?

生3:以小明大,见叶落而知岁之将暮。

师引导:也就是让我们由眼前的景象想到了生命。

生4:我知道了老师,还想到了生命的流逝与日渐衰老。

师:太棒了,所以作者的感受才是落寞的。

生5:老师,我觉得还有点佛教中的"一叶一菩提,一花一世界"的意味。

师:那就是还有点淡淡的禅意,所以,同学们你们从这幅图中看见了怎样的郁达夫呢?

师生总结:我们了解了郁达夫的生命意识(板书),通过从不同的观察、写作角度入手进行文本的赏析。

第三组学生:秋蝉残声图

生1:我们重点从"秋蝉"这个意象入手来谈,因为我们在学习古代诗词的时候接触过蝉这一意象,因此我们就在想它有哪些含义。经过梳理,我们总结如下:诗人的自况、报秋的使者、衬托环境幽静、渲染悲凉气氛。在这篇散文中你们看这秋蝉有哪些含义呢?

生2:我们觉得文中用了"衰弱"一词来形容蝉声,说明这个蝉即将走向生命的尽头,因而可能是作者的自况。

师:也就是郁达夫感叹自己的生命衰亡吗?

生3:是的呀,而且不仅是生命的衰亡,还有结合郁达夫自己的经历来说的话,可能还感叹自己的漂泊、流离失所吧。

师生:我们从秋蝉感受到生命的漂泊与衰亡,这就是他的人生感怀啊(板书)!借用一句诗"旧梦豪华已化烟,渐趋枯淡入中年"来形容。

生4:我们组还选了当年费玉清的一首歌《秋蝉》,大家一起来听听,品品。

第四组学生:秋雨话凉图

我们组首先分角色来朗读一下这个部分,读得不好还请大家见谅啊!(学生已经渐入佳境)

生1:听完以后,你们第一感觉是什么?

生2:都市闲人们之间的对话让人觉得悠闲,有生活的情调。

师引导:大家想想这不正是郁达夫所追求的吗!所以我们看见了郁达夫所追求的生活情调:悠闲、淡然。(板书)

全体学生:秋果佳日图

生1:我来分析一下,你们看这里写的果实都是淡绿微黄,说明还没有成熟,很青涩。

生2:这不正说明了作者观察得细致入微吗?

师:同学们已经学会了分析,你说的就是老师要告诉大家的。

生总结:在分析五幅画面时,我们所用到的鉴赏方法——抓住关键词句、从不同的角度入手、意象分析法、品味语言、观察细节等。

2. 这五幅画面是按什么主线来写的?

师生明确:北国的秋,却特别地来得清,来得静,来得悲凉。这也是散文的神。

(三) 质疑解其人

1. 如何理解"故都"二字的深刻含义?

师引导:"都"是什么意思?这里指哪里?

生明确:北平,千年古都,政治经济文化中心,有着丰厚的历史文化积淀。故,过去的。

师明确：物是人非，充满了历史感、沧桑感，1934年山河破裂、朝不保夕。

2. 如何理解文中最后一句"我愿把寿命的三分之二折去，换得一个三分之一的零头"？

师引导：愿意用生命来换，这是何等的凛然，誓与之共存亡的悲壮，一种文化人对文化的执着、捍卫与坚守！我们看到了一个怎样的郁达夫呢？

生：爱国、执着、正直。（板书）

师总结：正是因为有这样的情怀和风骨才有他1945年遇害时的慷慨和无畏，郁达夫是中华大地母亲孕育出来的骄子。

三、课堂总结

正如王国维所说："大家之作，其言情也必沁人心脾，其写景也必豁人耳目。其辞脱口而出，无娇柔妆束之态。以其所见者真，所知者深也。"郁达夫正是这样的作家，通过刚刚的解读，大家有没有觉得离郁达夫更近了一点呢？

四、布置作业

1. 整理五幅画面的关键词及鉴赏方法。
2. 修改并完善"我眼中的郁达夫"上传泛雅平台，投票评比十佳作文。
3. 配乐诵读一段令你感触最深的文字上传平台。
4. 学有余力或感兴趣的学生写诗解文。

板书设计

故都的秋
郁达夫

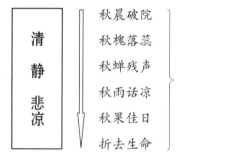

清静悲凉	秋晨破院	审美取向（淡雅、厚重）
	秋槐落蕊	生命意识（淡淡的禅意）
	秋蝉残声	人生感怀（枯淡、漂泊）
	秋雨话凉	生活情调（悠闲、淡然）
	秋果佳日	细致入微（敏感、细腻）
	折去生命	爱国情怀（执着、正直）

教学反思

这是一个基于语文核心素养培养、在生态语文理念下具有真实的开放性的中职语文课堂，它突破了原来对传统篇目只分析五幅画面的静态思维模式，一上来师生共同分享阅读的感受,生态的课堂环境氛围营造初具。大家畅所欲言谈感受,一个核心问题的提出检验学生的学习效果,进而追问"南方人为何会对北方的秋天产生如此深厚的感情",引出文章与人的关系,增加了学生阅读的深度。从"诵读识其人"到"品鉴见其人",最后到"质疑解其人",层层深入,学生们经历了阅读文本、提炼文本、表达文本、吃透文本的多个过程,学生的智慧之门被开启,师生在彼此碰撞中生成了智慧的火花,这对于提高中职学生的阅读内涵具有较强的研究价值。

这是一个具有丰富的生命体验的课堂,老师在第一组学生鉴赏画面的时候适时引导大家找寻关键词句,通过关键词句分析,理解作者郁达夫的审美取向。之后,第二组、第三组学生都能非常准确地从文本入手辅之以相应的方法加以分析、总结。第四组学生更是抓住人物的对话,给全班同学再现了当年老北京人的对话,在对话中,学生们感受到了郁达夫悠闲、淡然的生活情调。在阅读赏析中,学生们感受到了不一样的郁达夫,语文的整体能力也在学习语言、运用语言中得以提升,延伸了语文核心素养的长度。

这是一个有助于培养学生语文学习兴趣的课堂,正当大家通过眼前五幅画面所总结出的特点,让我们看到了一个别样的郁达夫时,老师再次把问题引向深入:如何理解"我愿把生命的三分之二折去,换得一个三分之一的零头"?学生的积极性不断被激发,思维不断被提升,形式比较新颖,极大地满足了学生的求知欲、探索欲,提升了语文核心素养的高度。

在教学过程中如何保证各个层面的学生积极参与到阅读结果的交流,尤其是小组合作学习时,如何让能力弱的同学有更多的锻炼机会,而不仅仅是为了体现哪个小组表现更优秀,交流时留给学生的时间不是特别充分等,这些都将在之后的教学中不断改进。在信息化时代的今天,如何将信息化的手段更好地运用到散文的教学中去,如何在散文教学中让学生提升对中华文化的理解和吸收、传承和发展的能力,这也是今后需要不断研究的问题。

《五月的鲜花》创新教学设计

余 萍

设计意图

《五月的鲜花》是乐评人李皖的一篇音乐评论性质散文、随笔,选自江苏省职业学校文化课教材《语文》第三册第四单元。作者通过一首抗日救亡歌曲《五月的鲜花》,漫谈了音乐对一个人成长的影响,在对这首歌词和曲的细腻分析中,作者引领着读者走进其中,体会音乐的阔达与神圣。本课着重于从音乐评论赏析与文学鉴赏两个方面进行学习。结合学生学情与课文特点,设计让学生学会运用自主学习、讨论交流的方法学习文章。生态语文课堂教学讲求和谐的情境性,本课以情景教学和讨论分析的方式引导、点拨学生自主探究、合作交流,力求在课堂教学中体现生态语文师生和谐的理念,教师与学生积极交互,与学生共同挖掘文章在技巧上与艺术上的双重内涵,令学生理解作者对音乐的专业评论方法,提高欣赏音乐的能力,同时也感受作者用文学的语言描写音乐的文学美,增强用音乐鉴赏方法进行音乐赏析的实际运用能力、写作能力。

设计思路具体如图示:

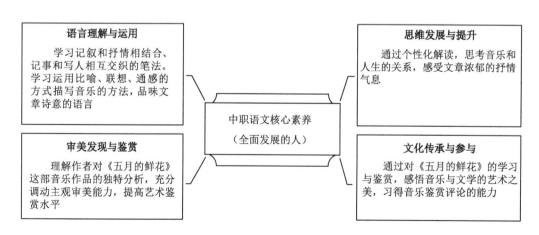

语文核心素养的四个方面是一个整体,其中语言理解与运用是基础,其他三个方面都建立在语言理解与运用的基础之上。

教学目标

1. 了解音乐鉴赏、音乐评论的相关知识,学习音乐评论写作分析的方法。
2. 掌握运用联想、通感等方式描写、评论音乐的方法;理解作者对音乐作品的独特分析,提高音乐鉴赏和音乐审美能力。
3. 理解艺术鉴赏与人生成长的关系,充分调动主观审美能力,感悟音乐与文学的艺术之美;通过个性化解读,思考音乐和人生的关系,感受文章浓郁的抒情气息。

教学重点

解读文本,理解作者对音乐的专业评论方法,感受音乐艺术美与描写音乐的文学语言美。

教学难点

理解音乐评论的写作方法,理解艺术与人生成长的关系。

教学过程

一、导入新课,聆听歌曲

(播放歌曲《答案在风中飘扬》)

师:同学们好,大家知道2016年诺贝尔文学奖的获得者是谁吗?他是一个什么职业的人?

生(齐声回答):鲍勃·迪伦!音乐家。

师:一个音乐家为何能够得到文学奖呢?

生1:因为歌词写得好,有文学色彩。

师:是啊,文学与音乐是相通的,音乐可以饱含文学的诗意,文学的语言也可以描绘出音乐的美。今天让就我们走进歌曲《五月的鲜花》,在欣赏歌曲音乐之美的同时,了解乐评人李皖所展现的语言文学之美。首先,就让我们一起来聆听这首《五月的鲜花》。

(播放歌曲《五月的鲜花》,学生聆听,PPT展示歌曲的曲谱和歌词)

师:听完这首歌,大家感受如何?这首歌带给我们怎样的情感体验?

生2:这首歌很激昂,有力量。

生3:这是一首战争歌曲吧,有气势。

师:是的,这首歌曲正是一首爱国救亡的名曲,以抗战时期为创作背景。下面我们就来研读课本,看看乐评人李皖是怎样分析评论这首歌曲的。

二、解读文本,鉴赏音乐

(一) 第一乐章——难忘的歌

师:同学们,我们在课前预习教学平台中发布过一个微课视频,给大家补充了关于音乐的一些乐理知识。现在,我来考一考大家。音乐评论可以从哪些方面对歌曲进行分析评价?

生1:词、曲。

师:还缺一个要素吧,常常被我们忽略的。

生2:节奏,音乐的节奏。

师:很好,补充得非常完整。下面的时间就交给你们,请各小组汇报你们课前的预习成果。(PPT出示预习内容:阅读第11~17节分组讨论,本文中作者在词、曲、节奏方面对《五月的鲜花》进行了怎样的评价? 在文中找出作者评论性的语句,加以概括说明。学生六个人一组,分成四组阅读讨论,书中勾画,作业本上进行记录。)每组都从作者曲、词、节奏的评论中各挑一句进行汇报,尽量不要重复。

第一组代表:首先是曲子,作者说"音乐的似曾相识,便往往给我们极其强烈而震撼的神秘的体验",曲子让作者感觉"似曾相识",因此他非常喜欢。词方面,14节中"《五月的鲜花》是一首创作于战争年代(三十或四十年代)的歌,但它却有一种在和平中追忆的调子……一望无际的、追念的人",这首歌的词没有硝烟、血腥、刀光剑影,感觉就是一首怀念去世的人的歌。节奏我们没找到哪里写的,好像是17节写道"结局的强悍、壮阔和威武不屈……使得这歌曲既哀悼,又激昂;既感伤,又英武;既柔婉,又坚硬",这里从歌最后一句分析歌曲的节奏,有快有慢,又强烈又温柔的特点。

师:找得不错,但这处是在说节奏吗?

生3:不是吧,17节开头不是说是细节吗?

师:细节是指哪方面的细节啊? 歌词、曲子还是节奏?

生4:是曲子吗? 歌曲最后一句,作者还标注了谱子。

师:很好,同学们认真研读了文本,终于找到了答案,是的,这里正是曲子的细节,那节奏的分析评价又在哪里? 下面我们有请第二小组进行汇报。

第二组代表:我们这组在曲子上找到的跟第一组基本一致,"音乐是似曾相识的"。词方面我们多找到一句,14节最后一句"一种战争之后的寂静、动荡之后的和平、浩劫之后的安定如春天清冽的大气般充塞了天地,也充塞了人心"。作者评价这首歌给人战争之后的和平与安宁的感觉。我们觉得16节也是曲子的特点,作者特别把最后一句曲子挑出来进行了分析。他说是"获得的一份激昂,笔直地、敞开地、脱缰地、痛快地倾泻、作结"。这里也是评论。

师:非常不错的补充,在词曲两方面都找到了合适的补充评论。第三小组还有没有补充?

第三组代表:曲子我们找到这句:"《五月的鲜花》响起的时候,它曾给予我无比强烈的似曾相识的感受,好像这首歌一直会唱似的。"词是这句"……去追忆那些为了民族的延续献出自己生命的过去了的逝者"。结句的细节我们找到的是"我们就在一种柔情万缕的婉约抒情中,不知不觉走进英雄主义的襟怀"。节奏不太懂啊。

师:不错,充分说明了作者对这首歌词曲的看法。看来大家也遇到了瓶颈,我们期待最后一组同学的发挥。

第四组代表:我们在曲里面找到的是 13 节"因为它是 C 调音阶的变形,所以它极为舒缓,而音乐上的舒缓,正与视觉上的广阔相通"。词方面是 15 节最后一句"很多很多年前一个战争中的人写了一首歌,给很多很多年后的和平年代的人们听,却恰如和平年代人们的心境,这真是一个奇迹,这真是一个奇迹"。节奏找不到啊。

师:你们找得很好啊,下面我们先一起总结一下。(出示 PPT)在曲方面,从你们找到的几句中,你们说哪个词出现了多次呢?

生(齐声回答):似曾相识。

师:音乐之美首先表现在了似曾相识的曲调之美。为何这首歌曲作者反反复复强调他觉得似曾相识,曲子什么部分体现出来的呢?

生(齐声回答):C 大调下行音阶的一个变形。

师:对,下行音阶,你们学习过微课了,对上行音阶和下行音阶再熟悉不过了。这首歌的曲子创作也是这个特点。在词方面(出示 PPT),这几句选自你们找的其中几句,什么词也被反复提到啊?

生(齐声回答):和平。

师:一个创作于战争年代的歌曲却让人感受到和平之美,靠的就是歌词中描绘的画面带给人的联想。作者在这里评论这首歌曲的特点,主要建立在"音乐与记忆的联想和听觉与视觉的通感"两方面。用这种形式完成了音乐主体的评论。这就是写作音乐评论的方法。那么我们再来看你们很难找到的节奏评论,大家一起齐读 13 节。

师:这一段中有一个词恰恰就可以说明《五月的鲜花》这首歌的节奏了,是什么?

生(齐声回答):舒缓!

师:非常好,我们来看这首歌的歌谱(出示 PPT),这里包含词、曲与节奏。曲,下行音阶的变形勾起记忆;词,联想和平年代的安宁;最后,节奏……

生(齐声回答):C 大调四分之四拍。中速稍快。

师:舒缓的节奏配合以词曲,作者感受到这首歌曲的最精妙的美好之处。最后提及歌曲结句的细节设计,既婉约又饱含英雄主义,是一首非常具有自身特色的战争时代创作的歌曲。这也是作者音乐评论的几个着力点。在一些古诗名句中也常常使用这样的评论方法。"子在齐闻《韶》,三月不知肉味""银瓶乍破水浆迸,铁骑突出刀枪鸣",大家看,这两句分别是用什么文学方法评论音乐的?

生 5:第一句用通感写音乐,第二句是用比喻写音乐。把音乐乐曲的节奏比喻成银瓶破了和铁骑刀枪鸣的样子。

师：对，要将听觉上的音乐用文字描述出来，加以评论，就要将其与画面相联系，充分展开联想与想象，利用通感、比喻等修辞，使读者能够感同身受。

那么，除了《五月的鲜花》，作者的人生中曾经还有什么歌曲在何时打动过他？

生（齐声回答）：《送别》。

（播放《送别》童声合唱曲）

师：听了这首歌，我们再看第2小节，在文本中，作者将他当时的心境用什么词概括的？

生（齐声回答）：圣洁！

师：阳光明媚的春天，16岁的少年，在青春的校园中聆听少女纯洁的歌曲，产生了"圣洁"的感受。文中第3节，作者紧接着说这首歌令"……一个人的灵魂醒了"，如何理解？在下文中作者有解释原因吗？

（学生研读文本4~5小节）

生6：作者说是因为自己的"判断力和感觉力"得到了"神秘的变化"。

生7：作者说"欣赏力"改变了。他说他有一次走在回家路上，突然就被音乐打动了，喜欢上了音乐。

师：（PPT出示关键句）"我的灵魂一下子就被扯疼了，这是第一次被一首明明确确的歌所扯动……""我完全可以说，那是一次神秘的经历：好像是自己心里的歌被别人发现，好像是一直藏在记忆力的声音被别人碰响。"

真正"懂得"一种艺术需要时间和阅历，欣赏力来自人的成长、成熟。随着年龄的增长，两首青春的歌成了他音乐欣赏的启蒙。作者由一个喜爱音乐的少年最终成长为一个职业乐评人。这其中还有一个特别的人，起到了关键性的作用，他就是……

生（齐声回答）：李老师。

（二）第二乐章——难忘的人

师：大家准备两分钟，我请同学们来接龙，聊一聊，你知道的李老师。

生1：他是一个教外语的老师。

生2：他是一个文学和音乐的爱好者。

生3：他还喜欢运动。

生4：他平时还会用英语与人对话。

生5：李老师喜欢写字。

生6：李老师写字字体很特别。

生7：李老师课余喜欢和学生相处，用英语讲话……

生8：李老师平时还和学生打乒乓球。他是在打乒乓球时突然死掉的。

师：非常不错，补充了一个非常好的细节。通篇来看，李老师在生活上还有没有其他特点了？

生9：我觉得他是个和老婆关系特别好的人。他们肯定十分相爱。

师：谈谈原因呢？

生9：他生病去世了，他老婆居然也殉情了。

师：大家认可吗？

生（纷纷点头）：是啊，是啊！

师：结合上节课的学习，我们知道这是一篇音乐评论，那么写音乐就好，为何作者要花这么多的笔墨来写这位老师？直接原因和根本原因分别有哪些呢？

生（齐声回答）：是李老师向作者介绍了《五月的鲜花》这首歌。

师：显然这是直接原因，老师的这次偶然举动改变了作者的人生，让他痴迷于音乐，坚守于音乐，并且传播着音乐。大家觉得还有什么原因促使作者写李老师呢？大家可以讨论一下。

生9：我们觉得李老师对学生非常好，是作者非常喜欢的一位老师，长大以后还给他写过信。作者一听到《五月的鲜花》就会想起他，就多写了很多关于李老师的内容。

师：是啊，作者人生道路的转折点源于音乐，更源于给他带来音乐启蒙的人。一首《五月的鲜花》让学生永远记住了老师，虽然老师后来的人生与这首歌并无关联，虽然学生再也没有与老师相见，但学生却因为这首歌而对老师充满了"仰望"，并关注老师的人生轨迹，为老师的意外去世而伤心，为老师有情有义的爱情而震惊。最后，我们拿起书，一起来读一下文章的最后一小节。

（生齐读最后一节）

师：文章的结尾又重回《五月的鲜花》，又是一次"偶然"，让作者从电视上"看"到了这首歌，它勾起的回忆不言而喻。文中作者提到他是怎么听完这首歌的呀？

生10：是"站着把它看完"的。

生11："没有落泪"。

师：美妙的歌声，配合联想的画面浮现在眼前，感动又为何强调自己没有落泪呢？

生12：此时无声胜有声，哦不对……是此时不哭但比哭还难受。

师：难受，再想想，这时的作者与第一次听到这首歌时，年龄上、阅历上的变化。

生12：李老师不在了，作者也成长了，再听到这首少年时的歌，作者既难过又感慨。

师：歌曲里那肃穆的、庄严的、圣洁的感受结合作者成年之后的成熟以及李老师溘然离世的悲伤，五味杂陈。最终，人与音乐融为一体，由人而知音乐，由音乐而思念故人。《五月的鲜花》与李老师已经无法分开了。

三、总结全文

这是一篇记叙和抒情相结合的随笔，作者运用抒情华美的文字，通过通感、比喻、联想等手法将音乐画面呈现，在对词、曲细致入微的分析中，在对一个老师的回忆中，细腻地描写了《五月的鲜花》这首歌带给他的情感变化和人生喟叹。"一首歌可以是为历史而写,可以是为当下而写,也可以是为未来而写,一个人可以因为一首歌而改变,也可以因为另一个人而改变。整个文章看似随性散漫,但却一气呵成,互为照应,笔墨之间弥漫着浓重的抒情气息,而作者对音乐鞭辟入里的分析更是令人叫绝。"

四、布置作业

在我们的成长过程中总会有一些对我们产生巨大影响的歌曲,请分享一下你的感动上传学习平台,150字左右。

板书设计

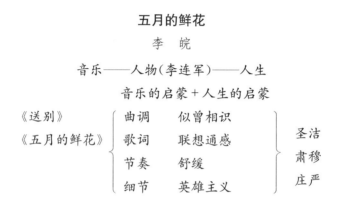

教学反思

《五月的鲜花》一文专业性较强,需要有一定的乐理知识与音乐欣赏基础才能够全面理解作者文中所描述的各种思想与精神的感知,理解音乐欣赏与人生的融合之美,本课对文本细节的熟悉是充分理解文章的关键。

课前教师制作了相关微课视频,提供给学生音乐理论知识的介绍及《五月的鲜花》的词曲简谱、词曲作者介绍与歌曲的创作背景等资料,要求学生自学音乐理论知识,了解音阶、强弱音等内涵,辅助学生理解文中对乐曲的分析。实际教学中,当讲解到文中作者对音乐音调的分析时,学生能够直接代入相关乐理知识来理解文中各类文字的表达,对其中的各类修辞手法的理解相对顺畅很多,没有出现觉得艰涩难懂的现象。

结合生态语文对课堂的要求,展现师生和谐的课堂理念,教师和学生在这篇课文的学习中处于平等地位,共同探讨其中深意。课堂上积极开展讨论交流活动,将学习的主动权还给学生。学生习作练习将课内理论知识进行实践应用,并考查教学目标的达成状况。学生课后的习作练习不乏精彩片段,能够基本掌握简单的音乐评论方法。

本课讨论交流的环节较多,力图促进学生积极思考、踊跃发言、阐发观点,对班级少部分理解和语言表达能力较弱的学生而言有一定难度。老师引导学生体会艺术与人生成长的内涵时人文性不够深刻,比较局限于文本,没有能够充分展开探讨,可以增加其他课外音乐评论进行辅助学习,同时还应增强人文性内容的探讨。

《我的母亲》创新教学设计

时 敏

设计意图

本文选自江苏省职业学校文化课教材《语文》第二册第一单元,是胡适先生在功成名就之后写下的《四十自述》的选段,文章语言质朴,情感浓烈,充满着浓郁的人文关怀。全篇被一种感人真情所萦绕,向我们呈现了一个爱子无痕、润物无声的母亲形象,同时也表达了作者对母亲深深的敬意和怀念。

因此这篇文章不仅应当成为学生了解叙事性作品的重要载体,而且也应当是广大"00后"职业学校学生的一次情感洗礼,使大家理解母爱的深层含义。

本文内容浅显易懂,但由于学生人生阅历的不同,对母爱的诠释也就因人而异,因此,调动学生情感,创设优良教学环境,加深对母爱的理解就是本文难点所在。

本课设计思路具体如图示:

语言理解与运用		思维发展与提升
通过耳熟能详的歌曲导入新课,明确"母亲"这一角色在作者人生中的重要意义。抓住关键词,理解文意,概括母亲形象	中职语文核心素养(全面发展的人)	通过理解、体悟、分析,更深层次进入文本,体会母亲对作者的言传身教,理解作者为何如此尊重母亲,以及作者母亲在待人接物上有何过人之处
审美发现与鉴赏		文化传承与参与
在品味文中意味深厚词语的基础上,引导学生抓住关键词句、深入研读文本,体会作者对母亲的深厚感情,把握叙事性作品的文体特征		称她"恩师",称自己"在这广漠的人海里独自混了二十多年""学得了一丝一毫的好脾气",都和母亲的教育有密切的关系。作者对母亲怀有这样亲切而又钦敬的感情,并且把这种感情倾注于字里行间

语文核心素养的四个方面是一个整体,其中语言理解与运用是基础,其他三个方面都建立在语言理解与运用的基础之上。

教学目标

1. 有感情地朗读课文,理解文意,概括母亲形象,体会作者对母亲的深厚感情。

2. 从母亲的言行入手,整体把握课文内容,体会叙事性作品的文体特征。
3. 联系生活体验,体会母亲对自己的关爱,养成孝敬母亲的习惯,培养孝敬长辈的美德。

教学重点

1. 理解文意,从具体事件中提炼母亲的性格特点。
2. 体会母亲的伟大,感受作者对母亲的无限怀念与感激之情。

教学难点

从母亲的言行入手,整体把握课文内容,体会叙事性作品的文体特征,深层次理解母爱。

教学过程

一、情感导入

课前播放通俗歌曲MTV视频《懂你》。

师:同学们,说到母亲,我们就会想到慈祥、勤劳、无私等字眼。正如歌曲中所唱,母亲"把爱全给了我,把世界给了我"。母爱像贴身的背心,时时刻刻温暖着我们的心。

有这样一位母亲,17岁做了后母,23岁成了寡妇,每天周旋于和她年龄相仿的儿子、儿媳之间,并在短短几年间,失去了7位亲人。但她顽强地生活着,把所有的希望都寄托在亲生的儿子身上,供他读书,教他做人,终于培养出了声名赫赫的大学者胡适。

然而,"树欲静而风不止,子欲养而亲不待",儿子还没报答母亲,母亲却永远地离他而去了。这怎么不让人伤心,怎么不让人怀念呢?今天我们来学习著名学者胡适的一篇文章《我的母亲》。(板书课题)

二、整体感知

师:首先我们来了解下同学们的预习情况。

1. 作者简介

胡适(1891—1962),近代思想家,现代诗人、学者,提倡白话文。原名嗣穈,字适之,安徽绩溪人,生于一个官僚地主兼商人家庭。1917年完成博士论文(1927年获博士学位)后回国,任北京大学教授,积极参加新文化运动和文学革命运动,发表《文学改良刍议》。曾任教于国立青岛大学(现中国海洋大学)。胡适一生取得35个博士(包括名誉博士)学位。

2. 给加点的字注音

文绉绉(　　)　　穈先生(　　)　　眼翳(　　)　　佃户(　　)
锁匙(　　)　　轻薄(　　)　　管束(　　)　　侮辱(　　)

3. 标明段落序号,理清文章的结构

师:法国作家莫泊桑说:"人世间最美丽的情景,出现在我们怀念母亲的时候。"请同学们快速浏览课文,说说胡适怀念的是一位怎样的母亲。

生1:既严厉又慈爱的母亲。

生2:可怜又可敬的母亲。

生3:宽容的母亲。

生4:能干的母亲。

生5:坚强的母亲。

生6:和气的母亲。

……

师:同学们预习得很充分,说得不错。文中的"母亲"有着特殊的身份,既是我母亲,也是大哥二哥的后母,还是年轻的寡妇。

这真是一位很不容易的母亲。那么,"我"从母亲身上学到了什么呢?

生:"我"从母亲身上学到了好脾气、待人接物的和气、宽恕人、体谅人等品质。

师:在文章的哪一句?

全体生:最后一句。

师:让我们齐读。

生读:如果我学得了一丝一毫的好脾气,如果我学得了一点点待人接物的和气,如果我能宽恕人,体谅人——我都得感谢我的慈母。

师:以上所学的种种内容用一个词表示就是——

生:做人。

师:哪个小节有概括?怎样理解这一节?

生:第4小节。"但这九年的生活,除了读书看书之外,究竟给了我一点做人的训练。在这一点上,我的恩师就是我的慈母。"联系上文,我认为,九年的生活,作者对没有享受过儿童游戏的生活是遗憾惋惜的。但有两点,是没有遗憾的。一是读书看书方面打下了底子,二是母亲给了"我"做人的训练。

(板书:训练做人)

师:非常好。

三、重点研读

师:作为"我母亲",母亲具有怎样的特点?

请同学们默读5~7节,抓住关键的词语谈谈你的理解。

生1:母亲很苛刻。从"喊"字中可以看出来。天刚亮,"我"还沉浸在梦乡里,母亲就把"我"喊醒,给"我"上政治课,而且天天如此。如果换作是我,一定会受不了。

生2：母亲非常严厉。第6节中说："或罚跪，或拧我的肉，无论怎样重罚，总不许我哭出声音来。"母亲教育儿子除了语言上的责备，还要体罚。

生3：母亲很威严。"我"做错了事，她只对我一望，"我"就吓住了。"我"看见母亲从家里走出，赶快把小衫穿上。从"只""就""赶快"中可以看出。

师：找得挺仔细的。

生4：她说："你总要踏上你老子的脚步。"一个"总要"说明母亲含辛茹苦，就是希望儿子走他老子的道路，成为一个读书人。

生5："她从来不在别人面前骂我一句，打我一下。"一个"从来不"写出了母亲很有教育方法，懂得维护孩子的自尊，有种女性的细心。

生6：母亲既是慈母又是严父。"我"说了轻薄的话，她就重重地责罚了我一顿。一个"重重地"体现了母亲爱之深，责之切。后来，"我"害了眼翳病，母亲心里又悔又急，听说眼翳可以用舌头舔去，她真用舌头舔"我"的病眼。母亲将"听说"当"真"就是因为她太爱儿子了。

师：这就是天下慈母的心啊！严，是一种爱；慈，也是一种爱。（板书：严、慈）。

师：我母亲是个寡妇、后母，这在封建大家庭里的地位可想而知。可是，为什么是她成了当家的？温馨提示：1. 多角度思考。2. 从课文中找依据。请4位同学读8～11节，其他同学边听边圈点，再把成果拿到小组中共享。

生1：我们组认为，母亲很能干，能当家。从这些地方可以看出来："我母亲几次邀了本家长辈来，给他定下每月用费的数目""我母亲走进走出，料理年夜饭、谢灶神、压岁钱等事，只当做不曾看见这一群人"。母亲以她的方法处理败子大哥的债务，家里大大小小的事都由她打点着。再说，这个家也只有母亲才适合当家。因为大哥从小是败子，二哥在上海，大嫂是个最无能又最不懂事的人，二嫂是个很能干而气量很窄小的人。

师：还用上了排除法。（生笑）

生2：我们组还有补充，母亲非常宽容，善于忍耐，使这个复杂的家庭能过太平清静的日子。文中写道："大哥敲门回来了。我母亲从不骂他一句。并且因为是新年，她脸上从不露出一点怒色。"两个"从不"写出她维护新年喜气、家庭和睦的良苦用心。

生3：我们组认为，母亲的生活是非常压抑和痛苦的。但她毫无怨言，一味地谦让、忍耐，她相信家和万事兴。"大哥的女儿比我只小一岁，她的饮食衣服总是和我的一样。我和她有小争执，总是我吃亏，母亲总是责备我，要我事事让她。"母亲认为，吃亏就是福。

生4：母亲虽然是后母、寡妇，但她以她的为人在家中树立了威信。文中说，"她们常常闹意见，只因为我母亲的和气榜样，她们还不曾有公然相骂相打的事"。在母亲伤心地哭时，总有一位嫂子"走进来，捧着一碗热茶，送到我母亲床前，劝她止哭，请她喝口热茶"。可见，母亲还是得到两位很爱闹气的媳妇的理解和尊重的。

师：看来，这是一位勤劳、能干、贤惠的母亲，又非常善于忍耐。正如文中所说："我母亲的气量大，性子好，又因为做了后母后婆，她更事事留心，事事格外容忍。"

可为什么有一件事却不依不饶,无法容忍呢?

生:因为"我家五叔是个无正业的浪人,有一天在烟馆里发牢骚,说我母亲家中有事总请某人帮忙,大概总有什么好处给他"。这侮辱了母亲的人格。

师:这个"某人"是男人还是女人?

生齐答:男人!

师:非常肯定。那么,这两个"总"字有什么言外之意?

生1:母亲经常请人帮忙。

师:是吗?

生2:母亲爱上某个男人了。(笑)

生3:说母亲红杏出墙,有外遇了。

生4:也就是不守妇道。

师:说母亲不守妇道,自然侮辱了母亲的人格。对此,母亲是怎么做的?以前忍不住时她又是怎么做的?

生:母亲气得大哭,请了几位本家来,叫五叔当众认错赔罪。俗话说"寡妇门前是非多",母亲必须还自己清白,捍卫自己的尊严,这表现了她的刚气。(师板书:刚)但是对待家庭内部矛盾,母亲能忍则忍,忍不住时就悄悄走出门去,去邻居家坐坐,或轻轻地哭一场。

师:可见,母亲给我做人的训练,不仅有既慈又严的直接教导,更有她自身的为人处事给我的潜移默化的影响,正所谓言传身教。(板书:言传身教)

让我们齐读课文最后一段,感受这种影响。

生齐读:我在我母亲的教训之下住了九年,受了她的极大极深的影响。我十四岁便离开她了,在这广漠的人海里独自混了二十多年,没有一个人管束过我。如果我学得了一丝一毫的好脾气,如果我学得了一点点待人接物的和气,如果我能宽恕人,体谅人——我都得感谢我的慈母。

师:有这么一句评价,不知大家有没有听说。让我们齐读:

如果二十世纪是鲁迅的世纪,那么,二十一世纪将是胡适的世纪。(课件展示)

师:鲁迅曾在遗嘱中说:"让他们怨恨去,我一个也不宽恕。"一个典型的战斗者。胡适则说:"容忍比自由更重要。"他的这种宽容、体谅的处事态度就是来自母亲的影响。

四、拓展延伸

师:请就作者母亲的为人、教子方式,谈谈自己的理解和看法。

生1:作者母亲在为人方面,主要是克己谦让,宽容善待,和睦仁慈。

生2:在教子方面较为严格,有时过于严厉。

……

师:同学们总结得都很全面。

师：请结合自己的生活实际，谈谈学习本文的收获，说说自己在哪些方面受到母亲的影响。你最想对母亲说什么？

生1：我在性格方面深受母亲影响。我母亲活泼开朗，喜欢笑，我也一样。（笑）我想对母亲说："妈妈，祝你每一天都笑眯眯。"

生2：我在爱好方面深受母亲影响。我母亲爱唱歌，经常会哼几句。我也很喜欢唱歌，快乐时唱，苦恼时也唱。我想对母亲说："妈妈，希望你身体健康，长命百岁。"

生3：我母亲心肠好，遇上乞讨者，总会给他一点钱，经常帮助一些不相识的人。我学会了善良，喜欢助人。我想把汪国真的《感谢》送给母亲："让我怎样感谢你，当我走向你的时候，我原想收获一缕春风，你却给了我整个春天。"

……

五、课堂总结

师：同学们，我们现在每天都沐浴在母爱的温情中。胡适曾万分遗憾地说："生未能养，病未能待，毕世勤劳未能丝毫分任，生死永诀乃亦未能一面。平生惨痛，何以如此！"同学们，我们的双亲也需要我们的爱，我们的关心。让我们从现在做起，从每一件小事做起吧，不要让"子欲养而亲不待"的遗憾再次发生！

六、布置作业

1. 熟读全文
2. 完成书后练习
3. 完成片段作文《妈妈我想对您说》

教学反思

《我的母亲》这篇课文，可以唤起学生内心深处对母亲的爱，明确自己的一切都来自母亲。学完课文，感觉教学效果很好，学生不仅理解母亲对"我"的做人教导，掌握了选取典型事例表现人物的方法，同时感受到了母爱，懂得了做人的道理。学习一篇课文，不仅要理解课文内容，掌握文章的写作方法，更重要的是学以致用，培养学生说话的表达能力。因此讲完课文之后，我引导学生回忆自己的母亲，谈谈母亲对个人成长的帮助，这样就调动了学生的思维，又可以让学生拿自己选取的典型事例与课文进行比较，可提高学生作文的水平。

但反思这堂课也有不足之处，对于课上所提的问题，没有进行分层教学，对学生文本的理解差异性估计不足，文本理解能力强的学生都能理解而且回答正确，而一些文本理解能力较薄弱的学生，对文章的具体事例不能做出准确的概括。这说明设计问题要有层次。

第三章　海纳百川

　　文学的发展历经千年岁月的洗礼,凝聚着一个国家或民族历史和文化的结晶,体现着这个民族的社会背景、风俗习惯、意识形态等方方面面。东方文学神秘久远、内敛含蓄,在世界文学史上留下了众多优秀的作品。随着时代的发展,东西方文学之间的交流和交际越来越普遍,西方文学中的创新意识和自由精神,为我们打开了一扇了解世界的新大门。

　　无论是东方文学还是西方文学,都有诸多表现形式——诗歌、小说、散文、戏曲……在生态语文课堂教学中,无论是何种表现形式,我们都要努力追求天道与人文的和谐统一。自然的神秘与壮阔,寄托了文人的千古情思,而这些流传后世的名作,也让自然拥有了人文的温度。探索自然的奥秘时,生存于世间的一花一叶、一草一木,都有和自然达成平衡的神奇魔力。本章我们一起来探索一下西方文学的魅力所在。海纳百川、有容乃大,在东西方文学的碰撞中,我们应该有更多的探索和思考。

《晚秋佳日》创新教学设计

施 玮

设计意图

本文是江苏省职业学校文化课教材《语文》第一册第二单元"自然的心迹"。这是一个现代散文单元,主要是写景抒情散文,单元目标是领会作家对大自然的态度,感受自然景色的美丽多彩,尊重自然,爱护自然;了解作家在描绘自然景色时所运用的技巧,体会文字在表现大自然时的优越性;通过对文本的解读,感受到作家借不同的景物描写所表达的不同的思想感悟。在这一目标的指引下,我进一步确立了本课具体的教学目标及教学重难点。

本课的授课对象是中职计算机与网络专业的一年级新生,他们刚入校,对中职的语文学习充满了一种期待和热情,同时,他们在初中学习的基础上,基本具备鉴赏散文的能力。现在,又学习完了第一单元——中外抒情诗,开展了青春诗会的综合实践活动。因此,也初步理解了诗歌的意象与所创设的意境,有一定的创作诗歌的水平和激情。

传统的阅读教学又形成了一套固定的模式:题目—作者简介—划分段落—归纳主旨—总结手法,这种教学模式不断束缚着学生的阅读思维,因此,本课教学以学生核心素养的养成为目标,试图改变旧有的模式,让学生进行真正的阅读,即感受性阅读,而非课堂上的假阅读,开篇通过挑战的形式激发学生的学习热情,将本课教学设置成四关的挑战,即基础知识关、感知阅读关、鉴赏品味关、创造阅读关。本设计试图找到一个最佳的感受入口——散文的语言,学生感知文本,揣摩语言,多角度多层次呈现阅读结果,在鉴赏阅读的过程中教师给出三条锦囊妙计并进行相应的阅读示例,启发、引导学生感悟文本。最后,用写诗解文的方式呈现感悟后的结果,进行交流。希望在大胆尝试中,学生能不断提高散文的阅读效率,抓住散文的精魂所在——"情"。

总之,就是让学生真正自主地走进文本的"召唤性"结构中去,凭着已有的知识、经验,对文字的丰富内涵进行多角度展现,不断提升自己的人文素养,为将来职业生涯的发展打下坚实的基础。

设计思路如下:

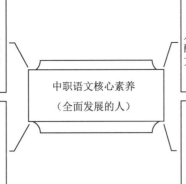

语言理解与运用	思维发展与提升
学生感知文本,揣摩语言,多角度多层次呈现阅读结果。通过品味用词的形象之美,了解作者如何抓住"朝阳"与"落日"的变化来写	在领悟了文本的基础之上,进入挑战的第四关——创造阅读观,配上图片和音乐激起学生们写诗解文的灵感
审美发现与鉴赏	文化传承与参与
鉴赏品味关的设计教会学生散文鉴赏的方法,体会到文章中用词的神韵之美以及禅意之美,引出"物之哀"式的审美情感,感受诗一般的意境	感悟和解读"物之哀"审美情感的内涵,了解日本人对大自然美的独特的审美方式,从日常生活的机缘中悟得人生的哲理,从而指导自己的生活

语文核心素养的四个方面是一个整体,其中语言理解与运用是基础,其他三个方面都建立在语言理解与运用的基础之上。

教学目标

1. 通过朗读和示范,学会品味散文语言的方法。
2. 体会作者流露出的对自然的爱与怜悯的情感。
3. 创设一种意境,教会学生运用写诗的方式解读文本。

教学重点

学习作者描写阳光的高超手法,体会文章诗一般的意境。

教学难点

感悟作者流露出的淡淡的禅意,了解"物之哀"这一日本审美文化。

课堂实录

师:同学们,你们看过中央电视台一档黄金节目叫《挑战主持人》吗?今天,你们有信心和老师一起挑战日本著名作家德富芦花和他的代表作《晚秋佳日》吗?好,挑战前,我们先来做下热身运动。(导入课文)

师:1. 猜猜谜语:　　劳动英雄面孔红,
　　　　　　　　　天一亮来就开工。
　　　　　　　　　从东到西忙不停,
　　　　　　　　　直到傍晚才收工。
　　　　　　　　　——打一自然现象

生:太阳。(气氛很活跃)

师:2.看图说话:播放两幅有关富士山日出与日落的图片,学生用自己的语言进行描述。

生1:太阳在不觉间溜上了富士山的山头,与大地不停地嬉戏。

生2:夕阳下的富士山微微地泛着红光,似乎有了难得的暖意,美极了。

师小结:看来同学们已经是蓄势待发,准备着进入下面的挑战环节了。请看挑战第一关——基础知识关。

师:1.我们的挑战对象是何许人也呢?让我们走近作者:

生1:德富芦花,日本近代著名社会派小说家。

生2:他写的《托尔斯泰》一书是日本人对托尔斯泰的最早的评价,他尊重自然,主张人类和平,宣扬人道主义,作品有《黑潮》《自然与人生》等。

师:2.给画横线的字注音。(学生迅速、正确地完成了预习作业)

师鼓励:恭喜同学们,顺利通关,我们晋级到第二关——感知阅读关。(情绪高涨)

师:越是好的文学作品,越能经受得住我们反复的咀嚼和诵读,因此,这一关请大家在预习的基础上快速浏览,老师将通过两个问题来检查大家的阅读效果。

问题1:作者写作本文的时间?写作对象?

问题2:作者写了晚秋佳日_____之美。

生1:清晨、傍晚,太阳。

生2:颜色、韵味。

师小结:同学们刚才从不同的角度说了晚秋佳日的美,但是这些美的感受是浅显的、零落的、朦胧的,究竟这篇文章给了我们什么深层次的美呢?这也是第三关我们需要挑战的内容——鉴赏品味关。

师提供三条锦囊妙计——妙计一:品味用词的形象之美。

本文主要的描写对象是朝阳和落日,那么作者究竟是从什么角度来写的呢?(启发:写了这些对象的什么变化?大家看集中在哪几个小节?从哪些角度写了朝阳与落日的变化?)

生1:颜色。

师引导:有变化吗?

生:有,原来少,后来多。

师:能再换个词语表述吗?

生2:单一到多样。(师点头示意)

生3:还有太阳刚升起来时比较暗,升起来后变亮了。

师:你说的是什么方面的变化呢,能概括下吗?

生4帮忙:明暗变化。

师小结并板书:朝阳:色彩　　单调——丰富
　　　　　　　　　　光线　　昏暗——明亮

师:那落日呢?

生(迅速):和朝阳相反。

师小结并板书:落日:色彩　　丰富——单调
　　　　　　　　　　光线　　明亮——昏暗

师总结:作者怀着挚爱之心去深味这朝阳与落日的美丽,并用生花之笔将这曼妙的画面展现在我们的眼前,老师也想用自己的方式——诵读,去解读这优美的文字。那么也请同学们认真倾听并揣摩老师诵读时的感情,并模仿诵读落日变化的段落,体会作品的形象美。

师提供妙计之二——品味用词的神韵之美。

师:欣赏语言,正如品茶,味道不在入口那一刻,而在香气轻轻溢出的感觉,这就是神韵。请同学们找出文中有关环境和人、物的描写,品品从文字中溢出的香气。

师提示看第4、5、7、8小节,作者给我们营造的氛围是什么?

生1:少人、少声音。

生2:静谧、孤独。

生3:不热闹但也不乏欢快,他欣赏这种独处的方式。

师小结:人和周围的环境相配得很协调,达到了和谐的境界。在这样和谐的画面中,作者又感悟到了什么呢? 老师的第三条妙计将对大家有所帮助。

师提供妙计之三——品味用词的禅意之美。

师:所谓禅,本来是佛教中的一种思维方式,现在指在日常生活中因为某种机缘悟得其中的哲理;以老师自己的感悟,我认为禅意就是本真的心性和向善的心,是生活中所孕育的人生哲理。那么置身于相模滩,远眺着朝阳与落日辉映下的富士山美景,作者他体悟到什么呢? 请同学们试着从文中找出反映作者心性即主体感受的语句。

生1:晓风冷冷,拂面而来。

师:能详细说说吗?

生1:"冷冷",天气转凉,晓风已不再怡人,可一个"拂"字又把轻柔的感觉写了出来,说明作者很是享受这种感觉。

生2:残曛烛天,暮空照水。

师深入:其实,作者除了对大自然的热爱、赞美之外,还有一种怜惜和同情,但并不哀伤,这体现在即使象征着光明和希望的太阳也避免不了落下的时刻,可就在落下的瞬间我们从文中仍然感受到的是美,这也是日本作家独特的审美文化,我们称之为"物之哀"式的审美情感。

大部分学生略有所悟。

师:余光中先生曾说:"散文与诗是我的双目,任缺其一,世界就不成立体,我们在一种幽静中与自然对话,这种对话是无言的,呈现出一派天趣和智慧,我们感受到诗一般的意境。"下面就请同学们拿起笔来,将散文与诗的通道打开,进入今天挑战的第四关——创造阅读关。

请同学们根据自己对本文的领悟写诗解文,老师将给大家配上音乐和图片,希望能激起你们的灵感。(师生交流、展示。)

学生们的成果是令人惊喜的,展示部分佳作:

作品一:

晚秋望日

远望富士近看雪,晨曦晚霞两相依。

不知此景今何在,我心依旧笑晚秋。

作品二:

风又一次拂过,

光又一次闪过,

雪再一次落下,

那自然神秘依旧,

我久久地望着,

心扉在冰暖的交织中打开,

感受自然的魅力。

作品三:

雪,

富士的雪,

那纯净的雪。

光,

太阳的光,

那亮丽的光,

雪与光的未知,

冷与热的交织,

人与自然的互通,

我内心的释放。

教师的作品展示:

富士山高晨光期,白云掩映相与平。

晚秋白雪及峰顶,不如落日霞光美。

日光白昼虽犹短,淡光掩映雪缤纷。

至今望峰忆未尽,光度白雪照我心。

师总结全文:经过我们的四关挑战,可谓层层筛选,部分同学崭露头角,希望再接再厉。

师布置作业:课后请大家阅读川端康成的《我在美丽的日本》,继续修改、完成课堂上的诗篇;抄写字词并完成课后练习1、2、3、4。

板书设计

晚秋佳日

[日]德富芦花

朝阳:色彩　单调——丰富

　　　光线　昏暗——明亮

落日:色彩　丰富——单调

　　　光线　明亮——昏暗

"物之哀"式的审美文化:对大自然的热爱、赞美、怜惜、同情,淡淡的哀伤。

教学反思

这是一节散文阅读赏析课,在语文生态课堂理念的指引下,老师打破了常规的阅读教学模式,用挑战闯关、锦囊妙计等形式激发学生的阅读兴趣,教学设计符合学生认知规律且富有创新性,学生成了课堂真正的主人。这是一个挑战与接收新知的过程,更是一个情感体验与表达的过程。具体说来,具有以下几个特点:

1. 学生意识

和谐师生关系的前提就是在教学中充分尊重学生,尊重他们的学习需求,培养他们的主体意识,让他们成为真正的学习主人。尤其是挑战闯关、锦囊妙计等环节让学生兴趣大增并且步步获得了成功的体验,同时教师适时运用体态语言来激励他们,很大限度地发展了他们的能力和水平。

2. 教师意识

学生做主人了,那么教师在课堂上的角色究竟怎么定位呢?本课的教学就是努力去探究和实践教师在课堂教学中的组织者、指导者、参与者和学习成果分享者的角色。课前备课时运用创新思维,改变传统阅读教学的模式,设计切入口,相机引导,步步深入——从形到神到意的最高境界,学生的思维不断发展与提升。在讨论关键性问题时,教师适时引导,穿插讲解,不断拓展;在写诗解文环节,教师更是一个学习成员,也毫不犹豫地拿出自己写的诗歌。学生虽然是主人,但教师在关键之处的点睛之笔、只言片语,也很好地把握住了整个教学内容和进度。

3. 起点意识

这是一篇蕴含哲理的散文,别说是中职学生,就是高中生学习此类篇目都有相当的难度,而这个教学设计打破了常规的思路。先从猜谜和看图说话开始,学生有了感性的认识后,按难度大小给出四关,通过每一关的挑战逐步让他们收获成功的体验,当然越往后难度越大,于是教师在关键时刻再给出三条锦囊妙计,这是对学生们充分的信任。有了拐杖的辅助,他们离成功也就越来越近了,收获当然也颇丰。

4. 拓展意识

本文最大的难点就是感悟"物之哀"的审美情感,当学生们领悟了这样的情感后,本文的教学目的也就达到了。然而,课改还要求我们要拓展语文学习的范围,于是联系上个诗歌单元的学习,就设计了用诗歌来解读自己对"物之哀"的理解,学生们借助这样的媒介把这些知识融会贯通起来,也升华了自己的认识,体验了更多的情感。

除此之外,对于本节课的教学还存有一些困惑,值得讨论。首先是预设与生成的问题,在实际教学中并不十分到位,有时为了赶进度,明显对学生有牵引痕迹。其次是大部分学生与教师间的关系是很和谐的,可是过程中也碰到一小部分学生与教师间关系还不够和谐,这时究竟该如何处理。最后,由于班级学生数多,在成果展示环节为了节约课时不能让更多的学生第一时间获取这样的机会。

《项链》创新教学设计

郎 怡

设计意图

俄国教育家乌申斯基说：“没有丝毫兴趣的强制性学习，将会扼杀学生探求真理的欲望。”中高职学生由于基础薄弱，学习习惯差，没有学习目标，缺乏学习动力，甚至产生厌学情绪，所以出现了学生无心学，老师也无心教的怪现状。生态学理念提倡一种动态的、和谐的、生长性的、可持续发展的"生态化课堂教学"，重视学生的主体地位，关注学生的生命发展，构建民主和谐的师生关系。语文的核心素养要求教师从语文知识、语言积累、语文能力、语文学习方法以及思维能力和人文素养等方面全面培养和提高学生的语文素养，教会学生从怕听、怕说、怕读、怕写到会听、会说、会读、会写，不流于形式，利用多种教学资源和各种教学手段，以期打破以往封闭式的格局，实现知识、能力、情感统一体的大语文观。生态化的语文课堂教学不仅是有意识地培养学生对语文学习的兴趣，发展学生语文学习的能力，而且从根本上尊重了人的生命成长，体现出对生命的关怀和重视，唤起学生语文学习的兴趣，激发学生进行心灵的感悟，引导学生探索生命的价值。

《项链》是一篇经典篇目，出自江苏省职业学校文化课教材《语文》第四册"世相百态看人生"单元。经典课文上出新意往往很不容易。本节课我尝试构建生态化的课堂，优化教学方法，运用多种教学形式，激趣教学，课前指导学生根据故事情节制作读书卡片，课上利用曲线图，引导学生自己找出问题，通过师生平等对话，让学生进行自我探究，引导学生乐学、想学，营造出一种生动活泼、愿学、乐学、教学共鸣的课堂教学新氛围，让学生从"让我学"到"我要学"，充分调动起学生学习的积极性，做到真正把课堂还给学生，师生共长。

设计思路具体如图示：

```
┌─────────────────────────┐                    ┌─────────────────────────┐
│     语言理解与运用       │                    │     思维发展与提升       │
│  课前制作读书卡片,理解课 │                    │  通过任务驱动,分析、发现、│
│ 文情节,课上师生相互交流,感│                    │ 归纳、对比,明确女主人公十年│
│ 悟跌宕起伏的故事情节和出乎意│       ┌──────────┐      │ 前后的性格变化,深入理解女主人公│
│ 料的结尾,学习写作技巧    │───┐ ┌─│中职语文核心素养│─┐ ┌─│ 玛蒂尔德悲剧命运的根源    │
└─────────────────────────┘   └─│(全面发展的人)│ │ │  └─────────────────────────┘
┌─────────────────────────┐   ┌─└──────────┘─┘ │  ┌─────────────────────────┐
│     审美发现与鉴赏       │───┘                └─│     文化传承与参与       │
│  品味文中描写女主人公玛  │                    │  通过对19世纪法国资产阶级社│
│ 蒂尔德的语句,引导学生抓住人│                    │ 会环境的探究,认识到造成女主人│
│ 物描写的外貌、心理、动作等细│                    │ 公悲剧命运的根源是资本主义社会,│
│ 节,多角度入手,鉴赏发现女主人│                    │ 体会小说的价值不仅在于塑造了一│
│ 公善良、诚实的本质特点    │                    │ 个典型的人物形象,更在于它的触│
└─────────────────────────┘                    │ 角深入到社会内核,引导学生对小│
                                               │ 说主题的探讨              │
                                               └─────────────────────────┘
```

语文核心素养的四个方面是一个整体,其中语言理解与运用是基础,其他三个方面都建立在语言理解与运用的基础之上。

教学目标

1. 全面、客观地认识玛蒂尔德这个人物形象。
2. 深刻认识到形成玛蒂尔德性格特点的根源。
3. 培养学生自我探究—发现的能力。
4. 引导学生联系实际,树立正确的人生观和价值观。

教学重点

1. 紧扣情节,通过细节分析掌握人物的心理活动及其性格特点。
2. 通过环境分析,揭示主人公性格形成的根源。

教学难点

在理解文章主旨的基础上,认识玛蒂尔德的悲剧不仅是性格悲剧更是社会悲剧。

教学过程

一、课前预习,制作卡片

公开课之前,我做了充分的准备,课前布置预习任务,要求学生根据小说情节制作读书卡片,帮助学生了解故事情节,并请各小组展示他们制作的精美的读书卡片,活跃了课堂气氛,师生共同完成了第一课时的教学任务。

二、温故知新,初建自信

老师出示了一张事先精心设计的曲线图,根据波浪线,回忆课文重要的情节。

师:上节课我们一起学习了《项链》的故事情节,现在让我们一起来回忆一下……

师(一边指着图形,一边说道):小说以什么为线索展开故事情节?

生(小声说):项链。

师:当丈夫罗瓦赛尔拿回一张请柬时,玛蒂尔德为了装扮自己,向朋友…(师停顿)

生(部分学生齐声回答):借项链。

师(走下了讲台,站在学生中间,微笑着环顾了四周):在舞会上她戴上了项链,可是晚会结束后,她……她怎么样呢?

生(齐声回答):丢了项链。

师(乘胜追击):并因此赔了一条项链给朋友,十年后当她偿清了债务,意外地得知了事情的真相,真相是……

生(全班同学脱口而出):这条钻石项链原来是假的。

师(微笑,赞赏):很好,看来大家对故事的情节已经了如指掌,我再考考你们的眼力,看看这张曲线图,你发现了什么?

生1(聚精会神地观察着):这张曲线图有高有低。

师:你的眼力不错嘛,一眼就瞧出其中玄机,但这说明故事的情节怎样?

学生们议论纷纷。

师(故作神秘):这叫一波……

全班齐声回答:一波三折。(学生们渐入佳境,旗开得胜,求知欲被打开了)

师:嗯,我们发现小说的情节一波三折,那么小说的哪部分情节是女主人公玛蒂尔德命运大转变的转折点?

生(紧盯曲线图,发现):失项链。

师:造成女主人公命运变化的难道仅仅是一串项链吗?

生:不是。

师(出示幻灯片):要是那时候没有丢掉那挂项链,她现在是怎样一个境况呢?谁知道呢?人生是多么奇怪,多么变幻无常啊,极细小的一件事可以败坏你,也可以成全你!

师:究竟是项链决定命运还是性格决定命运?

生(发现):性格决定命运。

师板书。

三、识图解文,渐入佳境

师:经过这样的周转之后,我们的主人公玛蒂尔德,她的外貌是否发生了变化?

生：当然有变化。

师：请从文中找出丢失项链前后玛蒂尔德外貌的变化。

生1（迅速从文中找出，脱口而出）：因为在妇女，美丽、丰韵、娇媚，就是她们的出身；天生的聪明，优美的资质，温柔的性情，就是她们唯一的资格。

生2（不甘示弱）：她成了一个穷苦人家粗壮耐劳的妇女了。她胡乱地挽着头发，歪斜地系着裙子，露着一双通红的手，高声大气地说着话，用大桶的水刷洗地板。

师：非常好，请坐。用大桶的水刷洗地板，头发乱，裙子胡乱系，手是通红的——成了这么一个人。外貌发生了如此巨大的变化，那我要继续问，她的性格发生变化没有？

师（微笑，点拨）：请大家看书，从文中找出答案！独立思考，看一看，性格到底有没有变？从文中找出依据，来断定她是否发生了性格上的变化。同桌两人，可以轻轻地交换一下意见。

（师出示四张图片）

学生们七嘴八舌，议论纷纷，课堂气氛融洽。

生1：她梦想那些幽静的厅堂。那里装饰着东方的帷幕……她梦想着那些宽敞的客厅，那里张挂着古式的壁衣……她梦想那些华美的香气扑鼻的小客厅……

生2：她陶醉于自己的美貌胜过一切女宾，陶醉于成功的光荣，陶醉于人们对她的赞美和羡妒所形成的幸福的云雾里，陶醉在妇女们所认为最美满最甜蜜的胜利里。

师（喜悦、赞美）：真是太好了，大家很快就找到了，这是玛蒂尔德失项链之前的性格特点，同学们能总结一下吗？

生1：对上层社会想入非非，不安于现状。

生2：追求享乐。

生3：爱慕虚荣。

生继续从文中寻找。

生1：她一下子显出了英雄气概，毅然决然打定了主意，她要偿还这笔可怕的债务。

生2：她懂得家里的一切粗笨活儿和厨房里的讨厌的杂事了……

生3：她穿得像一个穷苦的女人，胳膊上挎着篮子，到水果店里、杂货店里、肉铺里，争价钱，受嘲骂，一个一个铜子地节省她那艰难的钱。

师（引导）：看来玛蒂尔德完全变了一个人嘛！（偷笑）

生1（急不可待）：不是，本质还是没有变。

师：书中有证据吗？

生1：但是有时候，她丈夫办公去了，她一个人坐在窗前就回想起当年那个舞会来，那个晚上，她多么美丽，多么使人倾倒啊！她现在还是喜欢一个人坐在窗前，回想那个舞会呀。

生2（打断）：我觉得她是变了。她的回想呢，就是回忆一下当年，以前她是很向往那种富有生活的，而现在她已经安于这种生活了。

生3：我不同意，既然变了，就应该接受现实，不应该再回忆过去。

生4(针锋相对):虽然现在过得比较落魄,难道就不能偶尔回忆一下过去吗?这并不能代表什么……

同学们争论不休。

师(赞赏、引导):一千个人心中就有一千个哈姆雷特,大家说的都有理,让我们仔细挖掘,一起去寻找真理吧!

四、展现自我,探明主题

师:作者描写人物不仅仅以旁观者的身份深入人物的内心世界进行剖析,展现人物的性格特点,还通过人物的行动、神态、语言等来间接地表现人物的心理活动,去展现人物的性格,请大家找到借项链这一段,找出玛蒂尔德向她的朋友福雷斯蒂埃太太借项链时的神态、动作、语言的描写。

生齐读34~41自然段

生1:玛蒂尔德先是不停地看,在镜子前边不断地试,犹豫不决,不断地问还有没有别的了,当发现一挂精美的钻石项链时高兴得心也跳起来了,拿着项链发抖,把项链绕在脖子上,望着镜子前的自己出神。

生2:怕朋友不借给自己,迟疑而焦急地问:"你可以把这个借给我吗?我只借这一件。"

生3:当借到项链时,她跳起来,搂住朋友的脖子,狂热地亲她,就戴着项链跑了。

师:为什么要戴着项链跑呢?

生:(哈哈大笑)怕她的朋友不借给她。

师:为了让大家能一展才华,我把讲台变为舞台,请同学上来表演这一段,看看谁有表演潜力,成为将来的大明星,要把握人物的心理和神态描写哦。

学生们面面相觑,似乎被难住了。

师(走下讲台,走进学生中间,不断鼓励):有没有想做第一个吃螃蟹的人?试试看嘛,这可是难得的表现机会啊。

学生小声议论,跃跃欲试。

师(微笑,继续鼓励):虽然主人公是女士,但我们鼓励男同学反串哦,可能会有意想不到的收获哦!

此时,有两个男生在下面互相打趣,怂恿对方上台表演。

师(顺水推舟,笑道):太好了,有男同学想做不一样的尝试哦,请大家给予他们最热烈的掌声,有请卜××和佘××。

全体同学报以热烈掌声,本来还有些调皮的两个人扭怩起来,同学们的掌声一直持续,终于,在同学们的鼓励中两人站了起来,走向了讲台。

卜×:老师,我俩可以商量一下再表演吗?

师：当然可以，给你们两分钟时间准备一下，注意把握主人公的心理、神态和动作。

两人小声商量着，两分钟后，表演开始。

卜××饰演玛蒂尔德，佘××饰演福雷斯蒂埃太太，把讲台当作镜子，两人似乎已经忽略了旁人，再也没有之前的羞涩，一边揣摩角色，一边卖力地表演着，尤其是卜天，将女主人公的神态、动作、说话的语气表演得惟妙惟肖，引得台下的同学们哄堂大笑，同学们纷纷报以热烈的掌声，我也被他们的表演感染了，情不自禁地鼓起掌来。

师：我看到了女同学们吃惊的表情了，没想到男同学竟然能如此到位地表演女孩子，所以同学们，不要羞于表现自己，你们自身的潜力是无限的。

师（小结，播放幻灯片）：莫泊桑真不愧是语言高手，场景不大，着墨不多，却把一个爱慕虚荣的小资产阶级妇女描绘得栩栩如生，把她的性格刻画得入木三分。

师：从以上的分析我们看到了一个怎样的玛蒂尔德？她真的只是一个一无是处的女人吗？

生1：不是，她是一个诚实守信的人。

师：何以见得，文中有明示吗？

生1（翻书）：当然有。当项链寻觅无果时，她和丈夫决定赔偿。即使自己只有一万八千法郎，买项链需要三万六千法郎，她也没动过用假项链偷梁换柱、蒙混过关的邪念，更没耍起"项链已丢，无力赔偿""要钱没有，要命一条"的无赖。从这点上看玛蒂尔德还是一个善良、诚实的人。

师（夸赞）：非常好，没想到你看到了别人没能看到的一面，请坐。

生2（焦急地等）：老师，我觉得她还是一个勤劳坚强的女子，她并没有被这突如其来的变故所击溃，而是通过自己勤劳的双手偿还了这笔巨款，辞退了女仆，租了小阁楼住下，干起一切粗笨的活儿：洗碗、洗衣服、倒垃圾、提水。她用自己的行动证明了自己的勤劳坚强。

生3：她还是个勇敢的人，换作别人，可能早就被现实击垮、打倒了，可是她却没有，就是到水果店、杂货店，争价钱，受嘲骂，一个铜子一个铜子地节省艰难的钱，她也没有放弃，所以在我的眼中，玛蒂尔德不仅外貌美丽，她的心灵更美丽。

师（鼓掌，赞叹）：分析得很精彩，看来玛蒂尔德的诚实勇敢、勤劳坚强给同学们留下了深刻的印象。

师（继续追问）：由此，在她身上我们看到了两个不同的对立面，这两种绝对对立的性格特点为什么同时出现在玛蒂尔德这个个体中？追根究底到底是什么造就了她这种矛盾的性格？

师（引导、点拨、播放幻灯片）："人物的性格是环境的产物"，所以我们要找到这种矛盾性格特点的根源就要从环境入手。（师板书）环境分为社会的大环境和家庭的小环境，我们先来看看当时法国社会的现状。

师：小说写于19世纪80年代的法国，当时的法国是一个资产阶级社会，在这样的社会中,贫富悬殊、金钱至上,拜金主义盛行,小资产阶级处于被压迫、被排挤的地位,但他们不安于现状,对有钱有势的大资产者垂涎三尺、艳羡不已,幻想着有朝一日能爬上去,挤入上流社会。他们想活得滋润些悠闲些,又不愿意付出辛苦的劳动;他们想改变自己的阶级地位,却只想通过一些不正当的捷径。

师:在这样的大环境下玛蒂尔德的那些爱慕虚荣、贪图享受就不足为奇了。

学生们纷纷点头。

师:我们再来看看她的家庭环境,对她的家庭环境,在课文的开头,作者用了只言片语作了暗示,请同学们找一找。

生:她也是一个美丽动人的姑娘,好像由于命运的差错,生在一个小职员的家里。

师(微笑,示意,出示幻灯片):很好,玛蒂尔德生活在一个小职员家里,一个普通百姓家庭,并没有沾染坏习气,正是她的成长经历使她拥有了勤劳善良、诚实勇敢的特点。

师:就是这样一个有着老百姓优良品格的女子却遭受着生活中的巨大变故,这难道是性格造成的吗?

生:当然不是。

师(步步紧逼):那是什么造成的?

生:是当时的社会环境造成的。

师(抛砖引玉):造成她悲剧命运的根源还是金钱至上、尔虞我诈的万恶的资本主义社会,所以这是性格悲剧还是社会悲剧?

生(全班同学齐声回答):社会悲剧。

师(探明主旨,小结):我们分析到这里,可以知道作者不是想为玛蒂尔德立传,而是想借玛蒂尔德的故事批判当时弥漫于整个社会的追求享乐、爱慕虚荣的社会风气,将批判的矛头对准了造成一幕幕人间悲剧的资本主义社会,玛蒂尔德的悲剧不仅是性格悲剧,更是一幕社会悲剧。

五、任务驱动,你辩我论

师:今天我们一起讨论了女主人公玛蒂尔德的人物性格,探明了她悲剧命运的根源,在这个基础上,我想请同学们就文章的主题展开讨论,在这里我设计了几个题目,我们以小组为单位,用100字左右的文字简明扼要地表述自己的看法和感受,然后一起来交流。大家可以畅所欲言。

师(播放幻灯片):1."天堂与地狱"——得与失,祸与福;2."一夜缥缈梦,十年艰辛苦"——玛蒂尔德的忏悔;3."我虚荣,我之过"——虚荣心的背后;4."人生无常,我心有主"——无悔的选择;5."想说爱你不容易"——面对项链诉心曲。

学生们以大组为单位,8人一组,围坐在一起,展开讨论。

生1:十年前玛蒂尔德拥有美丽的外在形象,但她爱慕虚荣、追求享乐、内心痛苦;十年后玛蒂尔德具有美丽的内在精神,她变得充实平和、坚韧耐劳、诚实质朴,所以这是塞翁失马,焉知非福。

生2(不甘示弱):我认为是断送了她!她的容貌不再,生活艰难,虚荣心依旧存在。

生3:我认为是拯救了她!她的精神生活充实,她的婚姻美满,她拥有了一个积极的生活态度。

生4:人世间,谁没有一点虚荣心。玛蒂尔德的虚荣心不是一种个别的现象而是阶级社会的产物。我认为作者意在表达人自身对于生活中戏剧性变化的无能为力。

师(赞赏):同学们的发言很深刻,也很到位。多元化的主题需要我们多样性地解读,同学们从中读到了不可过度虚荣;读到了做人要讲诚信,要有尊严;读到了面对艰难要勇敢接受,等等。我想,在读了这篇文章后如果你觉得对你"在以后的人生路上怎么走"有所启迪,那我们学习此文就有收获。(气氛融洽)

六、布置作业,巩固新知

1. 完成课后练习第三题。
2. 完成《学习指导》练习。
3. 将课堂上我们对课文主题的探讨写成一篇300字左右的短文。

板书设计

项　链

莫泊桑

不仅是性格悲剧,更是社会悲剧

批判的矛头指向罪恶的资本主义社会

教学反思

老师的一个微笑、一句赞美往往能够改变整个课堂,学生好学不好学,还要靠老师穿针引线,这活生生的例子充分说明只要老师多花些心思,不论是职教学生还是高中学生都是受用的。生态课堂把老师、学生、课堂有机结合在一起,相互作用,相互影响,教学相长,既打开了学生的求知欲,也让老师们有了成就感,让学生成了课堂的主人,这一次尝试也让我感受颇深:

一、转变教师观念,树立"以生为本,尊重个性体验"的生态教学理念

长期以来,不少教师认为,在重专业能力的职业学校,语文课如"鸡肋"一般食之无

味,弃之可惜,甚至认为中职语文可有可无,对中职语文教学目标定位存在较大偏差,忽视了中职生的语文能力培养对其专业技能、综合能力的发展所起到的至关重要的作用。学生素质差、无心学习的现状无形中也影响了教师教学的积极性,严重制约了学生能力的发展,妨碍了学生素质的提高,泯灭了学生的创新意识。

苏联教育家苏霍姆林斯基说:"应尊重学生在学习过程中的独特体验。"每个学生都是独到的,是各不相同的叶子,他们的所思、所想、所感截然不同。我们不仅要尊重他们的个性体验,更要注意激发他们的个性体验,不能漠视甚至抹杀他们偶尔迸发的火花。因而,教师应转变传统教学观念和教学方式,树立"以生为本,尊重个性体验"的生态教学理念,这必然有利于促进学生主动学习、合作探究学习,促使学生提高学习兴趣,从而改变语文教学困境。

二、营造动情动容的生态课堂,变"苦学"为"乐学"

白居易说:"动人心者,莫先乎情,莫始乎言,莫切乎声,莫深乎义。"我们的语文"生态课堂"以情动人,靠情感打开学生的心灵之门,使他们在特定的情境中体验文本,激发学习的欲望。

孔子说:"知之者不如好之者,好之者不如乐之者。"面对众多中职生对学习不感兴趣甚至有厌恶感的现状,作为教师更应结合教学实际,积极采用各种各样的方法诸如"以疑激趣""以动激趣""以情激趣""以境激趣""表演激趣""争辩激趣"等来培养和激发学生的学习兴趣,使学生变被动学习为主动学习,变"苦学"为"乐学",从而不断提高课堂学习效果。

三、建立融洽的师生关系,用赏识教育营造和谐的课堂教学氛围

美国心理家和教育家罗杰斯说:"成功的教育依赖于一种真诚的理解和信任的师生关系,依赖于一种和谐安全的课堂氛围。"学生对老师的情感和态度对学习起着至关重要的作用。不可设想,一个对老师情感冷漠、态度抵触的学生可以学习得很好。正所谓"亲其师,信其道",良好的师生关系不仅会引起学生对老师的信任与尊重,还会使学生把对老师的爱迁移到其所教的学科上来。在课堂教学中,努力建立融洽的师生关系,设法营造和谐的课堂教学氛围,可让学生产生良好的心理效应,主动而愉快地学习,从而达到良好的教学效果。

教师那赏识的目光、信任的微笑、充满人文关怀的话语,与学生间平等的对话,构建了自然而又和谐的生态课堂,它将引领着师生一起走出困境,实现梦想。

和谐的语文"生态课堂",就是要在教学互动中表达、交流,质疑、创造,让学生参与到我们多姿多彩的教学实践中,把学生的日常生活融入到学习中来,激发学生沉浸在心底的灵感,触动他们柔软的内心世界,使得学生健康快乐地成长。

《蝉》创新教学设计

李娅铭

设计意图

《蝉》选自江苏省职业学校文化课《语文》教材第三册第三单元"天道与人为"的第一篇课文。课文内容浅显易懂,旨在引导学生探索自然界的奥秘,追求天道与人为的和谐,认识生存和进化的规律,维护生态平衡,建立与自然相和谐的新文明。从生态语文的角度讲,我们可以将"蝉"自然和谐的生态系统,利用语文课堂,辅以现代化教学手段,通过学生的自主学习、师生互助合作探究的方式完美地呈现出来。在教学活动开展之前,需要老师和学生都能熟练使用蓝墨云班课、思维导图、泛雅平台等信息化教学手段。

授课对象是旅游专业的学生,他们善于表演和讲解。可以根据他们的专业特点,将本课拆分成几部分,以更形象生动的方式来完成授课内容。

设计思路具体如图示:

语言理解与运用	思维发展与提升
精读课文,细细品味文中细节描写,比如蝉在蜕皮时候的动词,精准又生动。学生在赏析的过程中,既可以提高对语言的理解,又可以提高写作水平	学生通过阅读和讨论,画出文章结构的思维导图,上传蓝墨云班课。训练学生的阅读能力、思考能力和归纳总结的能力
审美发现与鉴赏	**文化传承与参与**
精读文章时,学生通过短视频的方式,在课后分组完成蝉的一生的生长阶段,形象又直观。同时学生在解构文本的同时,加深了对文字的理解,获得审美感受	蝉在中国文化中有特殊的文化意义,是高洁品性的象征。古人有很多歌颂蝉的诗歌。学生简单了解即可

中职语文核心素养(全面发展的人)

语文核心素养的四个方面是一个整体,其中语言理解与运用是基础,其他三个方面都建立在语言理解与运用的基础之上。

教学目标

1. 把握说明对象的特征,了解蝉的生长和生活习性。
2. 掌握科学小品文的写作方法,理解本文独特的说明顺序。
3. 激发学生对自然的热爱,对生命的敬畏之情。

教学重点

把握说明对象的特征,理解本文的说明顺序。

教学难点

掌握科学小品文科学性与文学性相结合的写作手法,激发学生对自然的热爱,学会尊重和敬畏生命。

教学过程

一、课前准备,查阅资料

1. 教师在泛雅平台布置预习任务,让学生走进自然,观察蝉等昆虫的生活环境、生物习性,撰写观察记录,上传至班课。

> **任务书**
> 一、熟读课文
> 二、画出蝉的一生生长过程示意图
> 三、认识作者

2. 预习全文,画出蝉一生生长过程示意图。
3. 查找作者的相关资料,了解作者。

班级学生按照异质分组的原则分成五个小组,按小组围坐,带着任务预习课文,为课堂学习做好准备。

二、古诗导入,初步感知

PPT 出示虞世南的古诗《蝉》:"垂绥饮清露,流响出疏桐。居高声自远,非是藉秋风。"

师:今天课前我们先做个小游戏,请大家根据这首诗来猜一下谜语(打一昆虫)。

生(指名):蝉。

师:(板书课题)为什么是蝉呢?

生1：因为蝉是喝露水的，还一直鸣叫。

师：那我们一起诵读来感受一下。

生齐读古诗。

师：唐代诗人虞世南的这首小诗为我们展示了蝉那种清华隽朗、雍容不迫的气度风华。法国有一位著名的昆虫大师法布尔用生动有趣的文笔，在他的传世杰作《昆虫记》中向我们介绍了夏日音乐家——蝉。现在请大家翻开书本，我们来认识一下法布尔笔下的"蝉"。

三、新授内容

（一）作者简介，知人论世

教师出示法布尔图像、名字。

师：根据课前预习，谁能用几句话准确介绍一下法布尔？

生1：法布尔是法国著名的博物学家、昆虫学家、科普作家、文学家，以《昆虫记》一书留名后世，是现代昆虫学的先驱。

师：谁还有补充？他有很多称号的哦。

生2：雨果称他为"昆虫界的荷马"，被世人誉为"科学界的诗人""昆虫界的维吉尔"，因贫病交加于92岁逝世。

师：看来大家预习得都很充分，法布尔的代表作品除了《昆虫记》，还有《自然科学编年史》《天空》等优秀作品。《昆虫记》又称《昆虫世界》《昆虫物语》，是概括昆虫的种类、特征、习性和婚习的昆虫生物学著作，记录了昆虫真实的生活。

（二）思维导图，理清顺序

师：那接下来，就让我们走进《蝉》，去看一看法布尔眼中的"蝉"的一生。请同学们自己先读一读，根据课前画好的蝉的一生示意图，打开手机App思维导图，完成"蝉的一生"思维导图。

学生读文章，画思维导图，上传至蓝墨云班课展示成果。

师：从大家画的思维导图，可以很明显看出，本文分为几个部分？

生：四个。

师：四个吗？看一下文章末尾，应该是……

生：五部分，最后两节是总结蝉的生命历程。

师：我们再来看看前四部分，分别讲了蝉的什么时期？

生：幼虫—成虫—卵—幼虫。

师：很好，那大家再仔细看看自己的思维导图，这样的说明顺序有什么特殊之处？

生：没有规律，乱。

师：什么地方乱？你觉得不乱应该是什么样？

生:应该从小到大,就是从卵开始,到幼虫,到成虫,再到死亡,才对。

师:那大家觉得如果按照昆虫的生长过程"卵—幼虫—成虫"的顺序来介绍蝉循环往复的生活史好,还是法布尔这么安排好?

生:当然法布尔的好,要不我们为什么要学习?这是套路。

(全班哄笑)

师:既然大家都觉得法布尔的好,那大家讨论一下,究竟好在哪?

生1:不落俗套,使文章新颖活泼。

生2:幼虫建筑地穴,比成虫要生动、有趣,容易引起读者的阅读兴趣。

生3:符合人们的认知规律。

生4:突出蝉"四年黑暗中的苦工"这一重要特点。

师:大家总结得很全面。

(三) 文本演绎,把握细节

师:下面请大家按小组合作完成一个PK赛。首先请大家登录蓝墨云班课,观看微视频《蝉的一生》。然后领取小组的任务,以多种形式来表现蝉的各个生长阶段,上传平台。我们根据每组的完成情况,进行评选。(学生表演)

师:根据投票结果看,第五组"金蝉脱壳"的呼声最高。平时分加五分。

(四) 诵读讨论,感悟内涵

大家的表演把文字这种抽象的描述表现得具体而又生动。大家对于蝉一生的重要阶段是不是有了更深入的了解?为什么大家仅仅根据寥寥几行字就能表演得这么好呢?接下来,我们就继续回到文本中,来感受文字的魅力。

师:请大家齐读"蜕皮"这一段。

(学生齐读)

师:这一部分共分为几个步骤完成?

生:寻找地点—爬上去—把握—裂开—露出—腾跃—翻转—伸直张开翼—翻上来—钩—强化身体。

师:这一段生动的描写,用了什么手法?

生:拟人。

师:表现在哪里?哪些词语能反映?

生1:小心谨慎、溜、徘徊、表演奇怪的体操、沐浴。

生2:感觉在看一个为了活下去而小心翼翼的人,很艰难、很辛苦。

师:作者为什么能写得这么有条理、生动?

生1:喜爱蝉。

生2:观察仔细。

师:对啊,只有用心观察,亲自研究,才能写出这么美妙的文章来。

师：下面，请同学们有感情地再去读一读课文，感受一下生命的蜕变。

学生读蜕皮部分。

师：我们都知道，蝉是益虫还是害虫？

生：当然是害虫。

师：为什么？

生：小孩子都知道啊，蝉会吸食树的汁液，当然是害虫。

师：那是因为蝉对我们人类的生活有破坏作用，所以我们把它归类于害虫。鲁迅说，法布尔的著作有一个缺点："用人类的道德于昆虫界。"那如果我们跳出人类的限制，仅仅从大自然的角度看，还能单纯地说，蝉是害虫吗？

生（思考）：……应该不能这么定性蝉。

师：自然界创造了各种生物物种以及整个生态系统。人因自然而生，人与自然是一种共生关系。我们来仔细诵读一下文中最后提及的"四年黑暗中的苦工，一个月阳光下的享乐，这就是蝉的生活……"幸福是如此的来之不易又如此的转瞬即逝，你想，什么样的歌声才能响亮到足以歌颂它此时的快乐呢？

生1：生命最后的绝唱。

生2：多年沉寂、一朝飞上枝头的兴奋。

生3：突然变得漂亮了，骄傲地唱起歌。

师：好，大家说得都有道理。现在就请你将自己想象成蝉，以"如果我是蝉"来抒发一下内心的情感，让我们聆听你内心的歌唱。

生1：如果我是蝉。告别了阴暗的地穴，告别了潮湿的泥土，告别了弱小的身躯。我经过多年努力，终于长出了健壮的翅膀，拥有了嘹亮的歌喉。我是一个强者，在枝头巡视着我的领地。虽然我只有短短一个月的生命，但我可以理直气壮地在阳光下唱歌，即使生命短暂又如何，我要在最后的时光，绽放所有的风采。

生2：如果我是蝉。我知道这是最后精彩的时光，请多停留一会吧，让我看看耀眼的阳光，听听耳畔的风声，享受清凉的绿荫。我欢乐地叫着、跳着，为这美好的一切。虽然我要彻底离开了，但是这一刻，我特别满足。

……

师：大家声情并茂地演讲，让我感慨良多，生命的不易，值得我们每一个人尊重，哪怕它仅仅是弱小的蝉。

四、结合专业，写作实践

师：同学们，今天我们了解了法布尔是怎样描写《蝉》的，现在老师也给大家布置个作业。请你们在"虎丘""水帘洞""中山陵"3个景点中择其一进行解说词创作，并配以视频解说，上传至班课，互评点赞，教师总结，选出优秀作品，给大家进行展示。

▎板书设计

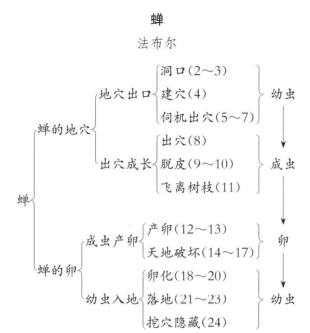

✿ 教学 反思

本课最大的特点是把大量的信息化手段渗透到教学过程中,教师依托泛雅教学平台,整合并利用蓝墨云班课、微课、思维导图等信息化手段,借助引导探究、任务驱动法进行小组合作,通过自主探究,还课堂于学生,激发他们对自然的向往与热爱,对生命的尊重与敬畏。

整个教学过程以把握说明对象的细节特征、提升写作能力为线索,从课前延伸至课中再拓展至课后。课前,布置预习任务,让学生走进自然,观察蝉等昆虫的生活环境、生物习性,撰写观察记录,上传至班级;预习全文,画出蝉一生生长过程示意图;查找作者的相关资料,了解作者。学生带着任务预习课文,为课堂学习做好准备。

科学小品文的特点就是科学性与文学性的结合。法布尔之所以被誉为"昆虫界的荷马",除了《昆虫记》那浩大的篇幅和包罗万象的内容之外,优美且富有诗意的语言也是其中的原因之一。课中教学,结合旅游专业特点,参照课前观察记录,以导游身份为游客讲解植物园的昆虫。在教师的点评下,学生认识到自身写作能力的不足,观察力弱,细节描述不准确,条理不清,缺乏文采。基于学生存在的问题,通过"思维导图,理清顺序""文本演绎,把握细节""诵读讨论,感悟内涵""结合专业,写作实践"四个环节让学生走入说明文的学习天地,逐一解决上述问题。

如今的我们,生活在高楼林立的现代化城市,信息技术发达的网络时代。"宅"文化的侵蚀,让大自然变得愈加陌生和遥远。自然界创造了各种生物物种以及整个生态系统。人因自然而生,人与自然是一种共生关系。如何让学生了解这一点呢?法布尔最后一节的描写中饱含对蝉的喜爱。学生观看蝉的微课视频,再深情朗读最后一节,畅谈感想,感受法布尔的真挚情感,感受蝉用生命奏响的华彩乐章,感受大自然无与伦比的生命之美,从而突破教学难点。

学生在导游专业课《华东线》上曾经有过这样一份作业:在虎丘、水帘洞和中山陵中任选一处景点,创作解说词。学生作品虽然用语准确,但缺少个人情感及文学性的渲染。本课的最后,教师在蓝墨云班课中再次发布任务,让学生以导游的口吻在3个景点中择其一进行二次创作,上传至班课,互评点赞,教师总结,选出优秀作品。将课文所学与专业知识相结合,实现知识的迁移和巩固,完成教学效果的检验。

法布尔用文笔展示了他的科学才能和文学才华,向世人传达了他的人文精神以及对生命的无比热爱。本课以强化写作能力为任务核心,依托思维导图、微课、"格物致知"教学平台、蓝墨云班课等信息化手段,让学生通过作品展示、师生互评、生生自评以及前后对比,准确把握说明对象的特征,提升说明文写作水平,学会尊重和敬畏生命,切实解决了说明文学习过程中枯燥无趣的问题。

在虞世南的诗中,蝉不需要借助秋风的力量,因为居高,自然声远。但我们在《蝉》的教学过程中,可以借助有效的信息化教学手段,开启学生的智慧之门,让学生站得更高,看得更远。这正是"居高借秋风,方能声更远"。

第四章　独具匠心

一方锦帕,一朵绒花,一尊景泰蓝,一张熟牛皮……在手的劳作中,人类开始了自己的文明史。"一生只专注于一件事,一辈子只坚守一个岗位"——代代传承的工匠精神,深深根植于华夏大地的土壤之中。持之以恒,是工匠的核心;卓越技能,是匠心的灵魂。人生是一张白纸,你我皆为工匠,是靠自己增补空白,描绘未来,还是随波逐流,按照别人的设想描线涂色,一切取决于自己勇敢的选择。青春是信仰和希望的海洋。磨砺技能为青春加持,燃烧青春为梦想续航。精益求精,执着专注,传承匠心;锲而不舍,不负光阴,不忘初心。无论工作还是生活,以匠人之心,行人生正道,方得自在从容。

《景泰蓝的制作》创新教学设计

刘应华

设计意图

培养职业学校学生的核心素养，必须在优秀的传统文化的土壤里扎根。在本课的教授中，我在生态语文课堂教学中努力融入中职语文核心素养的培养。现代化的语文教学不能把一篇篇课文孤立起来，而应该把整个语文教学看成一个生生不息、自然和谐的生态系统，各个要素之间协调、有序，形成完美的整体配合，即以学生为本，关注学生的全面发展，通过学生的自主学习、师生互助合作探究等方式，在师生自然、默契的配合下，学生完成个人能力和综合素质提升的语文教学模式。为了更好地探究"中职语文核心素养"在语文课堂教学中的实效，我在平时的课堂导入这个环节就比较注重结合学生实际，激发学生学习兴趣。

"格物致知"是中国古代儒家思想中的一个重要概念，意为"推究事物的原理法则而总结为理性知识"，简而言之，即研究事物而获得知识、道理。《景泰蓝的制作》一文选自江苏省职业学校文化课教材《语文》第一册第二单元的第三篇课文，是一篇课内自读课文，因此本人认为，此文不宜挖得过深，深文浅教，不求面面俱到，能结合书后配套练习，抓住说明文的顺序和常用说明方法即可。所以我选择用一课时来完成，为了保证课堂的效率，我在课前布置了两大预习任务单，帮助学生在课前有目的地充分预习文本。

设计思路具体如图示：

语言理解与运用
本文以准确、平实、通俗、自然的语言向读者介绍了景泰蓝制作的六道工序。既有平白如话的语言，也有"制胎""掐丝"之类的专业术语，既能使语言更加准确、精炼，也使读者易于把握每道工序的特点

思维发展与提升
本文抓住事物的外部特点和本质特征，找出事物本身的内在联系，综合运用作比较、打比方等说明方法来说明事物。让学生在掌握文本内容的同时也学会灵活运用多种说明方法来介绍说明对象的方法，为说明文的写作奠定基础

审美发现与鉴赏
本文使用了时间说明顺序依次介绍了"制胎""掐丝""点蓝""烧蓝""打磨""镀金"六道工序，并根据事物自身的特点来安排六道工序的详略，符合人们对客观事物的认知规律

文化传承与参与
文本中并没有刻意赞颂中国民间手工艺人的智慧，但是处处强调景泰蓝的制作得靠纯手工，字里行间让我们感受到作者对传统工艺的浓浓情感。只有坚定不移地培养学生的核心素养，才能孕育出中国根、民族魂

中职语文核心素养（全面发展的人）

语文核心素养的四个方面是一个整体,其中语言理解与运用是基础,其他三个方面都建立在语言理解与运用的基础之上。

教学目标

1. 学习本文按照产品制作过程确定说明顺序、详略得当地说明事物的方法。
2. 辨析本文综合采用多种说明方法的好处,并能模仿运用完成简单片段的写作,提高写作说明文的能力。
3. 了解景泰蓝制作的工艺,感悟景泰蓝的美,激发热爱传统工艺的情感。
4. 检测"预习任务单"成效,提高自主学习能力。

教学重点

1. 研读文本,掌握文本内容,了解景泰蓝制作的工艺。
2. 学习本文按照产品制作过程确定说明顺序、详略得当地说明事物的方法。

教学难点

辨析并综合运用课文采用多种说明方法说明事物特征的方法。

教学过程

一、实物导入,初步感知

课前播放《国宝档案》视频,展示景泰蓝花瓶和手镯。

师:大家看看老师手上拿的是什么啊?

生:景泰蓝。

师:漂不漂亮啊?

生:漂亮。

师:大家想不想知道如此精巧的作品是如何制作出来的啊?

生:想。

师:那今天我们就请叶圣陶先生给我们做向导,带我们去北京手工业公司实验工厂参观一下景泰蓝制作的过程。(点开PPT上的课题作者,板书课题、作者。)

二、初读文本,把握粗框

师:在上课之前,我们已经布置了预习任务单,下面我们就通过两个小练习来检查一下大家的预习效果。

下列词语注音全部正确的一项是(　A　)

A. 粗略(lüè)　　铁砧(zhēn)　　着力(zhuó)　　剥落(bō)
B. 釉料(yóu)　　铁屑(xiè)　　打磨(mó)　　白芨浆(jí)
C. 粘满(zhān)　　譬如(pì)　　蘸(zhàn)　　储存(zhù)
D. 缜密(shěn)　　碟子(dié)　　铁锤(chuí)　　裸露(lù)

下列词语书写全部正确的一项是(　C　)
A. 焊接　研磨　膨胀　恰如其份　　B. 硼砂　缺憾　琢磨　半斤八两
C. 镀金　繁复　钳子　推陈出新　　D. 干躁　稠密　譬如　随意驱遣

师：很好，大家生词预习的效果非常棒，但不知大家文本阅读情况如何啊？老师提几个问题来考考大家。

第一个问题：为什么这种工艺不叫南京红、苏州紫，而叫景泰蓝啊？请大家结合文本上的知识回答。

生：(1)流行于明景泰年间；(2)多用蓝色料。

师：非常棒，那如此精美的工艺品需要经过哪几道工序才能打造出来呢？

生齐声回答：制胎、掐丝、点蓝、烧蓝、打磨、镀金。

师：嗯，看来通过对文本的预习，大家对这六道工序是比较熟悉的，但对很多人而言，这几道工序还是很新鲜的，同学们能不能用自己的话，或者用课文中的原话，向我，也向今天来听课的各位老师来解释一下这六道工序啊？

(请学生说的同时播放景泰蓝制作六道工序的FLASH)

制胎：用红铜打制器物胚胎的过程。

掐丝：用横断面为长方形的扁铜丝在铜胎表面粘出图样的过程。

点蓝：为景泰蓝图样填色的过程。

烧蓝：把填好色料的制品放在火炉中加热使颜色固定的过程。

打磨：经过金刚砂石水磨、磨刀石水磨和椴木炭水磨使表面平整光滑的过程。

镀金：用电镀的方法把黄金镀在景泰蓝表面铜丝上以免生锈的过程。

三、研读文本，抓住特点

师：学到这里，相信同学们对景泰蓝的制作工艺已经有了初步的认识，六道工序循序渐进，环环相扣，缺一不可，那么，叶老是如何用笔，将这复杂的工序衔接起来的？而每道工序又有哪些主要的环节、主要的动作？这么多的说明材料，文章又是如何详略有序地安排的？这一切的问题都有待我们在第二个预习任务单中寻找答案。(打出任务单2)

师：通过之前的学习，我们知道"制作过程"是——大家一起来回答。

生：制胎、掐丝、点蓝、烧蓝、打磨、镀金。

师：很好。我们有的学生在写说明文时，会这么写：第一步干什么、第二步干什么……一直能写到第十步都没有变化，那么叶老在六道工序的衔接上，是不是也如此地生硬呢？

生：文中的衔接很灵活。

师：那我们请同学来说一说六道工序间所使用的衔接词吧。<u>开头</u>是"制胎"。

生1：<u>第二步</u>是"掐丝"。

师：嗯，很好，那掐丝完了呢？

生2：于是<u>轮到</u>涂色料的工作了。

师：好，不错，那接着呢？

生3：现在<u>该说</u>烧的工作了。

师：是不是填一回烧一回就可以镀金啦？

生4：不对，涂了三回，烧了三回以后，<u>就是</u>打磨的工作了。

师：打磨完是不是就结束了呢？

生5：不是，全部工作还没完，<u>还得</u>镀金。

师："开头""第二步""轮到""该说""就是""还得"，大家看，六个词语无一重复，六道工序了然于眼前，充分体现了叶老语言的丰富性、多样性。

师：说完了衔接词，那么，景泰蓝制作的每道工序又包括了哪些主要的环节呢？我们一起先看一下"制胎"，这个环节对应哪几个段落啊？

生：2、3两段。

师：很好，那下面老师读这道工序，同学们仔细听，听的同时用笔勾画出你认为这道工序中使用的重要的动词。（老师读第二段）

师：通过文本上的知识，我们知道究竟是如何制胎的？

生：（暂时不太确定，有的在文本中找答案，有的在思考）

师（引导）：景泰蓝是拿什么做胎啊？

生：拿红铜做胎。

师：那一个景泰蓝的花瓶用一张红铜片就可以制成了吗？

生：不可以，要三张，瓶口、瓶颈一截，瓶腹鼓起来的部分一截，瓶腹以下又是一截。

师：那这三张红铜片如何才能制成一个花瓶呢？

生：先用铁锤尽打，把两张红铜片重叠的部分按合，还要把瓶底焊上去。

师：很好，所以，我们可以归纳一下制胎这道工序里的主要环节是——

生：尽打、接合、焊。

师：那这几个环节中，哪个动作是最重要的？

生：打。

师："打"这个动作决定了打制的铜胎的形状，所以很重要。说完了制胎，我们再来看看掐丝。掐丝这道工序又对应了哪些段落呢？

生：第4～9段。

师：那我们也请一位同学读读掐丝这道工序，他在读的同时，其他同学用笔勾画出重点环节中的重点动词。

学生：（诵读文本第4段）

师：大家有没有找到掐丝这道工序里面包含的主要环节啊？

生：剪好曲好，夹着，蘸一下，然后粘到铜胎上。

师：很好，但把剪好曲好的铜丝粘到铜胎表面上，掐丝这道工序就已经结束了吗？请大家仔细阅读后面的几段文字。

生：还要焊，然后放稀硫酸里煮一下，再用清水洗。

师：非常棒，请这位同学把第8、9两段读一下，大家注意她刚才说的几个动词。

生：（诵读文本第8、9两段）

师：那我们现在一起明确一下掐丝这道工序里的主要环节是——

生：剪、曲、夹、蘸、粘、焊、煮、洗。

师：那这么多的环节里，最重要的动词是——

生：粘。

师：掐完了丝，就轮到涂色料的工序了，那究竟用什么做颜料，具体怎么涂呢？下面我们一起诵读第12、13段，在这两段里找找具体的环节。

（全体一起诵读第12、13两段，学生读到重点的环节时，教师点拨）

师：捣、研、筛、和、舀、填。这几个动词里面最重要的是——

生：填。

师：很好，填得好不好，关系着景泰蓝图案的色彩。

师：点蓝结束了，该说烧了，到底是如何放、送、烧、提呢？请一位同学用自己的语言向大家介绍一下。

生：先把涂好色料的景泰蓝铜胎放到铁架子上送到炉膛里烧，烧好了再提出来。

师：那要烧到什么程度啊？

生：烧到铜胎全体通红，像烧得正旺的煤。

师：所以这一环节最重要的动作是——

生：烧。

师：很好，烧完了就是打磨的工序了，用哪些东西打磨呢？

生：先是金刚砂石水磨，然后是磨刀石水磨，最后还要用椴木炭水磨，以使铜胎表面变得光滑。

师：那不用多想了，这道工序里最重要的动作就是一个字——

生：磨。

师：打磨完了，最后还得镀金，怎么镀金啊？

生：用电镀。

师：好，那最重要的动词是——

生：镀。

师：大家看表格，景泰蓝制作的每道工序中还包含了这么多的细节，叶老能把这些细节介绍得如此细致入微而不重复，体现出了他强大的语言功底，也反映出说明文语言的准确与平实。

师：这六道工序是不是平均使用笔墨的？

生：不是。

师：那根据本文使用笔墨的多少，大家认为哪几道工序是详写，哪些是略写啊？

生：掐丝和点蓝是详写，其他四道工序是略写。

师：非常不错，那这六道工序，作者为什么要重点介绍"掐丝"和"点蓝"这两道工序？请大家仔细观察任务单2里面的主要环节。（用PPT打出题目）

生：这两道工序很精细、很复杂。

师：很好，还有没有别的什么原因？

生：（思考）

师：大家认为青花瓷这样的工艺品里面有掐丝、点蓝这样的环节吗？

生：没有。

师：为什么啊？

生：青花瓷不是用红铜做胎的，所以没有掐丝这道工序，也就没有点蓝这道工序，所以"掐丝""点蓝"是景泰蓝这种手工艺品所特有的。

师：非常不错，综合这两点原因，就是叶老详细介绍掐丝和点蓝这两道工序的原因。

师：读到这里，大家发现这篇文章用了什么样的说明顺序啊？

生：以景泰蓝的制作工艺流程为序。

师：对，这种说明顺序我们也称之为"程序顺序"。（板书说明顺序：程序顺序）

师：通过对整个文本的研读，大家发现景泰蓝这种制作工艺有什么特点啊？

生：制作精细、操作繁复、手工制作。

师：这是一篇说明文，但你们读来觉得枯燥吗？

生：不枯燥。

师：那叶老究竟用了什么法宝来让他的说明文生动、形象而不失精准呢？这应该是得益于叶圣陶先生在文中所使用的多种说明方法，那就请大家结合本单元前两篇课文中所学的说明文方法的知识来完成下列五题。（用PPT打出题目）

1. 掐丝，就是拿扁铜丝粘在铜胎表面上。　　　　　　　　　　　　（　　）

2. 每片叶子两笔，像一个左括号和一个右括号，那太细小了，可是他们也要细磨细琢地粘上去。　　　　　　　　　　　　　　　　　　　　　　　（　　）

3. 他们简直是在刺绣，不过是绣在铜胎上而不是绣在缎子上，用的是铜丝而不是丝

线、绒线。（　　）

4. 譬如粘一棵柳树吧，干和枝的每条线条该多长……粘到铜胎上去。（　　）

5. 一个二尺半高的花瓶，掐丝就要花四五十个工序。（　　）

生：(学生在下面讨论，有的说第一句话是作诠释，有的说是下定义)

师：哪位同学能不能说一说"下定义"和"作诠释"有什么区别啊？

生：我知道，两边互相调换不影响意思就是下定义。

师：那请你给大家举个例子解释一下。

生：比如我是马媛媛，马媛媛是我。

师：你的意思是"我是马媛媛"就是给自己下了个定义？（学生大笑）

师：下定义是要揭示事物的本质，由内涵和外延构成，而作诠释只是做一般描述性的解释。比如"苹果是红色的"，并不是给苹果下定义，而是在描述苹果的颜色。所以第一题用的是作诠释的说明方法而不是下定义。

生：（依次完成剩下的四题）

师：通过练习，我们发现本文综合运用了多种说明方法，既严谨，又不失生动。

（板书说明方法：综合运用——严谨、生动）

师：学到这里，我想大家应该很容易就看出来，本文的说明对象是景泰蓝还是景泰蓝的制作过程啊？

生：景泰蓝的制作过程。（板书说明对象：景泰蓝的制作过程）

四、结合专业，拓展运用

巧手折餐花

师：我们学习知识，最重要的就是要将其很好地运用起来，提升自身的能力。今天我们就请班上最心灵手巧的任××同学用餐巾为大家现场折一朵双荷花，在她折的过程当中，大家要注意观察折双荷花需要哪几道工序，也要注意任××同学在折的过程中的一些细节动作，抓住关键性动作，然后试着使用一些形象的比喻来形容这朵独特的双荷花，最后完成片段作文的写作，请注意说明文的语言特点：准确、精炼。

（任××同学上台展示折双荷花的过程，边折边向大家介绍：第一道工序是折，第二道工序是捏，第三道工序是翻，第四道工序是摆）

师：请大家根据刚才任××折的过程完成一个说明文的片段写作，能写几句就写几句，写的过程中注意折双荷花有几道工序，每道工序有什么特点，可适当使用一些简单的说明方法。

生：（一个学生现场读出完成的作文片段）

师：不错，这个小片段里使用了列数字的说明方法，也分别抓住了四道工序的特点，折得准，捏得住，翻得巧，摆得稳。那我们能不能在最后引用一句描写荷的诗句啊？

生:接天莲叶无穷碧。

师:很好,我还以为你们会说"出淤泥而不染,濯清涟而不妖"呢!(生大笑)

景泰蓝图片欣赏

师:我们文中介绍的是景泰蓝花瓶,其实现在的景泰蓝不仅是制作花瓶,还有很多其他形式的工艺品,这正显示出咱们对传统文化的继承与发扬,现在请大家欣赏景泰蓝的图片。(用PPT展示景泰蓝图片)

南京传统手工艺品

师:刚才我们看的景泰蓝工艺品是咱们中国的传统手工艺品,大家知道咱们南京有哪些特色的手工艺品吗?

生:有云锦、金箔,还有夫子庙的灯笼,还有制作糖稀的……

师:看来大家对咱们南京的手工艺品还是蛮熟悉的,课后有机会的话大家可以去找一找,看一看,在元宵节前可以去夫子庙看看手工艺人是如何扎花灯的,感受一下传统手工艺的魅力。

五、梳理重点,加深印象

师:我们再回顾一下本节课的重点。说明对象:景泰蓝的制作过程;说明顺序:程序顺序;说明方法:综合运用——严谨、生动。

六、布置作业,巩固知识

1. 熟读全文
2. 完成书后练习
3. 完成片段作文

板书设计

景泰蓝的制作
叶圣陶

说明对象:景泰蓝的制作

说明顺序:景泰蓝的制作程序(制胎—掐丝—点蓝—烧蓝—打磨—镀金)

说明方法:作诠释、举例子、打比方、作比较、列数字

说明语言:准确严谨的科学术语、通俗平实的口语

教学反思

职业学校语文课堂生态的特征有:和谐的情境性,有机的整体性,真实的开放性,积极的交互性和动态的生成性。在前期研究的基础上,我发现有效使用生态语文课堂之

"和谐的情境性"这一特征,对语文课堂导入环节有很大的帮助。我将导入有效性的理论转化为具体的实践,将其应用在我的教学实践当中。比如我开设的这节市级公开课——《景泰蓝的制作》,一般老师讲这篇课文都会使用一个景泰蓝制作流程的 FLASH 来进行导入,但我觉得那个 FLASH 更适合在学习文本的过程中使用。如果在学习文本之前就使用那个 FLASH,学生可能看不明白,看不懂景泰蓝制作的六道工序,不一定能起到应有的效果,甚至可能使学生失去学习这篇课文的兴趣。

《景泰蓝的制作》是一篇说明文,我们的学生本来对说明文的学习兴趣就不浓,所以一个有效有趣的导入在这里就显得尤为重要。我在网络上搜索了很多相关的视频素材,后来找到了一段中央4套的《国宝档案》节目对景泰蓝这种工艺的视频介绍,这段视频通过对北京一家景泰蓝制作工厂的简单介绍,让我们初步了解了景泰蓝这种中国传统工艺,通过主持人的解说,配以文字、视频画面,很容易吸引学生的目光,激发学生的好奇心——这样精美的工艺品到底是怎么制作出来的呢?在学生好奇心正浓的时候,我又适时拿出景泰蓝的花瓶和手镯之类的实物给学生观看,甚至请学生亲手触摸,这更是给学生以直观的感受,学生的好奇心被完全调动起来,这样,这节课的导入目的完全达成,也为后面的学习打开了兴趣之门。

事实证明,对于这种事物说明文,视频与实物相结合的方式更直观、更容易为学生所接受。在教学过程中,学生的配合度很高,很好地体现了生态语文课堂"积极的交互性"的特征。关于说明方法的使用,学生也积极思考,辨析了"下定义"和"作诠释"的区别。但是本节课也存在一个语文课堂的通病,就是写作方面的落实不到位,还是有小部分同学无法当堂完成说明文片段的练习,以后的教学过程中要多进行这方面的练习,大力提升学生的核心素养。

《庖丁解牛》创新教学设计

李 颖

设计意图

生态语文教育最主要的一个观点便是"语文即成长",认为语文是生命的个性独特且富有创造的呈现,是个性和共性的交融,是文字与每个人生命、生活与生长的相得益彰。因而生态教育要着眼于人,着眼于学科背后的人,着眼于课程深处的人,运用恰当的方法激发学生源源不断的"生长欲望"。

《庖丁解牛》是一篇节选自《庄子·养生主》的古文,选自江苏省职业学校文化课教材《语文》第五册。本课是第二课时,在第一课时中,学生已经通过学习通上的教学视频资源,了解了庄子及《庄子》一书的相关文学常识,并借助文注及工具书,学习文言重点词汇和语法,疏通文章大意,对文章有了初步的理解。本课时主要围绕文章内容进行研读和拓展。在设计教学活动时,要紧密结合生态语文教育理念,以充分发展学生语文核心素养为前提,根据学生认知特点和能力水平组织教学,使他们在整个语文学习活动中都能自主、积极、愉快地参与。

设计思路具体如图示:

语言理解与运用	思维发展与提升
结合动画复述课文,在生动形象地理解课文的基础上,创设情境,充分发挥学生的想象力和创造力,合情合理地编写故事	通过梳理文本,归纳故事要点。结合现实生活,多角度多层次地分析故事寓意。在形成个性化观点后,引导学生回归文本本身,辩证看待庄子的"养生之道"
审美发现与鉴赏	文化传承与参与
在复述庖丁解牛的场景时,重点抓住解牛时的声音和动作描写,品析词句,获得审美发现,感受古代文学作品的语言美、形象美,丰富审美体验	通过文本的研读,深刻体会干一行爱一行,把握规律,追求卓越的"大国工匠"精神,引导学生树立正确的人生观和职业观——在平凡的工作中,不甘落后,开拓创新,创造属于时代的伟大

中心:中职语文核心素养(全面发展的人)

语文核心素养的四个方面是一个整体,其中语言理解与运用是基础,其他三个方面都建立在语言理解与运用的基础之上。

教学目标

1. 学会梳理文本,能复述故事内容。
2. 充分发挥学生的想象力和创造力,能结合文本扩充改编故事。
3. 通过研读文本,能结合现实生活多角度多层次地领会故事的寓意,深刻体会"大国工匠"精神,树立正确的职业观和人生观。

教学重点

结合文本虚构出庖丁的成长历程,体会背后深刻的寓意。

教学难点

引导学生辩证看待"养生之道",从中获得新的寓示。

教学过程

一、视频导入,储备新知

课前播放《中国古代寓言》微课视频,学生记录古代寓言知识中的要点。视频播放完毕,教师在PPT上展示四个相关题目,分小组抢答。

题目1:世界寓言的三大发祥地分别是哪里?

组1:古希腊、古印度、中国。

题目2:视频中提及的寓言的基本要素有哪些?

组2:故事情节、寄托道理。

题目3:中国古代寓言的发展经历了哪四个时期?

组3:先秦、汉魏六朝、唐宋、元明清。

题目4:先秦作为寓言的黄金时期,拥有哪两座巨峰?

组4:庄子、韩非子。

二、通读文章,复述故事

师:几个"为"字的读音要注意,有个别同学还有问题。做动词时,读作二声;做介词时,读作四声。"吾见其难为,怵然为戒,视为止,行为迟"一句中,第一个"为"意为"做",第二个"为"意为"作为",均是动词,读作二声;后两个"为"意为"因为",介词,读作四声。下面请两位同学用现代汉语复述庖丁解牛时的场景。(PPT显示《庖丁解牛》的漫画)

生1:庖丁给文惠君宰牛。手接触的地方,肩膀倚靠的地方,脚踩的地方,膝盖顶的地方,哗哗作响,进刀时豁豁的,没有不合音律的,合乎(汤时)《桑林》舞乐的节拍,又合乎(尧时)《经首》乐曲的节奏。

生2:庖丁为文惠君宰牛。他宰牛时,动作十分娴熟,技艺非常高超,发出的声音具有音乐美,看庖丁解牛简直是一种艺术的享受。

师:请同学们评价一下两位同学的复述。

生3:第一个是将原文用现代汉语翻译了一遍,说得比较详细;第二个同学概括了庖丁解牛的场景,比较简单。

师:很好。第一位同学对古文进行了翻译,相当于复述了原文,属于详细复述,易操作;第二位同学则是在概括的基础上进行了一定的发挥,又不脱离原文,这属于创造性地简单复述,需要对原文有一定理解才能完成。

师:对于庖丁艺术化、舞蹈化的动作,文惠君是什么态度?

生4:技盖至此乎。

师:从文章的结构上讲,这句话有什么作用?

生4:借文惠君的赞叹和提问,引出下文。

(板书:技艺高超)

三、精读语段,编写故事

师:由上述介绍可见,庖丁解牛的刀法可谓出神入化,实乃高手中的高手。相信当年文惠君一定金口玉言,封他为"名庖"。我们知道,但凡是名人,成名之前都有一段鲜为人知的心路历程,一段曲折离奇的成长历史。那今天庖丁的这段"神秘"往事就要靠我们来揭开。

师:请各组组内交流各自编写的故事,组长组织讨论,小组得出结论性的意见或答案,指定一个同学代表小组发言。

组1:今天我给大家讲讲一代名庖的成长历程。他刚开始宰牛的时候看到的是整头牛,只会按照寻常的方法解剖牛,也总是砍到牛的骨头上,这让他不得不经常换刀。为此,他感到很沮丧,觉得宰牛的方法有问题,需要寻找更好的方法。为了成为更好的厨师,他每天勤加练习,同时也在观察其他有经验的厨师,向他们取经学习。二年之后,他已经了解了牛的整体结构,解剖起来得心应手,自己的信心也逐渐增强。到今时今日,他已经眼中无牛,全靠精神去和牛接触。他顺着牛的天然结构,用刀进入空隙,不与筋骨相碰。他的刀已用了十九年,所宰的牛也有数千头,刀口却依旧像刚从磨刀石上磨出来的一样。因而,他现在每次解剖完牛后,都会环顾四周,悠然自得,觉得自己的努力终有回报。

师:第一小组的同学紧扣文本第三段,编创庖丁的成长故事。在此基础上,又进行了发挥,加入了庖丁在成长过程中的心路历程。从刚开始的沮丧,到后来信心逐渐增强,再到最后的悠然自得,让我们觉得庖丁不再是一个宰牛的"机器",而是一个活生生的人。

组 2:战国时,有一位青涩的小厨,姓丁,人称庖丁。刚开始宰牛时,庖丁对牛的身体结构并不清楚,只将其当作了一个任务。但后来他意识到,自己选择了这个职业,就应当将它做好。经过他的不懈努力,三年后,他对牛的全身结构已经完全熟悉。到今天,他已经不再用眼睛去看,而是用手和精神去接触牛。庖丁在解牛时,刀在牛的身上游走,人却气定神闲,毫无杀伐之气。庖丁成为厨界的一代传奇人物,赢得了梁惠王的两次赞叹。通过这个故事,我们得到了一个道理:反复实践,积累经验,并要在实践中探寻规律,运用规律。

师:我们来看第二组编创的故事,整体结构十分完整,看起来又是一个寓言故事。在突出庖丁技艺纯熟这一点时,不再局限于正面描写,而是加入了梁惠王的反应。总的来说,两组同学编写的故事都十分精彩,各有所长,让我们一起为他们鼓掌喝彩。(学生鼓掌)因时间的关系,还有两组同学,请将你们的故事发到学习平台上,我课后进行批阅。这里我也进行了简单地总结,我们一起来看一看。

所见无非牛者——月更刀(苦练中……)

三年之后:目无全牛——岁更刀(苦练中……)

方今之时:以神遇而不以目视——19 年,刀刃若新发于硎。

师:刚刚第二组的同学在编写故事时,就提到这个故事的寓意了,同学们到文章中找一找,有没有一句话能概括庖丁为何技术高超?

生 5:有,"臣之所好者,道也;进乎技矣"。

师:是的。庖丁自己说了,我所爱好的不是技术,而是道。"道"在这里是什么意思?

生 6:道理,规律。

(板书:道进乎技)

四、透过故事,探讨人生

师:一般来说,人一旦成名之后都喜欢出书,用他的亲身经历教给世人很多为人处事的道理。如果庖丁也要写一本《庖丁论人生》,那从这本书中我们应该可以看到哪些人生道理呢?现在小组讨论,结合自己的人生阅历和生活经历来谈谈,课本中的哪些情节、文段教给我们怎样的道理。

(学生分组讨论,组员记录总结)

生 7:我们组得出的一个道理是:干一行爱一行。

师:从哪里看出来的?

生 7:庖丁前后解牛已有二十多年,如果不热爱,怎能坚持呢?我们还认为"行行出状元",庖丁作为厨师,他的地位并不尊贵,但是他却能为梁惠王解牛,说明他已经在厨师这一行做到顶峰。

师:用我们今天的话说,就是大国工匠。(学生大笑)

生7：还有就是，做任何事都要遵循规律。

师：从哪里体现出来的？

生7：他解牛时，"以神遇而不以目视""官知止而神欲行"，正是因为掌握了解牛的规律，他才能目无全牛，全凭心意。

师：好的，这一组同学总结出了三个道理。其他组的同学还有没有补充？

生8：庖丁在解牛过程中虽然遇到了各种挫折，但他并没有放弃，这告诉我们做事情要坚持不懈，并且要在实践中不断积累经验，使自己的技艺更加成熟。还有文章中提到"依乎天理……因其固然"，这告诉我们做事情要顺其自然，遵循规律。

生9：还有，"每至于族……怵然为戒，视为止，行为迟"，可以看出庖丁虽然技艺已经很高超，但是遇到关键的地方时，他还是很谨慎，很小心。

生10："以无厚入有间"和"以矛攻盾"异曲同工，发挥自己的长处，并善加利用。

师：好的，我来将同学们的观点进行总结，人处在错综复杂的社会，面对纷繁的事情，应先了解事物的道理，顺应自然而行，尽可能避开种种矛盾冲突。遇到困难、冲突时，则要全神贯注，谨慎处理。在困难解决后，应及时收敛锋芒，低调做人。只有这样才可以更好地生存于这个社会之中。（PPT同时显示）

臣之所好者，道也；进乎技矣——了解规律，掌握规律

臣以神遇而不以目视——抓住本质，用心处事

依乎天理……因其固然——顺其自然，不强求

技经肯綮之未尝——避开锋芒，从长计议

以无厚入有间——以己之利攻彼之弊

每至于族……行为迟。动刀甚微——不莽撞，谨慎行事

善刀而藏之——收敛锋芒，低调做人

师：这其中，大家都提到的一个道理就是要遵循规律，用文章的话说就是……

生：依乎天理，因其固然。

（板书：依乎天理　因其固然）

师：以上是我们从《庖丁解牛》中探讨出的人生哲理。我们读课文的时候也应该留意到，在文段的结尾文惠君说"善哉！吾闻庖丁之言，得养生焉"。那文惠君当年从庖丁的经历中得到的"养生"哲理又是什么呢？请同学们结合课前网络教学平台上的资源和PPT上的文字回答。（PPT上显示）

"吾生也有涯，而知也无涯。以有涯随无涯，殆已；已而为知者，殆而已矣！为善无近名，为恶无近刑。缘督以为经，可以保身，可以全生，可以养亲，可以尽年。"

《庄子·养生主》

生：我认为庄子的养生和我们今天的养生概念不一样，他的养生不只保养身体，还有精神领域的修养。

师：PPT上打出的文字正是《养生主》一文的首段，它可以概括庄子的养生内涵。

生：保身、全生、养亲、尽年。

师："保身"是什么意思？

生：保养身体。

师："全生"呢？

生：呃……

师：在这里，"生"通"性"，意为"天性"。"全生"就是"保全天性"的意思。"养亲"呢？

生：奉养双亲。

师：尽年就是终享天年。由此看出，庄子的养生绝不仅仅是保养身体，他并不重视人的形体躯壳，不强求物我的分别，不计较事情的成败，认为万事万物都应该顺应自然之道。

五、总结反馈，加深印象

师：今天我们通过对《庖丁解牛》一课的学习，和梁惠王一样，明白庄子借这个故事说明养生的道理，主张一切顺其自然，反对人为的养生之道，每个人也从中得出很多与我们自己的学习生活相关的道理。这告诉我们，即使是一则小小的寓言故事，阅读的人人生阅历不同，所处的社会历史环境不同，审视的角度不同，就可以读出不同的道理。这就是寓言的多义性。课文学完了，老师还布置了几个题目进行反馈训练。

（PPT显示题目，小组抢答）

1. 寓言的三个要素是什么？

故事、寓意、寓示

2. 请找出文中出现的成语（至少三个）。

目无全牛、游刃有余、踌躇满志

3. 庖丁解牛经过三个阶段，请用课文中的原句回答。

第一阶段：所见无非牛者

第二阶段：未尝见全牛也

第三阶段：以神遇而不以目视，官知止而神欲行

六、布置作业，巩固知识

阅读《庄子·至乐》中"鲁侯养鸟"的寓言故事，完成以下作业：

1. 复述故事的主要内容。

2. 从一个角度概括这则寓言的思想意义。

板书设计

庖丁解牛

庄子

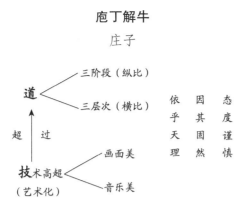

教学反思

这堂课的设计渗透了生态语文教育的思想，老师是知识的引导者，学生是知识的主体。师生互动，一方面把课文的知识点完好地展现和解决，另一方面课堂也得到延伸，学生从课文中获得知识，也在探索为人处世的方式方法。这也正符合基于学生的语文核心素养培养的教学要求。

具体来说，在设计这节课时，教师的宗旨就是立足文本，但不囿于文本，全方位调动学生感官，推动学生进行思维训练。比如说，为了激发学生的兴趣，并形成活跃的课堂气氛，老师在课堂的导入与反馈阶段，都采用了小组抢答的方式。在复述故事环节中，老师加入了学生的评价，既锻炼了学生的评述能力，也让学生自己发现古文的复述不仅可以详细复述，还可以进行创造性的简单复述。设置编写故事这一环节，主要是引导学生自己梳理庖丁解牛的几个阶段，归纳每个阶段的特点，从而分析庖丁获得成功的原因。学生在编写故事的过程中，既要结合文本，又要适当想象和联想。这样一来，既锻炼了写作能力，又能在写作过程中顺其自然地发现其中的寓意。整堂课的设计，每个环节层层深入，循序渐进，力图提升学生听、说、读、写等各方面的综合能力。

本节课设计的最大亮点便是将《庖丁解牛》的课程内容与专业教育、职业生活紧密联系。在提高学生古文素养的同时，自然融入"大国工匠"的职业精神教育，培育劳动意识，弘扬劳模精神，引导学生树立劳动光荣的职业理想。

当然，这节课之所以能顺利开展，也和信息化教学手段的运用分不开。老师在课前，借助网络教学平台发布了庄子的思想、文章的基本结构等辅助教学资源，学生也依照要求上网阅读，因而对于庄子的养生理念能说出一二；课上导入环节，老师又借助微课视频，让学生快速地掌握了寓言的相关文学知识，也为抢答环节的开展提供支持。可以说，信息化技术的合理使用，改善了师生的互动方式，打破了传统教学单纯以语言传递信息和以课堂为唯一教学组织形式的局限。

《庖丁解牛》出自《庄子》，庄子的思想本就博大精深，教师需要足够多的知识储备与人生阅历，才能对本课中提及的养生思想有深入的理解。在未来的语文教学中，教师必须先加强自身语文素养，耐得住性子，反复研读文本和相关文献资料。在整体把握语文学科核心素养的前提下，合理设计教学活动。在培养学生语言能力的同时，发展学生思维能力，提高学生审美品位，丰厚学生文化底蕴。

《师说》创新教学设计

侍寒冰

设计意图

《师说》是古代议论文的名篇佳作,也是韩愈践行"古文运动",阐释文学主张的典范之作。文章针对唐代士大夫"耻学于师"的风气,论述倡导师道精神的重要性。文章以对比论证见长,逻辑清晰,章法严谨,本文选自江苏省职业学校文化课教材《语文》第二册第五单元。本节课结合学生学情与课文特点,课堂采用学案与信息化教学手段——蓝墨云班课相结合的方式,激发学生的学习主动性,引导学生通过自主学习、讨论分享、借助移动网络等学习手段,多元化学习文言文。课堂围绕"古道""师道""文以载道"中"道"的不同含义,通过"析其文—得其道—悟其情"三个环节,对"道"进行解读;指导学生把握全文以"师道"为中心的论证思路,通过研读文本,掌握其严密的论证结构,深入理解文章主旨。通过串联文本内外"道"的概念,一方面帮助学生理解文章借"道"一字勾连古今、一脉相通的写法,了解韩愈"文以载道"的文学主张;一方面引导学生联系实际,理解当今文学之"道"的内涵;同时以"道"字为例,指导学生掌握制作学习卡片积累文言词语的学习方法。

设计思路具体如图示:

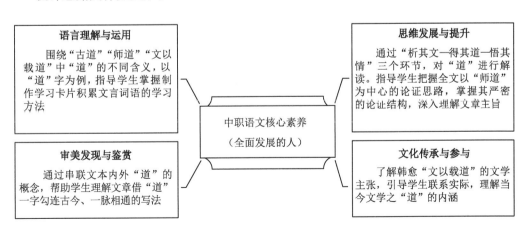

语文核心素养的四个方面是一个整体,其中语言理解与运用是基础,其他三个方面都建立在语言理解与运用的基础之上。

教学目标

1. 正确理解韩愈倡导的"师道"内涵,了解其"文以载道"的文学主张。
2. 把握文章说理思路,学习文章正反对比的论证方法;掌握制作学习卡片积累文言文词语的学习方法。
3. 点燃继承中华民族传统美德的热情,古为今用,树立尊师重道的思想。

教学重点

把握文章说理思路,学习文章正反对比的论证方法。

教学难点

正确理解韩愈倡导的"师道"内涵。

教学流程

信息助学,课前预习——目标导学,新课导入——分析文本,梳理结构——把握主旨,思维拓展——课堂检测,信息反馈——联系实际,延伸情感——课外作业,学以致用。

教学过程

一、课前准备

1. 通过蓝墨云班课,观看《品读》微课视频,了解文章创作背景与韩愈的文学主张。
2. 完成云班课上的课前小测试,巩固检测新知。
3. 结合学案的要求,查询"古文运动"的背景知识,完成云班课头脑风暴的名词解释分享。
4. 诵读课文,梳理文章脉络,完成学案填空。
5. 教师检测蓝墨云班课上预习小测试完成情况。通过移动教学App,完成课文背景知识的补充学习与自我检测,为学生理解文章主旨奠定基础。

二、导入新课

师:我们的每一节课都在这样的师生行礼中开始,同学们有想过我们为什么要传承这项礼仪吗?

生:这体现了我们中华民族"尊师重道"的传统美德。

师:是的,自古以来尊师重道是我们中华民族的传统美德,然而在唐代,谈论"师道"却成了众人耻笑的事情。此时唯有一人,不惧流俗,挺身而出,收召后学,倡言师道,他的文章被苏轼赞为"文起八代之衰,而道济天下之溺",这个人是谁?

生:韩愈。

师:到底是什么样的流俗让韩愈被视为狂人,韩愈的文章又是以什么样的"道"以济天下之溺?让我们一起去《师说》中找寻答案。

三、析其文

师:前面两节课我们疏通了文章的前三段内容,今天请同学们朗读第四段,对照书下注释疏通本节字词。

生朗读课文。

师:作家写作都有其缘由,有时文章中就隐含了作者的写作目的,那么本文的写作缘由是什么?第四段中哪句话交代了韩愈的写作缘由?

生:余嘉其能行古道,作师说以贻之。

师:"贻"是什么意思?

生:赠送。

师:那么为什么韩愈要写此文送给一个名不见经传的学生呢?

生1:因为他能不拘于时,学于余。

生2:他还好古文,六艺经传皆通习之。

生3:能行古道。

师:好的,以上三个原因都是李蟠这位年轻人不同于其他学生的优点。那么最受到韩愈赞赏的是哪一点呢?

生:能行古道。

师:从哪个词看出来的?

生:"嘉"。

师:"嘉"的意思是?

生:赞赏。

能行古道——

师:那么韩愈大加赞赏的"能行古道"指的是什么呢?这个"古道"的内涵又是什么?请大家听文章第一段的朗诵音频,边听边画出第一段中与"道"相关的语句,一起来找找古道的内涵。

……

师:听完这段朗诵,请同学们根据PPT的提示,用课文原句回答问题,梳理第一段的论证思路。

师:第一段开篇阐述了一种现象"古之学者必有师",接着论述了"师"的本质是?

生:"师者,所以传道受业解惑也"。

师:我们从师的目的是?

生:"吾师道也"。

师:择师的标准是?向什么样的人学习?

生:"道之所存,师之所存"。

师:这一段从教师的本质展开论述,以此为前提,阐述了古人从师的目的——"学什么";古人择师的标准——"向谁学"。因此"古道"的内涵包含两方面内容,是什么?

生:从师"学什么""向谁学"。

师:文中还有哪一段的观点与"道之所存,师之所存"相呼应?

生4:第三段以孔子求师为例,进一步阐明"古之学者必有师且无常师"。

师:那么圣人择师的标准是什么呢?

生:"闻道有先后,术业有专攻"。

师:好的,所以第三段韩愈进一步用孔子择师的例子,强调了择师的标准与年纪大小、官位高低没有关系,只与"闻道"的先后有关。论证上前后呼应。

生5:我觉得跟第四段中"不拘于时,学于余"也是呼应的。

师:哦?为什么?

生5:正是因为韩愈自己有道,所以李蟠才会向他学习,所以也是对第一段"道之所存,师之所存"的呼应。

师:哦,非常好,这里既呼应了前文,又顺便夸了一下自己,是"有道"的人,更是对李蟠能"不拘于时"的夸赞。那么"不拘于时"中的"于"怎么解释?

生:被……

师:是被动句式的一个标志,那么"时"指的是?

生:时代风气。

不拘于时——

师:那么到底当时盛行的是一种什么样的时代风气呢?带着问题我们来共同诵读课文的第二段。

……

师:当时社会上盛行什么样的时代风气?提到了社会上哪些人的不同学习态度?

生:耻学于师的风气。

师:提到了哪些人?

生6:古之圣人和今之众人。

师(板书):圣人——众人。

生7:爱其子,其子。

生8:于其身,其身。

师(板书):其子——其身。

生9:还有士大夫和巫医乐师百工。

师(板书):士大夫——百工。

师:第二段采用了什么论证方法?

生:对比论证。

师:为什么作者要连用三组对比论证呢?他们都分别从什么角度进行对比的?请大家小组讨论,探讨答案。

生10:我们组认为作者首先通过古代与现在圣人和众人不同的学习态度进行了对比,是从时间的角度来对比的。

师:这是从时间的纵向比较,那么作者得出了什么结论呢?

生10:得出了"是故圣益圣,愚益愚。圣人之所以为圣,愚人之所以为愚,其皆出于此乎?"的结论。

师:"此"指的是?

生10:众人耻学于师,以向老师学习为耻,所以只能越来越愚笨。

师:第一组对比,通过"圣人"与"众人"的古今对比,总述"耻学于师"的时代风气造成的严重后果。那么第二组对比呢?

生11:我们组觉得其子与其身是从自己和他人的角度来对比的,爱其子,择师而教之,但他自己却耻学于师。所以得出了"小学而大遗,吾未见其明也"的结论。

师:那么这里"小"与"大"指的是什么?

生:小的方面,大的方面。

师:具体指的是?

生12:"小的方面"是指"句读"的学习,"大的方面"指"道的学习"。

师:非常好,所以这组对比的目的实际上就是要向我们进一步阐述了"古道"内涵中的哪一点?

生:学什么。

师:非常好,第二组对比是以"为子择师"与自己"耻学于师"的矛盾态度对比,从"学什么"的角度强调跟随真正的老师学的是"道"。那么最后一组对比是从什么角度来阐述的?

生13:我们组讨论的结果是,"士大夫"与"百工"是从阶层的角度来说的,"士大夫"是贵族,他们不学习,"百工"是老百姓,为了生计他们在不断学习。

师:好的,有没有不同意见?

生14:我们组认为这是从"向谁学"的角度来对比的,士大夫高不成低不就,不知道向谁学习,百工之人却不耻相师,互相学习,最后得出"今其智乃反不能及,其可怪也欤"的结论。

师:好的,两组同学说得各有道理,通过不同阶层的学习态度对比,韩愈点明了师道之不复的罪魁祸首是谁？

生：士大夫之族。

师：为什么？

生：士大夫不仅自己不学习，还嘲笑其他人。

师：哦，他们作为贵族阶层，这群今后将有可能直接参与国家治理的人，不仅自己不学习，还带动了整个社会的不良风气，这点尤为让韩愈感到心寒，所以发出了"呜呼"的哀叹。

师：另外从"向谁学"的角度来看，正因为士大夫之族高不成低不就，不知道向谁学习，所以落得"今其智乃反不能及"的结果，从而论述了"师道"的重要性。

师：那么韩愈再三倡导大家跟随老师学习的"道"究竟是什么？

生：这个"道"指的是儒家之道。

师：全文哪些地方体现了此观点？

生15：书下注释。

师：（笑）好的，有认真看书下注释的同学找到了一个答案。还有没有其他地方体现的？

生16：第三段的孔子。

师：哦，第三段的举例论证，孔子从师的经历，因为我们知道孔子是儒家学派的创始人。

生17：还有第四段的"六艺经传皆通习之"。

师：这里的"六艺经传"指的是什么？

生：儒家经典。

师：非常好，那么接下来请大家结合学案，完成相应的空格，梳理全文论证结构。

……

师：所以全文韩愈围绕一个"道"字，向我们阐述了教师的本质——传道；从师的目的——学道；择师的标准——有道。这个"道"指的就是儒家之道，也是治国之道。全文由古及今，纵横结合，逐层铺垫，层层深入，逻辑严密，章法严谨。

四、得其道

好古文——

1. 知人论世，查背景

师：李蟠还有一个得到韩愈赞赏的优点——"好古文"，这里的古文指的是什么？让我们打开云班课，看看大家关于"古文运动"相关知识的课前预习作业的完成情况。

……

2. 对比阅读，悟"古文"

师：根据韩愈倡导的文学主张，请大家对比阅读学案上的两篇小短文，说说看哪一篇是韩愈所倡导的古文?

篇目1:某启,奉教垂赉乌骝马一匹。柳谷未开,翻逢紫燕;陵源犹远,忽见桃花。流电争光,浮云连影。张敞画眉之暇,直走章台;王济饮酒之欢,长驱金埒。谨启。

篇目2:右今日品官唐国珍到臣宅,奉宣进止。缘臣与王用撰神道碑文,令臣领受用男沼所与臣马一匹,并鞍衔及白玉腰带一条者。臣才识浅薄,词艺荒芜,所撰碑文不能备尽事迹。圣恩宏奖,特令中使宣谕并令臣受领人事物等。承命震悚,再欣再跃,无任荣抃之至,谨附状陈谢以闻,谨伏。

生18:第一篇是骈文,第二篇是古文。

师:说说理由。

生18:篇目一都是四个字、四个字的短语,对仗工整,辞藻华丽。

师:这样的文章多有文采啊,又很简洁,有什么不好的?

生18:形式上很美好,但是内容不明确,不知道在说什么。

师:好的,那第二篇呢?

生18:第二篇就是韩愈倡导的古文,不讲究排偶、辞藻,形式上以散行单句为主,内容也比较言之有物。

师:所以韩愈所倡导的"文以载道""文道合一"中的"文"是指?

生:指的是文章字词、语句的形式。

师:"道"则是指?

生:文章的思想情感。

师:所以苏东坡称赞韩愈"文起八代之衰,而道济天下之溺",讲的是从司马迁之后到韩愈,算起来文章衰弱了八代。韩愈的文为什么强过这八代的文章,凭的是韩愈文章中的"道"。

3. 练习反馈,明其道

师:接下来请大家独立完成蓝墨云班课上的课堂测试。

……

五、悟其情

对比情境,悟其情

师:在盛行佛老思想,儒学没落的唐代,韩愈的"文以载道"承载的是儒家之道,而在弘扬社会主义核心价值观的今天,我们的"文以载道"又应该倡导传承什么样的"道"呢?

生19:我们可以在文章中传播正能量。

生20:可以是友情,爱情,亲情,就是生活中那些美好又温暖的事。

生21:还可以通过文章传播中华民族的传统文化,之前我们参加的文明风采大赛就有写过"工匠精神"。

……

六、布置作业

1. 总结全文,梳理"道"字多重含义,要求学生结合书后习题第一题,在学案上整理制作学习卡片,并拍照分享到蓝墨云班课的平台上,与大家共同探讨交流。

2. 阅读柳宗元《答韦中立论师道书》,与《师说》比较,思考两者在文风上有何异同。

教学反思

《师说》一文是韩愈论说文的千古名篇,文本可挖掘的内容繁多。备课过程中我一再询问自己,想要通过这节课、这篇文章令学生收获什么?作为老师,我能传授给学生什么样的"道"?我想一者是"学习之道",是抓住文章线索,通过"析其文—得其道—悟其情"的思路学习文言文的方法,通过制作学习卡片等积累文言字词的方法;再者是"文学之道",学生结合时代背景,理解韩愈"文学之道"的内涵后,联系实际,对他们今后文学创作的启发。文言文课堂对于学生来说比较沉闷与被动,课堂通过移动教学 App 与学案相结合的方式,引导学生带着任务完成课前预习、课堂反馈与课后巩固三个环节的自主学习,App 测试主要以客观题为主,便于统计反馈得分,学案则可以弥补主观题的书写训练。课堂注重学中做、做中学的学法指导,通过多种形式的讲练结合,充分体现学生的主体地位。

问题与不足:课堂梳理论证结构的环节中,还未能充分激发学生的积极性与思维的活跃性,教师设疑提问的内容,学生的反馈较为缓慢,很大一部分原因在于学生对于课文内容的不熟悉,不理解,未能及时地领会课堂设问的主题。因此文言文教学中把握重点字词、疏通文意的工作一定要舍得花时间,让学生真的吃准吃透。针对学生课堂的回答,老师未能给予充分有效的评价与反馈,如何因势利导,注意提问的技巧,还需课前更加充分地备课文,备学生。

《劝学》创新教学设计

刘 鹰

设计意图

《劝学》是江苏省职业学校文化课教材《语文》第三册第五单元中的第一篇课文,是一篇文言议论性散文。该文是先秦儒家思想的最后代表人物荀况及其门人言论著作《荀子》的开篇之作。在教材中,主要选取《劝学》中的四个段落来论述学习的重要性和作用,并劝导人们以正确的态度和方法去学习。

授课对象是五年高职一年级学生,女生居多。在初中阶段,学生已经接触过文言文,但只停留在简单的文言学习层面。高职阶段,对学生文言句式的掌握及用法等方面都有较高的要求。全文安排三课时。第一课时是理解文意,掌握重要的文言文实词和虚词的意义和用法。第二课时是梳理文章结构,学习本文运用设喻、对比的论证方法来阐述荀子有关学习的意义、作用和学习应持的态度等道理,探究"学习"的现实意义。第三课时是在理解文意的基础上读熟课文,根据不同语境悟读课文、美读课文,乃至背诵全文。《中等职业学校语文课程标准(2020年版)》要求引导学生重点在诵读中培养语感,理解内容,品味语言。本文的可读性很强,易于成诵,适合采用诵读法。因此,第三课时用诵读法指导学生熟读、悟读、美读直至背诵课文,在诵读中品味文意。本文是第三课时的教学设计。

语言理解与运用		思维发展与提升
熟读全文,理解文意,积累文言知识,掌握重要的文言文实词和虚词的意义和用法	中职语文核心素养（全面发展的人）	理清思路,学习本文运用比喻论证、正反对比论证的方法来阐述荀子有关学习的意义、作用和学习应持的态度等道理,探究"学习"的现实意义
审美发现与鉴赏		文化传承与参与
本文语言精炼,句式整齐,结构严密,善用比喻,融情感、哲理、形象于一炉,是中华传统文化的经典佳作之一,极具审美价值		思考并深刻理解课文的思想内涵,梳理正确的学习观,并且在今后的学习生活中持之以恒地学习。激发学生热爱中华优秀文化,传承中华优秀文化的思想感情

语文核心素养的四个方面是一个整体,其中语言理解与运用是基础,其他三个方面都建立在语言理解与运用的基础之上。

教学目标

1. 熟读课文,掌握文言文朗读方法,进入情境美读课文并能背诵全文。
2. 以诵读培养语感,提高阅读文言文的能力。

教学重点

熟读课文,掌握文言文朗读方法,在创设的情境中有感情地朗读课文。

教学难点

通过熟读、悟读、美读进而背诵全文。

教学过程

一、话题导入,穿越千年

师:中国的教育源远流长,从先秦的孔孟到现在的老师,都是教育的实践者。先贤的风范与成就我们只有敬仰,但是我们都有着共同的心愿,就是劝勉人们去学习,这也是我们今天要学习的课文《劝学》里所要倡导的精神。前两节课,我们已经完成了课文的文字疏通、论证方法等的分析,这堂课我们将重点来完成最后一个任务——课文的背诵。

首先我来考考大家对这篇课文内容的掌握程度。

二、复习反馈,竞赛检测

大家来比赛(填空或解释括号中的词)

(一)准备好了吗?

1.《劝学》的作者是_____,也叫_____,后世尊称他为_____。

2. 木直【中】绳(　　　　)　　　　金就【砺】则利(　　　　　　)

3.【须臾】之所学(　　　　)　　　　而闻者【彰】(　　　　　　)

4. 积土成山,_____;积水成渊,_____。

(二)别紧张,你一定会做!

1. 本文作者是战国后期_____人,著名_____家,属于_____学派。

2. 蚓无爪牙之利,爪牙:古义_____,今义_____。

3. 假舟【楫】者(　　　　)　　　　君子【生】非异也(　　　　　　)

声非加【疾】也（　　　）　　　　　故不积【跬】步（　　　　）

4. 故＿＿＿＿＿＿，金就砺则利，＿＿＿＿＿＿＿，则知明而行无过矣。

(三) 好好想想，其实一点也不难！

1. 写出本文的两个成语：＿＿＿＿＿＿和＿＿＿＿＿＿

2. 金就砺则利，金：古义＿＿＿＿＿＿＿＿＿＿＿＿＿＿＿＿＿＿＿＿，今义＿＿＿＿＿＿＿＿＿＿＿＿＿＿＿＿＿＿＿＿。

3. 【骐骥】一跃（　　　　）　　　驽马十【驾】（　　　　）

   【锲】而舍之（　　　　）　　　功在不【舍】（　　　　）

4. 吾尝终日而思矣，＿＿＿＿＿＿＿＿＿＿＿＿。

(四) 相信自己是最棒的！

1. 在《劝学》这篇文章里，作者紧扣＿＿＿＿＿＿＿＿＿＿＿＿这一中心论点较系统地论述了关于学习的问题。

2. 輮以为轮，以为：古义＿＿＿＿＿＿＿＿＿＿＿＿＿＿＿＿＿＿＿，今义＿＿＿＿＿＿＿＿＿＿＿＿＿＿＿＿＿＿＿＿＿。

3. 金石可【镂】（　　　　）

   虽有【槁】【暴】（　　　　）（　　　）

   【假】【舆】马者（　　　　）（　　　）

   用心【躁】也（　　　　）

4. 吾尝跂而望矣，＿＿＿＿＿＿＿＿＿＿＿＿＿＿＿。

(五) 抢答

请你说出每题的上、下句

1. 登高而招，＿＿＿＿＿＿，＿＿＿＿＿＿；顺风而呼，＿＿＿＿＿＿，＿＿＿＿＿＿。

2. 故＿＿＿＿＿＿，无以至千里；＿＿＿＿＿＿，无以成江海。

3. 骐骥一跃，＿＿＿＿＿＿；驽马十驾，＿＿＿＿＿＿＿。

4. ＿＿＿＿＿＿，＿＿＿＿＿＿；锲而不舍，金石可镂。

5. ＿＿＿＿＿＿，＿＿＿＿＿＿，其曲中规。

6. 假舆马者，＿＿＿＿＿＿，＿＿＿＿＿＿，假舟楫者，＿＿＿＿＿＿，＿＿＿＿＿＿。＿＿＿＿＿＿＿＿＿＿＿＿，善假于物也。

三、设境朗读，加深理解

1. 师提问：读好一篇文言文，我们要注意哪些？学生回答。

(板书)

准字音，忌错读——熟读

清句读，忌破读——悟读

读语气,忌唱读——美读

2. 学生朗读。

3. 教师范读。

4. 设境朗读。

(1) 面对身边的朋友虚度光阴却不明白学习的意义,你不禁想读读这篇文章的有关内容给他们听。

(2) 当你自己作为长辈时,为了劝勉小辈们努力学习,苦口婆心地将"学习的作用"这一段落读给小辈们听。

(3) 你在学习中掌握了好的学习方法,在期中考试取得了好的成绩,体验到了前所未有的快乐时,你心情愉悦,情不自禁地读给自己听。

(4) 历史穿越千年,怀着对荀子的尊敬之情,读着这位伟人的大作,敬畏之情油然而生。

要求:每个小组选择一个语境阅读,其他组员评价,教师点评。

师:文言文也是语文学习的重要内容之一,学好文言文的关键在于积累,积累的关键在于背诵。我们只有背诵了一定数量的优秀文言文,才能厚积薄发,学以致用。

四、诵读指导,背诵课文

1. 齐读全文。

2. 背诵第一段:中心论点"学不可以已"。

背诵第二段:隐藏部分文本,激发学生"读"的兴趣。

(1) 隐去一句。

例如:青,取之于蓝,而____;冰,水为之,而____。木直中绳,____,其曲中规。虽有槁暴,不复挺者,_____。故木受绳则直,_____,君子博学而日参省乎己,则_____。

(2) 隐去两句。

例如:青,_____,而____;冰,_____,而____。木_____,_____,其曲中规。虽有槁暴,_____,_____。故木_____,_____,君子_____,则_____。

(3) 只留一头一尾。

例如:青,_____,_____;冰,_____,_____。木_____,_____,_____。_____,_____,_____。_____,_____,_____,则知明而行无过矣。

3. 背诵第三段:使用第二段的背诵方法。

(1) 隐去一句。

吾尝终日而思矣,_____;吾尝跂而望矣,_____。登高而招,臂非加长也,_____;顺风而呼,声非加疾也,_____。假舆马者,非利足也,_____;假舟楫者,非能水也，_____。君子生非异也，_____。

（2）隐去两句。

吾尝终日而思矣，不如须臾之所学也；_____，_____。登高而招，臂非加长也，而见者远；顺风而呼，_____，_____。假舆马者，非利足也，而致千里；_____，_____，而绝江河。君子生非异也，善假于物也。

（3）只留一头一尾。

吾尝终日而思矣，不如须臾之所学也；_____，_____。_____，_____，_____；_____，_____，_____。_____，_____，_____；_____，_____，_____。君子生非异也，善假于物也。

4. 背诵第四段

积土、积水、积善——积；跬步、小流——不积。这组事例先正后反，论述了学习要注意积累。

骐骥——舍；驽马——不舍；朽木——舍；金石——不舍。这组事例先反后正，论述了学习要持之以恒。

蚓—— 一；蟹——躁。这两个事例先正后反，论述了学习要专一。

三个段落的比喻论证都是正反对比结合，而且模式不一，灵活多变。

师：太棒了，大家这节课全部完成了任务。大家平时都觉得文言文不好学，特别是不好背，可是这篇文章我们用一节课的时间就背会了，大家发现什么小窍门了吗？

理解文意，理清思路，选关键词，循序渐进，这样文言背诵其实也不难。

孔子曾经说："诵《诗》三百，授之以政，不达……虽多，亦奚以为？"可见，除了会背，我们更要会用。

五、拓展延伸，学以致用

师：现在，请同学们两个人为一组，一个扮演不爱学习或没有掌握学习方法的人，另一个同学对其进行劝导。要求：对话的时候双方要摆明自己的观点，而劝导者在劝导对方时，必须用上课文中荀子的话。

例如：

观点："我已经教了那么长时间书了，备课、行政等事情占了很多时间，所以我不想那么辛苦地学习了。"

劝导：虽然时间有限，但"积土成山，风雨兴焉"——每天学习十分钟，也能够"积小流而成江海"啊。

六、小结

这篇《劝学》，既有论辩色彩，又具有文学韵味，语句清新、脍炙人口，读背这类文章，我们收获的不仅仅是文言知识,还有写作方法的借鉴,更重要的是思想的启迪、精神的鼓舞,文化的传承。

七、布置课后作业

1. 熟背全文。
2. 学习借鉴本文比喻论证、对比论证的方法,仿写一篇《劝背》。

附板书设计

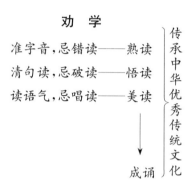

教学反思

"活到老,学到老。"一个人从出生以来,就与学习结下了不解之缘,不论通过什么方式,他总是在学习中得到不断的完善,继而让自己的生命丰富和充实起来。可以说,学习对提高每一个人的思想认识境界都有着巨大的作用。离开了学习,人生就成了一片空白。荀子的《劝学》成为千古名篇,也成为几经变革的教材中一直得以保留的佳作,原因在于它独特的魅力和与时俱进的精神实质。因此教师在授课前做了认真的准备,制定了较详尽的教学目标。

首先,让学生了解荀子其人;疏通文句,整理积累重要的实、虚词的意义与用法,通假字、古今异义词、词类活用和特殊句式;积累本文的名言名句;体会、学习比喻和正反对比论证的方法;体会、学习本文严密的谋篇布局特色,等等。

其次,注重培养学生声情并茂地诵读文言名篇的能力;培养学生能据已学、据课注、据语境准确解读文句的能力;培养学生发现问题、自主与合作相结合探究问题的能力,等等。

最后,在合作探究中让学生体会和谐合作、双赢进步的成就感,激发主动、自觉学习的主体意识;让学生明白学习之于修养和人生的重要性,掌握学习的基本方法,养成良好的习惯。

此次为第三课时,教学目标集中,通过熟读乃至成诵课文,以诵读培养语感,提高学生阅读文言文的能力。重点是从方法指导入手,通过课堂复习和练习夯实学生的基础知识。"设境朗读"环节,使背诵课文不再是机械记忆,而是在特定的情境中通过运用课文语句回答问题,加深对课文的理解,调动学生的学习积极性。学生在较和谐、轻松、愉快的氛围中反复朗读,深入体味,很快成诵,较好地完成教学目标,也提高学生阅读文言文的能力和语文核心素养,吻合生态课堂的特征。

总之,通过以上内容的学习,学生收到了较好的学习效果,但也有不足,比如课堂的节奏开始有些偏慢,为赶时间有点虎头蛇尾,朗诵的配乐音量有些大,会干扰学生的视听。

第五章　传情达意

生活中处处有语言,无论是花木鸟兽,还是绘画乐器都有自己的语言,即使表达的方式不同,也都能够演绎其生命。对于人来说更是如此,我们以言行事,语言是万事万物中和人类极为切近的。

我国的语言生活是社会生活的一部分,中华上下五千年,口语生活历来受到人们的普遍重视。古有《左传》的外交辞令,《国策》的纵横雄辩,《世说新语》的六朝清谈,"一言兴邦,一言丧邦"。到了近代,周作人、叶圣陶、冯友兰、潘光旦、梁实秋、巴金、季羡林、周有光等大师们对于"说话"也有不少散谈。

汉语口语,是我们中国人重要的交际、表达、传播工具。汉语口语塑造和展现了个体思维、情感、风度与人格。国人的汉语素养是国民素养的体现,更是国家软实力的体现。汉语口语蕴含着鲜活的人文精神和文化意味,极具民族感召力、凝聚力与震撼力,是一种不可多得的文化宝藏。

《道歉》创新教学设计

彭 超

设计意图

本课选自江苏省职业学校文化课教材《语文》第三册第五单元"表达与交流"模块《口语交际 致谢 道歉》相关内容,根据实际需要节选道歉这一部分内容讲解,补充心理学家阿伦·拉扎尔《道歉》相关内容,以案例分析为主线,向传统文化要素材,向已学内容要素材,向社会热点要素材,向生活经历要素材,通过案例分析全方位向学生讲解什么是道歉,为什么要道歉以及如何道歉。

授课对象是我校高职会计二年级学生。学生对于道歉的了解仅限于"对不起"三个字,没有意识到生活中道歉的重要性和必要性,不知道道歉还是一门学问。经过一年多的口语交际练习,学生已经初步了解了人际交往的一些注意事项,有助于本课的学习。通过本课的学习,学生可以养成运用言语沟通化解困难的好习惯。

本课安排一课时。

设计思路具体如图示:

语言理解与运用	思维发展与提升
通过案例分析,引导学生揣摩案例中道歉的语言,运用恰当的语言化解沟通的困难,取得对方的谅解	通过案例分析,引导学生从心理学的角度去分析对方心理,选择合适的技巧与方法,突破对方心理防线
审美发现与鉴赏	文化传承与参与
在品味案例中道歉方法的基础上,引导学生运用抓住关键词句、多角度入手、揣摩心理、紧扣言行等鉴赏方法,发现案例中道歉技巧的艺术魅力	引导学生学习经典案例中道歉的艺术,感受中华传统文化的处世哲学,重视人际交往能力的培养,培养运用言语沟通化解困难的习惯

中职语义核心素养
(全面发展的人)

语文核心素养的四个方面是一个整体,其中语言理解与运用是基础,其他三个方面都建立在语言理解与运用的基础之上。

教学目标

1. 通过本课内容的学习,明确人际交往中道歉的重要性与必要性。
2. 通过案例分析,掌握道歉的基本技巧。
3. 通过本课内容的学习,培养运用言语沟通化解困难的习惯。

教学重点

通过案例的分析,掌握道歉的基本技巧。

教学难点

以道歉实现沟通,达成共识。

教学过程

课前准备

教师在蓝墨云班课布置课前预习作业,学生完成班课相关作业。

一、导入

1. 播放背景音乐"*appologize*"。
2. 预备铃响,教师播放DG(杜嘉班纳)品牌道歉视频。
3. 教师:最近意大利著名品牌杜嘉班纳发布了一则辱华视频,引起了全球华人抵制DG品牌的热潮。迫于压力,DG创始人发布了一则致歉声明。前天我在班课发布了相关视频、调查问卷和讨论题,同学们很认真地完成了任务。从调查结果来看,只有5人选择接受道歉,其余33人选择不接受道歉。××同学,把你不接受的原因读一下。

学生:首先没有立刻发出道歉视频,其次坐着道歉,真的真诚吗?还有眼睛瞟啥呢?小动作怎么这么多呢?这叫真诚的道歉?

教师:谢谢××同学犀利的点评。两位看似那么卖力的道歉,却被我们认定为不够真诚——看似简单的道歉,其实并不容易。道歉,也是需要学习的。今天,我们就一起来学习道歉。

二、新授

1. 什么是道歉

教师:请同学们把书翻到149页,勾画道歉的定义,一起来读一下。

学生齐读:道歉就是以诚恳的态度向对方表达由于自己的过失而给对方带来不便或

伤害的歉意。

教师：人际交往,时有摩擦,摩擦又可演变为冲突。道歉,则是事发后缓解紧张和敌视状态的润滑剂,是亡羊补牢的心理慰藉。

(板书:一、是什么:心理慰藉　润滑剂)

教师：道歉发生在事发后,那么道歉的最佳时机是什么时候呢?

学生：马上道歉啊!

教师：立即道歉,有没有经过思考啊? 有没有道歉的诚意呢?

学生：多等几天吧,冷静冷静。

教师：等多久? 一年以后? 更无诚意啊。

学生：那到底多久合适啊?

教师：从心理学角度来说,道歉越快越好,有人说48小时内道歉最好,但这个时间因人而异,原则上要在对方感到被漠视之前,因为被忽视带给人的愤怒甚至大过事情本身。

2. 为什么要道歉

教师：大家说说看,为什么要道歉?

学生：为了取得对方的谅解。

教师：只要道歉就一定能获得对方的谅解吗?

学生：不一定啊。

教师：那为什么还要道歉呢?

教师：我们一起来看一则案例。徐志摩和陆小曼的爱情故事我们在学习第三册语文书的时候就讲过,回忆一下,是哪一课涉及过?

学生：《再别康桥》。

教师：大家还记得徐志摩是怎么死的吗?

学生：坐飞机看望陆小曼的途中坠机身亡。

陆小曼:痛失徐志摩,终身素服

1926年,徐志摩在与前妻张幼仪离婚后,经过两年多的苦心追逐,终于跟"北京城一道不可不看的风景"(胡适语)陆小曼结婚。但好景不长,他们曼妙的婚曲很快就奏出不谐之音。原来,陆小曼一向挥霍无度,她热衷于大上海的夜生活,经常出入夜总会。她还预订了一些娱乐场所的座席,常到"一品香""大西洋"等地方吃大菜、票戏,甚至去逛赌场,一掷千金。夫妻关系越来越紧张。但在1931年11月19日徐志摩空难坠亡后,陆小曼写了一篇《哭摩》,文中她愧悔交加,字字血、声声泪地写道:

"我深信,世界上怕没有可以描写得出我现在心中如何悲痛的一支笔,不要说我自己这支轻易也不能动的一支。可是除此我更无可以泄我满怀伤怨的心的机会了,我希望摩的灵魂也来帮我一帮,苍天给我这一霹雳直打得我满身麻木得连哭都哭不出,浑身只是一阵阵的麻木。几日的昏沉直到今天才醒过来,知道你是真的与我永别了。摩! 漫说是你,就怕是苍天也不能知道我现在心中是如何的疼痛,如何的悲伤……"值得一提的是,徐去世后,陆小曼一改常态,终身素服,不再去任何娱乐场所,在生活上有很大改变。

教师:陆小曼痛失爱人后十分后悔。快速阅读案例,她是怎么向徐志摩表达歉意的?

学生:写信,素服。

教师:徐志摩能看到和听到吗? 陆小曼能取得徐志摩的谅解吗?

学生:不能。

教师:那她为什么还要如此道歉呢?

学生:寻求心理慰藉。

教师:道歉的本质,是满足人的心理需要。

(板书:二、为什么:满足心理需要)

3. 如何道歉

教师:关于如何道歉,书上的介绍有些单薄,老师为大家补充介绍著名心理学家阿伦·拉扎尔作品《道歉》一书的相关内容,从心理学的角度去看如何道歉。他认为,完整的道歉包含认错、自责、解释和补偿四个步骤。

(1) 认错:只有认错才能让受之者的心理得到满足

教师:我们一起来看一则蔡元培的案例。蔡先生我们在之前的哪篇文章里学过?

学生:《我所敬仰的蔡元培先生》。

教师:他的品质是如何造就而成的?

学生:中西方文化精华的结合。

复胡玉缙函

(一九一二年六月初)

绥之先生大鉴:

于报端得读大著《孔学商榷》篇,无任钦佩。深愿得一朝夕奉教之机缘。适有接受典礼院一事,似与先生所精研之孔学不无关系,故以奉烦。无论专制共和,一涉官吏,便不能免俗,曰谕,曰派,皆弟所蹙然不安者。以冗故未遑议,致承政厅遽袭用之。奉惠书后,即传示厅员,彼等有所答辩,附奉一览。字句小疵,想通人必不芥蒂。民国初立,教育界除旧布新之事,所欲请教者甚多,尚祈惠然肯来,相与尽力于未来之事业,敬为全国同胞故以请。并维起居安善为祝。

蔡元培敬启

教师:之前我已经将《北大校长蔡元培因属下一字错误诚挚道歉而大获认可》博文链接发到班课资源库,同学们都已经读过了。现在我来考考大家,这篇博文讲了什么内容?

学生:蔡元培先生因为属下工作失误,自己出来承担责任,从而获得谅解。

教师:这个事件的错误是谁犯的? 为什么蔡先生要出来承认错误呢?

学生：属下的工作失误。体现了他的勇于担当。

教师：蔡先生语言上承认错误，行动上做了什么？

学生：写信诚挚道歉。

教师：DG创始人言语上承认错误，行动上呢？

学生：眼睛乱瞟，小动作很多。

教师：由此我们给出关于认错的两条策略建议——勇于担当，言行一致。

（板书：策略建议　勇于担当　言行一致）

（2）自责：只有包含自责内容的道歉，才能显出道歉者的真诚

教师：大家来看一段视频《汉武帝轮台罪己诏》。

教师：大家思考汉武帝是如何自责，如何体现其诚意的。

学生：官员劝阻不可发布诏书罪己，但是他坚持发布。

教师：皇权时代，皇帝亲自向天下子民忏悔道歉，充分体现其诚意。在诏书中他认为自己错在什么地方？

学生：穷兵黩武，劳民伤财。

教师：由此，我们给出自责的策略建议——自我反省，明确错误。

（板书：策略建议　自我反省　明确错误）

（3）解释：如果道歉没有解释，那就会给人一种不充分的感觉

教师：电视剧里小情侣吵架，一个说："请听我解释！"另一个说："我不听，我不听。"那请问，这个时候到底要不要解释？

学生：肯定要啊。

教师：今天大桥堵车，害得你又迟到了，班主任冷酷地说："我不听解释，我只看结果！"你到底要不要解释？

学生：这个……应该也要吧。

教师：必须要！下面给大家看一则与普华永道相关的案例。咱们会计专业的学生听说过普华永道会计师事务所吗？

学生：没有。

教师：普华永道是世界顶级会计师事务所之一，与毕马威、安永、德勤并称为国际四大会计师事务所。以后我们的专业课应该会涉及相关知识。

教师播放视频。

教师：普华永道道歉信的重点是什么？

学生：解释整个事件的前因后果。

教师：解释整个乌龙事件的过程和原因有什么样的效果？

学生：让我们了解来龙去脉，理解其做出的努力，请求大家的原谅。

教师：由此，我们给出解释的策略建议——客观还原，主观共情。

共情,也称为神入、同理心,共情又译作同感、同理心、投情等。所谓共情,指的是一种能深入他人主观世界,了解其感受的能力。

(板书:策略建议　客观还原　主观共情)

(4) 补偿:有些时候,它是道歉的主要特点,但有时也会让受者有羞辱感

教师:六年级的时候我们学过《负荆请罪》,去年我们班元旦活动演过《负荆请罪》,前天我们在班课里看过也讨论过《负荆请罪》,相信同学们对《负荆请罪》都有了一定的了解,请大家思考:廉颇是如何道歉的?

学生:背着荆条上门请罪。

教师:我们今天给出这则故事的原文,请大家找出原句。

学生:廉颇闻之,肉袒负荆,因宾客至蔺相如门谢罪,曰:"鄙贱之人,不知将军宽之至此也。"

教师:快速阅读课文相关内容,结合课文知识点,找出廉颇是通过什么方式来补偿蔺相如的。

学生:物语;赞誉。

教师:先来看物语。亚洲舞王尼古拉斯赵四在《乡村爱情》里有句名言:这世间的事情没有什么是一顿烧烤解决不了的,如果有,那就两顿。你们怎么看?

学生:只要物语分量足够,一定能取得谅解。

教师:真的是这样吗?物语一定有效吗?让我们一起再回头看一下 DG 辱华事件。DG 创始人在发布道歉声明的时候有没有其他物语方面的做法?

学生:最近好像打折促销力度很大。

教师:打折,金钱方面的物语,更加直截了当。中国的消费者是否接受这样的大礼呢?

学生:还是抵制,不接受。

教师:为什么这么有诚意的物语我们还是不能接受呢?

学生:再打折,还是看不起我们,情感上不能接受。

教师:物语也是有缺陷的——使用不当,有时会让受者有羞辱感。

教师:我们再来看看赞誉。书上是怎么谈赞誉的原则的?

学生:不能因为抬高别人而过度贬低自己。

教师:廉颇是怎么做的?

学生:自己是"鄙贱之人",蔺相如"宽之至此"。抬高蔺相如,贬低自己。

教师:这种做法实际效果如何?

学生:效果很好,获得谅解。

教师:尽信书不如无书。有时候赞誉别人与贬低自己联合使用,效果更好,要因人而异。

教师：由此，我们给出补偿的策略建议——赞誉对方，借助物语。

（板书：策略建议　赞誉对方　借助物语）

三、拓展延伸

教师展示上课玩手机的同学给老师的道歉信。

上课玩手机给老师的道歉信

亲爱的老师：

　　我发现我错了，相信您早已发现了。我完全错了，犯了大错误。为什么呢？因为我发现自己的无知和天真。为什么我不能做一个好孩子？为什么上课不集中注意力？为什么上课玩起了手机？

　　首先是因为我还小，无法抗拒诱惑。但为什么不能抵制诱惑，我该怎么办？我已经是个高中生了，应该学会控制自己。虽然在我们的生活学习中存在这么多为什么，但都无法搪塞掉我上课玩手机这样的大错误！老师，在写这检讨书的时候，我的内心在挣扎，为什么我第一次写得那么认真呢？我百思不得其解，最后，我得出了答案，因为，我是真的错了，这是一次十分深刻的检查，我对于这次犯的错误感到很惭愧，我真的不应该违背老师的话，我们作为学生应该完全听从老师的话，我感到抱歉，我希望老师可以原谅我的错误，我彻底错了，想真心悔过。可是，人总会犯错的，当然我知道不能以此作为借口。我的不良作风不是向老师的纪律挑战，我也挑战不了，因为，我败了，彻底的败了，是完败！老师说的话很对，不能破坏上课的纪律。可是，由于我的一次失误，而破坏了您上课，我感到惭愧，我是错的。我没理由这样做，相信老师看到我的检查，看到我的态度，看到我的端正，一定会原谅我的。

　　犯了这样的错误，对家长的打击也是很大的，家长辛苦赚钱，就是让我们好好读书，可是，我违背了他们的心愿，我再一次的错了，我觉得我的错很是时候，因为在我错的时候，是您，是您站了出来，指出我的错误，您是多么的敬业呀，您在平凡的岗位上，做出了不平凡的事，是您指出了我的错误，是您拯救了我，您好比我的再生父母，我打心眼里感谢你，如果您当时没有指出我的错误的话，我就可能一错再错，我以后可能还会犯同样的错误，如果我再这样执迷不悟的话，我可能会变成一个没有纪律的人，如果我这样，以后找工作，哪个单位敢要我？那时候，我该怎么办？可能那时候我就会做违法的事，一旦做了违法的事，那时候谁能救得了我？答案是没有，那我就会进监狱，一旦进了监狱，我就没有了前途，一旦没有了前途，就算以后从监狱里出来了，也没有什么用了，我就是一个废人，废人还活着干什么？不如死了算了，所以，是您，您拯救了地球上的生命，那个生命就是我，您指出了我的错误，好比让我重生了，让我重新做人了，我感谢您！您对我实在太好了，为了不让我再堕落下去，您挺身而出，指出了我的错误，您好比在世观音，不，观音算什么？她能拯救我吗？而您却救了我，您就是观音的师父，比她还菩萨心肠，我不知道如何感谢您,如果可以的话,让我叫您一声:菩萨!我对您的敬仰之情有如滔滔江水,连绵不绝;有如黄河泛滥,一发不可收拾!只有像您这样博学多才,才高八斗,学富五车,文武双全,出类拔萃,人见人爱,花见花开,车见车载的完美老师才能毫不犹豫地指出我的错误!我一定会痛改前非,好好学习来报答您!

最后,我想说:老师,我错了,虽然我错了,可是我改了,希望老师可以原谅我,如果再有下次的话,不,没有下次了,希望老师原谅我的年少无知,毕竟我还未成年,您大人不记小人过,原谅我吧!

教师:这位同学运用了哪些方法来道歉?
学生:认错、自责、解释。
教师:哪些地方值得我们学习?还有哪些可以改进?
学生:值得学习的地方有勇于担当,明确错误,自我反省,客观还原,主观共情,赞誉对方。可以改进的地方有些言行不一致,没有指出具体惩罚措施。

四、课堂训练

模拟情境:你之前屡次未完成作业,对老师谎称作业忘带。这次你真的忘带了,被老师批评。你该如何道歉?

学生当堂训练。
教师巡视辅导。

五、课堂小结

今天我们一起学习了什么是道歉,为什么要道歉以及如何去道歉,希望大家在人际交往出现困难后学会用语言沟通去化解。当然,道歉毕竟是一种亡羊补牢的措施,老师希望大家今天能学会道歉,更希望大家明天不用再去道歉。

六、课后作业

(一)评析范冰冰的《致歉信》

学习蓝墨云班课上的《范冰冰致歉信成中学生改错例题》相关材料,回答下列问题:

1. 联系本节课所学内容,分析范冰冰是如何道歉的。(有哪些优点,有哪些不足?)
2. 结合期中考试前学习的修改病句相关知识,尝试给范冰冰的《致歉信》找找碴。

(二)在南京商业学校"技能闯关节"活动中,由于你思想上麻痹大意,没有发挥出应有水平,未能取得理想的技能证书。请你给你的父母或者指导老师写一封致歉信。

板书设计

道 歉

一、是什么:心理慰藉　润滑剂

二、为什么:满足心理需要

三、怎么做:

1. 认错:勇于担当　言行一致
2. 自责:自我反省　明确错误
3. 解释:客观还原　主观共情
4. 补偿:赞誉对方　借助物语

教学反思

本节课教学目标明确、精当,备课充分,补充心理学家阿伦·拉扎尔《道歉》相关内容,丰富了教学内容。课堂教学以提升学生语文核心素养为主体,紧紧围绕目标组织师生的教与学活动,教学重点突出,节奏安排紧凑。运用案例教学法,精心搜集传统文化、已学课文、社会热点、生活经历等方面的素材,带领学生共同分析什么是道歉、为什么要道歉以及如何道歉。围绕"如何道歉"这个学习重点,恰到好处地运用课程资源和信息化手段创设和谐课堂生态,注重方法指导,激发了学生的学习兴趣,学生积极参与课堂活动,师生互动有效,课堂气氛和谐融洽,教学目标达成率高,教学思路清晰,善于通过创设情境组织教学,教学基本功扎实,教态自然、亲切。

不足:口语交际,更重在实践。本课设计时虽然考虑到多给学生提供练习的机会,但实际授课过程中学生训练力度不够,在练习方面还需要再扎实一点。

《口语交际——劝说》创新教学设计

施 玮

设计意图

1. 口语交际在单元中的定位

劝说是一种双向交流的、实践性很强的口语交际活动。劝说术历来受到人们的重视,如果想在现代社会游刃有余地生活,离开劝说将被划得遍体鳞伤。本单元的议论文教学为学生进行劝说奠定了基础,教师可引导学生用所学的议论文知识去达到劝说目标。本课拟采用导学案的形式帮助学生进行课前的预习,通过案例教学、模拟情景对话训练,培养学生综合运用劝说技巧说服对方的能力。在课内课外,有针对性地对全体同学进行劝说,全方位培养学生的口语表达能力。

2. 教学方法的选择

这是一次实践性很强的口语交际活动,由于课时有限,课前将采用导学案的方式帮助学生有针对性地进行预习,加强学生自主学习的意识。课上将通过激趣法来引导学生主动进入活动中。其次,运用案例法分析每一种劝说技巧的核心,反复练习,在练习中理解、应用、总结。最后就是创设情境,综合运用所学模拟表演并进行评价。总之,以"讲"为辅,以"练""评"结合为主,突出实践性。

3. 学情分析

这个班是中职数控专业的班级,全班都是男生,他们的学习态度、学习习惯、自控能力都比较差,但是他们有一定的表现欲望,渴望获得尊重和成就感,不少学生对历史比较感兴趣。通过每个单元口语交际的练习,他们具备了一定的口语水平。所以,教者在设计时,首先设计了导学案来帮助学生有目的地进行预习,为学生在后面的课堂上获得成就感建桥铺路。同时,根据学生的兴趣,在课本案例的基础上,又选取了5个案例,其中有4个历史小故事,每个案例均提供一把开门的钥匙,帮助他们走向成功的彼岸。

设计思路如下:

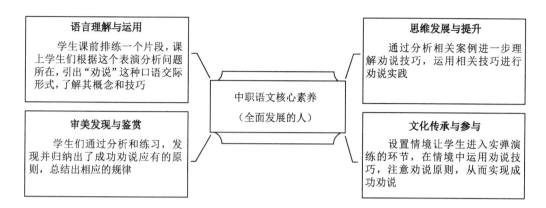

语文核心素养的四个方面是一个整体,其中语言理解与运用是基础,其他三个方面都建立在语言理解与运用的基础之上。

教学目标

1. 了解并掌握实现有效劝说的几种技巧。
2. 懂得劝说要注意的原则。
3. 能综合运用所学技巧进行劝说模拟训练,提高口语表达水平。

教学重点

通过案例的学习及演练掌握劝说的几种技巧及劝说时要注意的原则。

教学难点

能综合运用劝说技巧进行劝说模拟情境训练,提高口语表达水平。

教学过程

一、导入新课

播放学生表演的一段视频

师:刚才我们所看的那段视频说了一件什么事?

生:讲了劳动委员让当天的值日生打扫卫生的事。

师:劳动委员有没有成功地让同学听他的指挥呢?(生齐答:没有)你们想不想帮帮他呢? 今天,就让我们共同来领略"劝说"这种说话交际的魅力,来学一学劝说的艺术吧。

二、知识积累

师:1. 检查预习1:什么是劝说?

生:劝说是一种试图劝对方做某件事或使之对某件事情表示同意,从而改变对方心理或行为的口语交际形式。

师:2. 请大家来说说劳动委员劝说失败的原因,相机出示劝说公式,并简要说明。

生1:说话时没有注意自己的语气。

生2:对同学没有平等交流,而是命令。

师:所以我们在劝说时一定要注意自己的语气和内容,下面我们来看一个公式——

劝说公式:

$$A \times B = C$$
劝说内容　劝说技巧　劝说目的

师说明:当B等于零时,再正确的道理都等于白说。

师:3. 检查预习2:劝说的常见技巧是什么?(结合导学案)

生集体:1) 逻辑严密,使人信服

2) 知己知彼,刚柔相济

3) 推己及人,消除抵触

4) 委婉隐喻,含蓄批评

5) 义正辞严,振聋发聩

师:大家回答得非常准确,可是我们对其中劝说的方法、技巧都掌握了吗?大家觉得这五种技巧中哪些是理解起来有难度的?

生1:我觉得"逻辑严密,使人信服"这个不是特别能懂。

生2:我觉得"推己及人,消除抵触"这个技巧不太懂,请老师帮我们再讲一讲。

师:既然大部分同学对这两个技巧还有疑惑,那么我们重点先看这两个。

三、小试牛刀

师:1. 结合书上案例分析劝说技巧1:东方朔成功劝谏的关键在哪?

生:他抓住了"不死"这个概念,证明执迷不悟又掌握生杀大权的君主的荒谬。

师:很棒,你刚刚说的这种就是反证法或者叫归谬法,即假定前提是真的,由它推出荒谬的结论。我来举个例子吧,嘴上无毛,办事不牢,那山羊办事最牢靠。这就是假定前提是对的,我得出的这个结论——山羊办事最牢靠就很荒谬。

师:看看大家是不是真的掌握了这种方法,我们结合这一方法看导学案上的练习1,完成劝说片段。

相传明朝初年,有一天,告老还乡的李尚书接到朱元璋的圣旨,要他上贡公鸡蛋,原来李尚书得罪不少人,他们在朱元璋面前搬弄是非,说李家的公鸡会下蛋。李尚书非常着急,他的门生解缙说:"恩师莫急,我能劝说皇上收回成命。"李尚书无法,只能让他前往。

解缙：臣代李尚书献公鸡蛋。

朱元璋：李尚书为何不亲自来觐见？

解缙：李尚书在家＿＿＿＿＿＿＿＿。

朱元璋：胡说＿＿＿＿＿＿＿＿＿！

解缙：既然＿＿＿＿＿＿＿＿，那么公鸡又怎么能下蛋呢？

朱元璋一时语塞，继而一笑了之。

（提示：借鉴技巧1，把自己的意见、思想暗示给对方，以达到劝说的目的）

生：李尚书在家生孩子呢？胡说，男人怎么生孩子？既然男人不能生孩子，那么公鸡又怎么能下蛋呢？

师：看看我们的同学多么厉害啊，现学就可以现用了。接下来我们来看劝说技巧3。

2．结合书上案例分析劝说技巧3

师：触龙成功劝谏的核心是什么？（针对人物的心理特点）

生1：触龙首先向太后请托谋取个好职位，这就让太后消除了抵触情绪，然后再谈父母疼爱子女的事，最后要为自己的孩子谋取前途。

生2：我觉得吧，触龙把握住了话题的重点，从心理学上说这也是一种共情吧。

师：可以说消除抵触行为最有效的方法就是证明自己是友非敌，与对方情感、利益与共。这也叫类比法，将一类事物的某些相同方面进行比较，以另一事物的正确或谬误证明这一事物的正确或谬误，类比时要抓住心理、抓住时机、有针对性。

师：请大家说说导学案上的练习3。

想想看，下列情况下，他们各会怎样劝说？

战国时，公输般替楚国监造云梯，准备用它来攻打宋国。墨子赶到楚国的郢（yǐng）都见公输般，劝说他不要为楚国造云梯攻打宋国。见面后，公输般问："先生有何见教？"

墨子故意说："现在北方有人想侮辱我，我想借你的力量杀了他，事成之后，我送你一千两黄金。"公输般很不高兴，断然拒绝道："我是讲仁义的，不能随便杀人。"墨子见公输般口称"仁义"，正中下怀，他立即借题发挥，慷慨激昂地说："请允许我向您进言。＿＿＿＿＿＿＿＿＿＿＿＿＿＿＿＿。"公输般被墨子说得无言以对。

（提示：借鉴技巧3。运用相关的方法，引出与现实相矛盾的判断）

生：既然你讲仁义不随便杀一人，那么去攻打宋国要杀那么多人，那也是仁义吗？而且是大大的仁义吗？

师小结：发言非常精彩。看样子不少同学已经懂得了这个技巧，请大家自己写在导学案上，可以有不同的回答。最后，我们快速地把其他三种技巧再来学习一下。

3．结合书上案例分析劝说技巧2

师提问：日本企业家成功劝说部下的关键是什么？

生：晓之以理，动之以情。

师：很对，整个过程分寸有度。接下来大家一起来说说导学案上的练习2，我们来看看大家做的练习情况。

语文老师发现张三同学多次在课堂上看《三国演义》，于是就找他谈话。假如你是老师，该怎样劝说才会使张三同学乐于接受呢？你选择（　　　）

A.张三，你真是了不起呀！又能上课，又能看小说，真可谓一心二用！但你想一想，这样能够双丰收吗？《三国演义》是很值得去读一读，但课堂学习就不重要吗？

B.《三国演义》是中国四大古典名著之一，很值得读一读。但如果在课堂上偷偷地看，既不能全身心地投入，又品尝不到读名著的乐趣，更重要的是影响了课堂学习，这可是两头误呀！既然这样，何不到课外时间再看呢？

C.《三国演义》是中国四大古典名著之一，很值得去读一读。但你这样做又有多大收获呢？对得起自己吗？对得起老师吗？你呀，读书到现在都不知道课堂纪律啊！

（提示：借鉴技巧2，了解对方，软硬兼施）

生齐答：选B。

师：完美，再看第四个案例。

4. 结合书上案例分析劝说技巧4

师提问：罗斯福在这个例子中具体运用了什么方法？

生：打比方。

师：用巧妙的比喻，批评含蓄委婉。下面请大家结合导学案上的练习4，思考劝说取得良好效果的原因。

一日，梁惠王对惠施说："往后说话请直截了当，不必借喻。"

惠施含笑答："如果有人不知何物为'弹'，而臣解释，'弹的形状便像弹'，他能明白吗？"梁惠王说："那怎么会明白！"惠施说："如果臣告诉他，弹的形状像弓，只是用竹片做弓梁，用丝绳做弓弦。这样说会怎样呢？"

梁惠王："那当然会明白。"

惠施道："取喻明理，用人们已知的触发未知的，这本是一种艺术，有艺在手，怎能弃而不用呢？"

于是，梁惠王点头同意。

思考：惠施为什么能让梁惠王听从自己的意见？

（提示：借鉴技巧4）

生：因为惠施能用大家已知的内容去触发未知的内容，也就是我们所说的打个形象的比喻。

师：解释得很好。最后来看第5个案例。

5. 结合书上案例分析劝说技巧5

师提问：樊哙在劝谏过程中恰当地运用了什么方法？

生:激将法。

师:樊哙用激将法,促使刘邦振作精神的例子,直斥错误,直言后果。你能用这一方法完成导学案上练习5的劝说吗?

赤壁之战的前夕,诸葛亮对孙权说:"将军,如果您认为吴、越之众能与曹操相抗衡,就应该和他断绝一切联系,下定决心抗击曹军;如果您认为无力和曹军对抗,那就不如放下武器,解甲投降,向他称臣。现在将军您表面上假装服从他,向他投降,而内心又迟疑不定,事情已经如此紧迫,但您还不做出决定,这样祸患马上就要来临了!"

孙权反问:"如果像你所说的那样,兵微将寡的刘备为何不向曹操北面称臣呢?"

诸葛亮说:"从前有个田横,他只是齐国的一个壮士,尚且不肯对汉高祖称臣,何况刘皇叔是_____。"

(提示:理义之怒不可无,怒的形式也是恰当的方法,借鉴技巧5。孙权一向以英雄自居,刘备的势力是不如他的)

生:刘皇叔是汉室后裔,英才盖世,天下仰慕,怎么会向曹操称臣呢?

师:以后需要运用激将法我们可以找××同学了。(生大笑)

四、梳理小结

师:在刚刚结束的那个环节中我们学习并运用了劝说方法小试了身手,可是在历史上、生活中也有许多同样地运用了劝说技巧却劝说失败的例子,你们知道这是什么原因吗?

生:忽视了劝说的原则。

师:接下来,我们将通过上述劝说成功的事例来梳理一下劝说要注意哪些原则。

劝说要注意的原则(板书):

1. 言之有"礼"——说话注意场合,要得体;尊重对方,不可以势压人。
2. 言之有"物"——说话内容依据对象的性格、特点、爱好等确定。
3. 言之有"序"——说话要有一定的逻辑顺序,不颠三倒四。

俗话说:学以致用,下面我们将开展一次真刀实枪的演练。

五、实弹演练

1. 情景练习:

1)如何帮助开篇劳动委员成功劝说同学捡垃圾?

2)你上街买了件衣服,回来后又觉得不合意了,你返回商店要求老板退换,该如何劝说?

3)班上一名学生迷恋上网打游戏,延误了学业,如果你是班干部,该如何劝说他?

4)班上有同学特别喜欢早上到学校来抄作业,作为同学你如何劝说他不要抄袭他人作业?

情景练习1(节选)

劳动委员:×××同学,你这会儿还不能走。

值日生:为什么啊?我不是都打扫了吗?

劳动委员:可是你看你打扫得不干净啊!

值日生:只要扫了就行啦,再说了,我能留下来弄已经不错了。

劳动委员:×××,这里如果打扫的是你家,你是不是也弄一把扫帚挥一下就了事了呢?

值日生:这是两码事,现在就是扫教室啊。

劳动委员:我们一天8小时在学校,比在家呆得时间还多,班级和教室不就是我们的家吗?

值日生:可是我今天有事,急着要走啊。

劳动委员:如果你有难处,你可以提前告诉我,我帮你和别人换或者我帮你打扫都可以。

值日生:(有些难为情)谢谢了,下次我一定会注意的。

劳动委员:那如果你有事你就先走吧,剩下的交给我来扫吧。

值日生:不好意思,我还是扫完了再走吧。

……

2. 运用前面所说内容——劝说技巧、注意的原则,学生组对练习,给出劝说综合评价表,互相评价。

3. 根据时间,至少选派两对学生上台表演,结合评价表,师生共同评价。

六、真心劝说

请同学们用你自己喜欢的方式,向周围的同学发出你内心真诚的劝说,注意劝说时要有理有据,让别人也真心接受。

我想劝说……

生1:我想劝说我的父母亲,希望他们不要再吵架了,就像针和线一样,再细的针孔都有线能过得去,你们何必还要作口舌之争、动刀动枪呢。

生2:我想劝说那些平时看不惯我的同学,大家相识一场,遇见你们是我的缘分,如果你们连脾气这么好的我都看不惯的话,你们还能看惯什么样的人呢?(生笑)

……

七、课堂总结

师:这是真情的告白,尽管我们这节课要接近尾声了,但我们的生活还需要这样真诚的劝说。留心身边的事,留心身边的人,我们会发现,真诚的发自内心的劝说就会如同这明媚的阳光一样,受大家欢迎。

在劝说时也请大家记住老师给出的公式、教会的技巧、该注意的原则,提高我们的说话质量。

请同学们完成导学案上的课堂收获。

八、布置作业

1. 完成导学案上的课后作业部分。
2. 在实弹演练环节中劝说失败的学生分析总结原因,课后到老师那里再重来一次。

板书设计

学会劝说

劝说公式:

A——劝说内容

×
B——劝说技巧(方法)⎰ 逻辑严密,使人信服(归谬法)
⎱ 知己知彼,刚柔相济(晓之以理,动之以情)
  推己及人,消除抵触(类比法)
  委婉隐喻,含蓄批评(打比方)
  义正辞严,振聋发聩(激将法)

＝

C——劝说目的

劝说原则:言之有"礼"、有"物"、有"序"

教学反思

中职语文口语交际活动应体现工具性、人文性、实践性,即训练学生语文口语表达能力,改善学习方法,为培养高素质职业者做准备。依据这个原则,回顾本次活动,得失归纳如下:

1. 效果

首先,本次口语文际课为学生营造了良好的语文课堂生态环境,紧扣课本案例,说透其中的技巧,导学案上选用的案例既能触动学生的心灵,贴近学生的生活,又与课本上的知识密切相关。因此看到这样的案例,他们很容易进入角色,激发起参与热情。课堂上师生积极交互,老师不仅传授给学生知识,还关注学生对知识的理解与吸收程度,讲解知识点时能根据学生的需要调整顺序。其次,形成了良好的动态生成,碰撞出了思维的火花,为学生创造了学以致用的机会。学生们在课堂上学到的知识技能,为他们拓展一个能够实践的平台,这样,让他们在用语文的过程中学语文,所学的知识才能最终转化成能力。本课最后设计的"实弹演练""真心劝说"环节,让学生兴致高昂,快乐实践,因为这些话题都源于他们的生活,让他们有话想说。平时,在和同学的相处中,他们对同学有自己的看法,此时也找到了表达的机会,又刚学了劝说的方法,所以大家都跃跃欲试,相互评价,较好地达成了教学目标。

2. 改进

老师在发放并完成导学案的基础上还应加强课前预习的指导;在口语交际的实弹演练环节,根据异质互补的原则,应把优、中、差生按比例合理搭配成相应的交际小组,尽量关注到每一个学生,使人人都有机会练说,正确运用口语,让学生在问、说、议、评、辩中有效交流表达,取长补短,互相促进,共同提高。

《情境对话》创新教学设计
——以《荷花淀》为例

侍寒冰

设计意图

江苏省职业学校文化课教材《语文》第一册第六单元"悲喜人生",该单元教学重点是通过阅读与欣赏培养学生把握小说的人物形象和语言的能力;通过表达与交流培养学生掌握情境对话的要点与方法。《荷花淀》作为本单元阅读与欣赏的选读课文,以简洁传神的人物对话为特点,恰与本单元表达与交流模块的《情境对话》相吻合。因此,笔者尝试将课文内容与单元口语训练的教学内容相整合,以口语实例训练为线索,以课文对话选段为案例,创设情境,将阅读欣赏与口语训练相结合,实现学生知识的迁移与实际运用。

中职语文教材采用模块教学,每单元都由阅读与欣赏、表达与交流、语文综合实践活动三块内容构成。以往教学中,由于教学进度、学业水平测试考核重点等原因,对于表达与交流的口语教学模块,教师往往简单提炼要点,一笔带过。然而,对于职校学生而言,口语表达恰恰是他们走上工作岗位必备的重要技能。如何在有限的教学进度中,有效地开展口语教学?如何将"表达与交流"模块和"阅读与欣赏"模块有效地整合?我在教学工作中,不断思考与实践,得到了一点粗浅的感受,现以《情境对话》教学为例,谈谈我的教学思路与思考:

1. 突破以往单元阅读与欣赏、表达与交流两个模块内容单独讲授的方法,结合文章特点在教学内容上将课文讲授与口语训练相整合。《荷花淀》的人物对话贴切传神而又典型化,通过阅读分析,帮助学生归纳整合文本中关于对话的技巧知识,再将其反馈于课堂口语训练任务。阅读欣赏与表达交流相辅相成,帮助学生实现知识的迁移与实际运用,引导学生在实践中将知识点融会贯通。

2. 整个教学设计以口语实例训练为线索,以课文对话选段为案例,以任务驱动为手段。依据学情,结合学生专业,巧设情境:由于授课对象为会计专业学生,课堂以学生专业考证为对话情境,引导学生将所学口语技巧还原生活。结合对话技巧难度,由简单情境对话设计到融入情感,结合性格、展现细节,逐步提升课堂任务,循序渐进,进而突破教学重难点。

3. 立足文本,通过任务驱动、分角色朗读、小组合作等学习方法,全方位锻炼学生听说读写能力。中职语文的工具性地位非同一般。学生口语交际能力的培养,不是仅凭口语训练就能完成的,应融合于平时的阅读教学、写作训练等教学环节中。《情境对话》不单单只是口语训练,设计情境对话的内容更是学生写作能力的体现。本课的教学设计体现了从文本阅读中汲取口语技巧,借助对话写作应用于实际,通过口语训练任务再将其反馈于生活的教学思路。将文本阅读、口语训练、对话写作各方面知识融合,充分体现语文课程的工具性特点。

设计思路具体如图示:

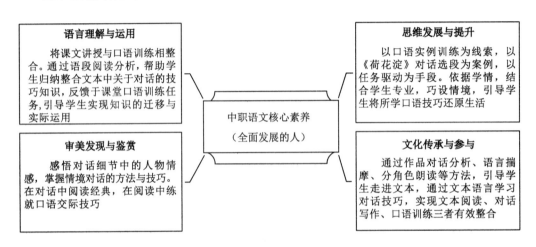

语文核心素养的四个方面是一个整体,其中语言理解与运用是基础,其他三个方面都建立在语言理解与运用的基础之上。

教学 目标

1. 了解情境对话的概念与要求。
2. 学习以简洁传神的对话和生动的细节描写来刻画人物的写作手法。
3. 感悟对话细节中的人物情感,掌握情境对话的方法与技巧。

教学 重点

学习以简洁传神的对话与细节描写刻画人物的手法。

教学 难点

掌握情境对话的方法与技巧。

教学过程

一、任务驱动　创设情境

1. 检查预习，学生展示

课前布置学生预习《情境对话》章节，并设计一段会计考证成绩出来后，得知成绩的孩子与急于知道考证结果的母亲之间的情境对话。

课堂通过学生预习作业的展示，创设本节课的对话情境。

2. 出示任务，导入新课

PPT出示课堂任务一：假设急于知道成绩的母亲，考虑到孩子的心情不愿正面询问，又该怎么进行这段情境对话呢？

师：通过几位同学的作业展示，大部分同学都设计了母子之间直来直去的对话情境，假设急于知道会计考证结果的母亲，考虑到孩子的心情不愿正面询问，又该怎么设计这段情境对话呢？让我们不妨从《荷花淀》中找找对话的小技巧。

二、品析对话　感悟情感

1. 对话赏析　夫妻话别

学生分角色朗读《荷花淀》"夫妻话别"语段，品析对话。

师：这段对话中水生嫂问话的意图是？

生：想知道丈夫的行踪。

师：为什么没有直接问丈夫去哪了？

生1：考虑到丈夫也许不想说。

生2：向他试探，让他自己主动说比较好。

师：那丈夫有没有直接回答？

生：没有！他转移了话题。

师：那水生嫂按捺不住直接问了吗？

生3：没有，通过问"其他人"来把话题转回来了。

师：那这次丈夫回答了吗？

生：没有，又转移话题了。

生4：水生嫂继续试探，丈夫终于说了。

师：好的，我们看在这段对话中，对话双方一方回避话题，一方坚持话题，但又不急不躁，娓娓道来，这是一种对话技巧，这更是源于两人之间的夫妻情真，互相信任与理解。因此对话不一定是直来直去，越是熟悉的双方，越是需要考虑到对方的心情，因此本节课的对话技巧一：旁敲侧击（板书）。请大家在我们课堂任务的情境中体会，完成课堂任务一。

学生两两一组,完成课堂任务一的展示。

……

2. 任务升级

PPT出示任务二:假设要通过对话展现母亲与孩子的不同性格特点,又该怎么设计这段情境对话?

三、情境朗读 把握性格

1. 学生分角色朗读《荷花淀》中"探夫"的对话片段,赏析对话,把握人物性格

师:"探夫"这段对话很有意思,同学们不妨通过对话来品品这几位媳妇的性格特点。

生5:第一个明明是要去看丈夫,却找了一个借口是去送衣服,而且说谎都不打草稿,我觉得她应该是结婚比较久的媳妇。

(学生笑)

师:(笑)你从哪看出来的?

生5:就感觉她不是第一次找借口去看丈夫了,就很熟练的感觉。

师:你通过她说谎说得很流利,看得出她对丈夫平时就很上心了,所以有种老夫老妻的感觉,是吧?

生6:第二个女人很急切,连借口都找得很直白,说明她性格比较直爽、朴实。

生7:水生嫂就比较识大体,沉稳,思虑也周全,她考虑到了来去的安全问题。

生8:水生嫂很细心,也很支持丈夫的工作,不想给丈夫拖后腿。

生9:我觉得第三个女人最急切。

师:为什么呢?

生9:水生嫂都说有危险了,她却生怕大家不敢去一样,抱着侥幸心理急着打消大家的顾虑。

生10:我觉得她是个性子比较急的人,说话也快人快语,行动上也劝大家快去快回。

师:嗯,你们同意她的看法吗?

生:同意。

师:分析得很到位。那么最后一个女人呢?

生11:最后一个是很害羞的女人。

生5:一看就是结婚不久的新媳妇儿。(学生笑)

师:(笑)你是把她跟第一个对比上了是吧?

生12:她明明想见丈夫,还要推说是婆婆非要让她去,说得好像自己不想去一样,扭扭捏捏的。

师:又是一个美丽的谎言,却真实地透露出女人们对丈夫的情真意切。这段对话中,我们虽然不知道她们的相貌、身份、经历,但作者通过这贴切、传神、个性化的对话,体现了或含蓄,或矜持,或自尊心强的不同妇女的性格特点。所以通过个性化语言设计,塑造不同的人物性格是对话中的又一技巧(板书)。那么接下来,请同学们将个性化的语言运用到情境对话的任务中,继续完成课堂任务二。

学生完成课堂任务二,两两一组展示……

2. 任务升级

PPT 出示课堂任务三:在任务二的基础上,为母亲和孩子的情境对话加入细节设计,丰满人物形象。

四、合作探究　品味细节

师:请大家自行阅读《荷花淀》中"战利品"对话片段,分组讨论,品味对话中的细节描写。

生 13:我们组觉得最有趣的细节是水生一边数落她们是"一群落后分子",一边又把纸盒顺手丢在她们的船上。这种嘴硬心软的感觉特别温馨。

师:所以这就是我们常说的"打是……"

生:"打是亲,骂是爱"的小情趣。

生 14:我们组觉得他丢完纸盒后,"一泅,又沉到水底下去了,到很远的地方才钻出来"这个细节也很有意思。

师:你们觉得他为什么要这么做?

生 14:就还是因为爱吧,很含蓄的那种爱,明明是奖励妻子,感谢她冒着危险来看自己,但是又不会说出口,就默默用行动表示。

师:对,这就是细节的魅力,一个小小的设计,却让人物的形象瞬间丰满,充满着血肉与情感。细节往往是丰满人物形象的点睛之笔,也是我们今天课堂要说的另一个技巧,在口语中用不着,但是我们却可以应用在我们作文的对话写作中。所以请大家结合刚才已完成的任务二中设定的人物性格特点,加入细节设计,丰富人物形象,完成课堂任务三。

……

五、布置作业　课外延伸

假设在中山陵发现游客有不文明行为,青年志愿者上前进行劝导,请根据单元口语训练要求,结合课堂板书要点,设计一段情境对话。

教学反思

在有限的教学空间中,将阅读、写作与口语训练内容有效整合,将语言的感悟积累与

实践应用有机结合,促进学生语文综合素养的提高在中职语文教学中尤为重要。通过《情境对话》的教学实践,我的反思如下:

1. 口语训练的教学设计应体现其实践性与参与性的特点:实践性体现在应当学以致用,虚拟现实情境,在实践应用中不断领悟和体会;而参与性则是指应充分发挥学生的主体作用,给他们自由,提高其参与度,让他们在教师引导下去发挥。可采用的训练方法有情境设置法、阅读训练法、合作探究法等。口语交际是在特定的环境里产生的言语活动,因此生活是口语训练情境设置的丰富素材。课堂创设符合口语交际的生活情境,有利于激发学生表达的欲望。《情境对话》的教学中我把学生专业考证的生活经历与口语训练紧密联系起来,生活情景的再现,让学生有一种身临其境、似曾相识的感觉,情绪也会因此变得高涨起来,参与的积极性就会被激发出来。实现生生、师生的互动,在互动交流、实践训练中培养学生的交际能力,发展学生的语言技能。

2. 语文教材中的美文经典,思想内涵丰富,文本语言各具特色。叶圣陶先生说过:"语文教材无非是个例子,凭这个例子要使学生能够举一反三,练成阅读和作文的熟练技能⋯⋯"的确,教材既可以作为阅读与作文的"例子",也可以作为口语训练的"例子"。许多课文中的人物对话都具有口语交际的特点。根据文章语言的特点,将某一个教学点视为语言(口语、书面语)训练的结合点,让语言训练在解读文本的过程中完成,促进学生听说读写能力的提高,提升其语文综合素养。在本课教学设计中,我结合《荷花淀》的文章特色,将人物对话作为《情境对话》口语训练的结合点,通过作品对话分析、语言揣摩、分角色朗读等方法,引导学生走进文本,通过文本语言学习对话技巧,实现学生与文本的互动。以口语训练任务驱动的方法,将对话技巧应用于对话设计写作中,再以学生合作展示,完成情境对话的口语训练,从而将文本阅读、对话写作、口语训练三者有效整合,引导学生实现知识的迁移与应用。除《情境对话》,学习复述时,可结合《鸿门宴》中故事情节的归纳复述,引导学生在理解课文的基础上,有条理地概括段落大意,整理组合语言,进行复述的口语训练;结合《雷雨》中的对话片段分角色朗读与分析,掌握交谈的技巧,等等。

在强调合作、沟通的当今社会,培养学生的口语交际能力是学生终身发展的需要,更是中职生择业、就业、创业的实际需要。在有限的教学空间中,将文本阅读与表达交流各自孤立的教学模式已然不合时宜,充分挖掘教材的资源、生活的素材,扩大口语训练的空间,形成一种融情感、情趣、语言训练为一体的生态语文课堂势在必行。

第六章　淡写轻描

琼蕊檀心小,初传细细香。淡写轻描后,芳菲铺满墙。写作是运用语言文字进行书面表达和交流的方式,是语文能力的综合体现。写作活动大致可分为"采集—构思—表述"三个阶段,具体又可细化为采集、立意、谋篇、用语、修改等环节。本章节包含《人物描写》《广告语的写作》和《诗话南京》三大板块,通过微作文的写作方式,注重生活情感的积蓄,引导独立思考的表达,旨在提高主观感受水平,锻炼理性思维能力。无论是介绍人物外貌描写的方法,还是从语文的视角审视广告,写广告语,抑或是展开家乡诗文的收集整理工作,都需细细描绘,娓娓道来。不经一番寒彻骨,哪得妙笔生花来?

《人物描写》创新教学设计

胡 节

设计意图

本课是针对江苏省职业学校文化课教材《语文》第三册第三单元《生命的芦笛》而衍生设计的一节有关人物描写的写作指导训练课。首先,通过学生周记中无特征的人物外貌描写语句,引出今天的课堂主题——肖像描写。在简单理解其理论知识后,借助两篇小材料,总结出"抓住特征"和"凸显性格"这两个肖像描写的具体方法。其次,通过重组材料及排序填空的小练习总结出肖像描写的另一方法——注意顺序。再次,在一组材料中找出修辞手法,进一步加深对肖像描写方法之巧用修辞的认知。最后,在欣赏三人同写鲁迅却写出三种味道的材料的基础上,也尝试一人千面的习作手段,全班学生同写老师的外貌,把课堂上总结的肖像描写的四个方法运用于自己的作文中。这也符合生态语文的教学模式,即重视以学生为本,关注学生的全面发展,通过学生的自主学习、师生互助合作探究等方式,在师生自然、默契的配合下,学生完成个人能力和综合素质提升。

设计思路具体如图示:

语言理解与运用
通过典型无特征的学生微作文展示,引出人物描写。再从人物描写引入教学主题——肖像描写。了解肖像描写的理论知识,从实例中理解典型特征。感知特征与典型特征的区别

思维发展与提升
通过优秀学生微作文展示,学会把四大招运用于自己的作文中,在比较中感知一人千面的写法。观察老师,试水一篇微作文。通过对学生作文的多种点评,提高写作技巧

审美发现与鉴赏
直观感受名家外貌描写妙处,在实例中感知性格特点。通过猜一猜的游戏环节,找出典型特征及性格特点。以做题的形式,让学生感知描写顺序的重要性。结合所给的两段材料找出各自的修辞方法

文化传承与参与
抓住特征、凸显性格、注意顺序、巧用修辞只是写作技巧,多观察、细体会、勤练笔,才能做到以我手写我心。用一双慧眼观察人世百态,用一颗童心感受人情冷暖,用一腔真情谱写人间众像

中职语文核心素养(全面发展的人)

语文核心素养的四个方面是一个整体,其中语言理解与运用是基础,其他三个方面都建立在语言理解与运用的基础之上。

教学目标

1. 了解什么是人物描写以及掌握人物描写方法中的肖像描写。
2. 进一步掌握肖像描写的具体方法,并将其运用于自己的作文中。
3. 学会更好地观察人物和体味生活。

教学重点

具体介绍肖像描写的特点及方法。

教学难点

将描写技巧巧妙地运用到自己的作文里。

教学过程

一、导入新课

1. 学生微作文导入。
2. 猜同学。
3. 引出肖像描写。

生:我同学,一头乌黑的头发,一双明亮的眼睛,再加上高高的鼻梁,圆圆的脸,性格开朗。

师:这是我们班一位同学在周记中的一段描写,猜猜他是谁?

生:猜不出,不知道。

师:为什么猜不出呢?

生:好多同学都长这样。

师:今天我们的作文课就来教教大家如何通过描写刻画人物形象,突出人物特征。大家知道有哪些人物描写方法吗?

生1:外貌描写。

生2:动作描写。

生3:心理描写。

生4:神态描写。

生5:语言描写。

师:在人际交往中,人的第一印象至关重要。那么两个素昧平生的陌生人能够给彼此留下第一印象的一般是语言,动作,还是外貌呢?

生:外貌。

师:今天我就向大家着重介绍外貌描写,也就是肖像描写吧!

二、明确学习目标

1. 了解什么是肖像描写。
2. 学习肖像描写的具体方法。
3. 将肖像描写的具体方法运用于自己的作文中。

师:出示教学目标。

生:朗读教学目标。

三、新授知识

(一) 肖像描写概述

1. 出示图片,介绍肖像描写的理论知识。
2. 在实例中,引出特征。
3. 强调典型特征。

师:那么,什么是肖像描写呢? 一起读它的定义。

生:肖像描写,指把容貌、身形、衣饰、姿势、风度等方面的某一部分或几个部分,用生动具体的语言描述出来。通过外部特征揭示人物性格,强调以"形"传"神"。

师:你能找出这段定义的关键词吗?

生:外部特征。

师:就以我认同学为例,这学期我担任了班主任工作,对于陌生的同学我应该怎样尽快地记住他们呢?

生:找特征。

师:眼镜是特征吗? 请戴眼镜的同学站起来,请坐。

师:请戴无边框眼镜的同学站起来。

师:我同样请戴眼镜的同学站起来,为什么之前站好几个,现在只站了一个呢?

生:因为无框眼镜。

师:无框是他的眼镜与别人眼镜的不同之处,正是这点不同将他与别人区别出来,所以我们在描写人物时不仅要抓特征,更要抓典型特征。

(二) 肖像描写方法

1. 抓住特征

(1) 出示关羽像,猜猜他是谁。

(2) 学生引读,体悟特征。

(3) 小结。

师：猜猜他是谁。

生：关羽。

师：我们来看看罗贯中是如何描写关羽的。请同学来读一读。

生：身长九尺，髯长二尺；面如重枣，唇如涂脂；丹凤眼，卧蚕眉，相貌堂堂，威风凛凛。手持青龙偃月刀，跨骑稀世赤兔马。

师：你从哪里看出他是关羽的？你能找出他的典型特征吗？

生1：髯长二尺。

生2：面如重枣。

生3：青龙偃月刀，赤兔马。

师小结：在现实生活中，每个人的相貌都不尽相同，在我们的作文里怎可千人一面呢？所以我们在描写人物时，一定要选取典型特征，即最能反映人物身份与性格的特征。

2. 凸显性格

(1) 出示鲁迅像，猜猜他是谁。

(2) 学生齐读，找出外貌特征。

(3) 在实例中，点出性格。

(4) 再次默读，找出性格特点。

(5) 小结。

师：猜猜他又是谁。

生：鲁迅。

师：初中的时候我们学过一段描写鲁迅外貌的文字，一起来读一下。

生：他的面孔是黄里带白，瘦得叫人担心，好像大病新愈的人，但是精神很好，没有一点颓唐的样子。头发约莫一寸长，原是瓦片头，显然好久没剪了，却一根一根精神抖擞地直竖着。胡须很打眼，好像浓墨写的隶体"一"字。

师：找出他的典型特征。

生1：瘦得叫人担心。

生2：精神很好，没有一点颓唐的样子。

生3：瓦片头，一字胡。

生4：精神抖擞。

师：胡老师继续认同学，我已经通过外貌特征区别出了部分同学，那么剩下没有典型外貌特征的同学，我又该用什么好方法来区分他们呢？

生：个性不同，性格特征。

师：你能从这段文字中看出鲁迅的性格特点吗？

生：正直、刚毅。

3. 注意顺序

(1) 展示被打乱的鲁迅肖像描写的文字。

(2) 感受不同,引出顺序。

(3) 出示文字,请学生排序。

(4) 小结。

师:的确,在肖像描写中我们可以通过抓住典型的外貌特征和性格特征来反映人物的精神风貌,但是仅仅是特征的堆砌就可以了吗?还是《一面》中的鲁迅,你来读一下。

生:他的面孔是黄里带白,瘦得叫人担心,好像大病新愈的人,但是精神很好,没有一点颓唐的样子。头发约莫一寸长,原是瓦片头,显然好久没剪了,却一根一根精神抖擞地直竖着。胡须很打眼,好像浓墨写的隶体"一"字。

师:有什么感受?

生:乱七八糟。

师:做个小题,这是一段人物害怕时的外貌描写,中间的语句你们排个序吧!

师:少校上了年纪,身材高大威壮,五官粗犷强悍,一副磐石模样。但尽管如此,他的仇人还是找到了动摇他的手段。此刻他脸色煞白如死尸,比死尸更骇人。_____ _____浑身激动地抖个不停,就连处于压倒一切的羞辱之中,也竭尽自尊想镇定下来。

生:宽大的额头痛苦地紧抽,两条眉毛拧成一条灰白的直线,眼睛充血,目光狂乱,颤抖的唇边挂着白色的口水,

师小结:无论是自上而下还是由整体到局部,都要注意描写的顺序,切忌东一榔头西一棒子。

4. 巧用修辞

(1) 同时展示两段文字,找出修辞手法。

(2) 小结。

师:在肖像描写中,要使人物形象生动,特征的刻画必不可少,但是语句的修饰也很重要。我们再来看看这两段肖像描写的材料,它们是通过什么方法修饰语言,突出肖像的?

师:身长九尺,髯长二尺;面如重枣,唇如涂脂;丹凤眼,卧蚕眉,相貌堂堂,威风凛凛。手持青龙偃月刀,跨骑稀世赤兔马。请你找出描写关羽外貌的修辞手法。

生1:夸张。

生2:比喻。

生3:对仗。

师:他的面孔是黄里带白,瘦得叫人担心,好像大病新愈的人,但是精神很好,没有一点颓唐的样子。头发约莫一寸长,原是瓦片头,显然好久没剪了,却一根一根精神抖擞地直竖着。胡须很打眼,好像浓墨写的隶体"一"字。请你找出描写鲁迅外貌的修辞手法。

生1：比喻。

生2：拟人。

（三）回顾肖像描写方法

1．PPT显示肖像描写四种方法。

2．优秀学生微作文展示。

3．另外两段鲁迅像的文字展示。（唐弢《琐忆》与萧红《回忆鲁迅先生》）

4．明确：为什么同一个鲁迅，三个人写却有三种味道呢？

师：我们再一起回顾下肖像描写的具体方法，一起说。

生：抓住特征、凸显性格、注意顺序、巧用修辞。

师：胡老师还节选了其他同学周记中的段落，你们来读一下。

生1：我的同学是个典型的胖子，圆圆的脸，小小的嘴，大大的鼻子，小小的眼，一笑起来，牙齿左边少半颗。

生2：班里有位很好玩的胖子，走起路来大摇大摆，跑起步来手总要护着钱口袋。他为人憨厚老实，贪吃却又讲究。

生3：他个子不高，却很阳光，眉毛浓厚，鼻子略宽，眼睛虽小但放着精光，嘴唇略厚，有着一小撮性感的胡茬。

师：写的是谁？站起来给大家看看像不像，你来评评他们的描写。有没有运用到我们的方法？

生1："一笑起来，牙齿左边少半颗"是抓住特征。

生2："为人憨厚老实，贪吃却又讲究"是凸显性格。

生3："眉毛浓厚，鼻子略宽，眼睛虽小但放着精光，嘴唇略厚，有着一小撮性感的胡茬"是注意顺序。

师：人有千面，情有万种。除了刚才我们所读的鲁迅肖像描写的文字外，胡老师还准备了另外两篇鲁迅肖像描写的段落，唐弢的《琐忆》，你来读一下，萧红的《回忆鲁迅先生》，你来读一下。

生1：他留着浓黑的胡须，目光明亮，满头是倔强得一簇簇直竖起来的头发，仿佛处处在告白他对现实社会的不调和。

生2：鲁迅先生的笑声是明朗的，是从心里的欢喜。若有人说了什么可笑的话，鲁迅先生笑得连烟卷都拿不住了，常常是笑得咳嗽起来。鲁迅先生不戴手套，不围围巾，冬天穿着黑土蓝的棉布袍子，头上戴着灰色毡帽，脚穿黑帆布胶皮底鞋。

师：为什么同一个鲁迅三个人写，却写出了三种味道呢？

生：因为作者观察的角度各不相同。

师：唐弢是鲁迅的战友，他的这段肖像描写更多地展现的是革命前辈的战斗精神。而萧红是鲁迅的学生，她的这段肖像描写更多地抒发了自己对先生的爱戴。

师小结：所以他们对鲁迅所怀的情感不同，观察的侧重点自然也不同，正是一人也可写出千面。

师：如果让你写一个人，你会写谁呢？

生1：同学、好友。

生2：父母、亲戚。

师：看来大家想写的都是身边人啊，因为最熟悉，都有过细致观察。

师：今天我们也来尝试千人写一面，全班同学一起来写一写我们都熟悉的班主任，运用我们今天所学的肖像描写的具体方法来写一篇微作文，看看大家是不是也能将同一个班主任写出不同的味道来。

四、习作反馈

（一）当堂写老师肖像描写的微作文

（二）学生自评

（三）学生互评

（四）老师点评

五、教师小结

（一）再次回顾肖像描写的具体方法

（二）强调多观察、细体会、勤练笔

（三）抒情结语

师：小结，肖像描写的具体方法有哪些？一起说！

生：抓住特征、凸显性格、注意顺序、巧用修辞。

师：虽然今天老师教给了你们四个方法，但这只是写作技巧，多观察、细体会、勤练笔，才能做到以我手写我心。

师：最后老师送给你们一段话：用一双慧眼观察人世百态，用一颗童心感受人情冷暖，用一腔真情谱写人间众相。

六、布置作业

师：修改自己的两篇肖像描写的微作文。

板书设计

肖像描写

方法 { 抓住特征
凸显性格
注意顺序
巧用修辞

教学反思

编织,是人类最古老的手工艺之一,把细长之物纵横交错,钩连而成。这种技法亦可运用于课堂教学之中,这也是我磨课过程中最大的体悟。

作文教学虽说占了语文教学的半壁江山,但因在职教教育教学中,语文本是公共课,课时少,加上学生基础差、教学时间长、见效慢等特点,写作教学地位尴尬,始终处于被弱化的边缘。所以这次市级公开课鼓励作文教学展示,也是呼吁全市老师重视作文教学,寻求突破创新。

我设计以让学生回忆第三单元课文为导入,引出何谓人物描写。猜关羽猜鲁迅后,展示学生肖像描写的片段作文,后在罗贯中描写关羽外貌的文字与阿累描写鲁迅外貌的文字比对中总结出肖像描写四大招。最后修改作文片段,学生互评,老师点评。

教学环节应该是编织的过程,不仅要求一环套一环,环环相扣,更要求以具体教学目标为经度,教学环节为纬度,有隐有现,有深有浅。我着手于教学环节的重新整合,去粗取精,果然使得整个理论知识的介绍大放异彩。

第六稿又再次做了教学环节的微调,为增加互动,不仅特添了让学生起立坐下以区分特征与典型特征的环节,还增加了学生自评环节,更是把前半段的理论介绍精压为二十分钟,留有充足的时间写评。

由此看来,不仅仅教学环节需要编织,教学语言也需要编织,可以织成一张网,最后一拉,大功告成。

《广告语的写作》创新教学设计

彭 超

设计意图

广告是学生耳熟能详的信息传播方式,是电子商务专业学生必须要学习的专业课程之一。作为一门专业课程,其体系是非常复杂的,并非一两节课就可以讲清楚。语文作为一门基础学科,要为专业课服务,因此教材中涉及广告的相关内容,实际是为专业课做铺垫的,相对比较宏观,不够细致,短短一课时也不可能覆盖所有。我在选材的时候截取广告中的广告语部分,从语文的视角来审视广告,让学生认识广告,了解广告,并学会写广告语。

课前让学生自己分组,分类搜集广告语,调动学生的学习积极性。教学中大量使用经典广告案例,截取其中的广告语,让学生分析、模仿,由浅入深,逐步掌握。

设计思路具体如图示:

教学目标

知识目标:掌握广告文案的文体知识,了解广告的作用、广告语写作的基本要求。

能力目标:根据广告语写作的基本要求,仿写简单的广告语,提高阅读和写广告语的水平。

情感目标:阅读揣摩优秀广告语,了解广告创作中的真善美,培养正确的审美情趣。

教学重点

掌握广告的文体知识,了解广告的作用、广告语写作的基本要求。

教学难点

根据广告语写作的基本要求,仿写简单的广告语。

教学过程

一、复习导入

教师:上节课我给同学们布置了一个任务,让同学们记录几则印象深刻的广告,与大家一起分享。

(展示一个,指明学生回答)

教师:这几则广告里面哪一则让你印象最为深刻?

学生:吃完喝完嚼益达。关爱牙齿,更关心你。你的益达,是你的益达——益达无糖口香糖。

教师:为什么印象深刻?

学生:无糖的,健康。这个口香糖关爱我们的健康。

教师:这个广告对你有什么影响?

学生:买口香糖就买益达的。

教师:这就是一个好的广告的作用,今天,让我们一起走进商业广告,走进广告语。

二、新授内容

1. 定义

请同学们在书上找出相关定义,一起诵读。

商业广告:商品经营者或者服务提供者承担费用,通过一定媒介和形式直接或间接地介绍自己所推销的商品或者所提供的服务的广告,具有真实性、引导性、针对性、艺术性等特点。

广告语:为了加强诉求对象对企业、产品或劳务的印象而在广告中长期、反复使用的简短口号性语句。

2. 优秀的广告语应起的作用

①引起注意 ②刺激需求 ③维持印象 ④促成购买

吸引　　　撩拨　　　等待　　　占有

教师:我们一起来欣赏一段经典的广告——《脑白金广告》。

教师:这则广告的广告语是什么?

学生:今年过节不收礼啊,收礼只收脑白金,脑白金。

教师:这则广告是怎么引起注意的?

学生:重要的事情要说三遍。连放好几遍,加深印象。

教师:这则广告是怎么刺激需求的?

学生:送礼啊。

教师:广告词告诉我们,脑白金的用途是什么?中国人的传统,过节了,要送节礼啊。

教师:这则广告是怎么维持印象的?

学生:使用重复的手法,重复两遍,让人记住脑白金。

教师:这则广告是怎么促成购买的?

学生:送礼总要送别人喜欢的礼物吧,老人家自己都说了,别的礼物都不要,只要它,你买不?

教师:请同学把板书的4个作用再读一下。从以上四个角度再次分析,让你印象深刻的益达口香糖广告好在哪里?

学生:无糖的,跟别人不一样啊——引起注意;

吃喝之后都需要嚼,饭后来两颗——刺激需求;

你的,你的(重复的手法突出强调),我们大家的益达——维持印象;

为了口腔卫生,需要饭后多嚼口香糖,同样是嚼口香糖,为什么不选择更健康的无糖的呢?——促成购买

3. 公众心理

教师:引起注意、刺激需求、维持印象、促成购买这四点都是从卖家的角度来设计广告的,现在在我们不妨换个视角,运用消费心理学相关知识,从买家的角度来看看广告吧。

公众在各式各样的需求心理支配下,可以产生很多种关心点,涉及广告创意领域的关心点主要有:

① 消费性关心点;

② 兴趣性关心点;

③ 情景性关心点;

④ 新奇性关心点。

① 消费性关心点

寻找公众消费关心点,一般可以从两方面入手:一是按照常规需求思维,分析推测公众基本消费趋势,找出大多数公众的热点;二是按照逆势推理法,打破常规,找出市场"空白点"。

教师:我们学校门口是没有商铺的,现在中午放学,校门口聚集了形形色色的餐饮外

卖派送人员。没有你买不到,只有你想不到。为什么啊?

学生:中午放学那会餐馆爆满,吃得晚了容易迟到啊!

教师:只要你有需要,就有人来给你填补空白。外卖应运而生,生意红火。要是让你来给外卖想个广告语,你会怎么表述呢?

学生:你等我不如我等你。

教师:好不好?看看它是怎么刺激消费者的需求的?

学生:很好啊。不用等,方便快捷。

教师:只是方便快捷这一个需求点吗?还有没有其他的?

学生:好吃不贵,一步到位。

教师:这则广告语是如何刺激消费者需求的?

学生:好吃,便宜,方便,学生党的三大特点。

教师:我们稍微修改一下,好吃不贵,一步到胃,效果有什么不同?

学生:同样押韵,到位改成到胃,速度更快,更加便捷。

② 兴趣性关心点

一般而言,人们爱好什么,就会热情地关心什么,而对于不爱好、没有兴趣的东西,则不会予以关心。

教师:对于潮人而言,苹果手机一直是他们追逐的对象。

播放苹果 6S 广告。

教师:新款 iPhone 6S 的广告语是什么?

学生:唯一的不同,是处处不同。

教师:这则广告是怎么引起你注意的呢?

学生:凸显个性,年轻人关心的就是与众不同。

③ 情景性关心点

所谓情景性关心点,是指人们处于特定环境氛围、特殊事件过程中,针对相关事件所形成的关心点。

教师:情人节当天,一男当街向心仪女生求婚,引得行人纷纷驻足围观。只见男子单膝跪地,深情地注视着女生,从怀里掏出一枚钻戒……。请同学们来帮忙上广告语。

学生:钻石恒久远,一颗就破产。

教师:你这样能娶到姑娘吗?你是想求婚呢还是想分手呢?

学生:我来改一下。钻石恒久远,一颗就破产。散尽万贯财,只为博红颜。

教师:同学们来看看他这样改是怎样维持印象的?

学生:虽然贵,但是这个爱情的见证。为了你,我可以抛弃一切。你最重要。

④ 新奇性关心点

所谓新奇性关心点,是指现代人尤其是青少年,出于追求刺激而针对新奇性事物所形成的关心点。

教师：昨天是平安夜，今年平安夜最火的礼物是什么？印有爱情标志的红苹果啊。来，给它打打广告吧。

学生：爱心苹果，见证我们的爱情平平安安。

教师：看看它是如何促成购买的呢？

学生：买了苹果，爱情就能顺顺利利，划算。

4. 撰写广告语的基本要求

教师：通过刚才这则广告，我们忽然发现，广告是不是想怎么写就怎么写啊？它也是有一定的要求的，让我们一起来看看。大家一起来读一下：

① 要实事求是，诚信无欺。

② 要有明确的诉求重点。应选取最能体现商品、劳务的功用，最能突出表现商品、劳务特殊个性的"核心点"来作为诉求重点。

③ 要抓住顾客的消费心理要求。消费心理就是消费者的兴趣、需要、动机、情感、态度等心理因素。

④ 语言文字要有感染力。通俗易懂，简洁明快。

教师：这四点可以概括为实事求是、明确重点、紧扣需求、有感染力。

教师：刚才爱心苹果的广告问题出在哪儿？

学生：没有做到实事求是。

教师：广告语的感染力怎么体现出来？

学生：通过精心的设计体现出来。

教师：以我们现在的水平，可采用的方法是多用修辞手法、在模仿的基础上进行创造。

展示广告宣传画，看看是否符合要求。

你有没有更好的建议？

三、课堂训练

1. 学生速读例文

××豆浆机能在最短的时间内使豆子的粉碎效果达到95%以上，豆子的营养得到充分释放，彻底解决了粉碎不完全导致的口感粗糙和营养流失问题。

当豆浆假沸并触及防溢针时，豆浆机自动感知并切入文火熬煮状态，防止豆浆外溢。循环数次，直到豆浆假沸消失，豆浆醇厚无沫完全乳化时，豆浆熬制成功。

精细化智能控制，根据不同食材设置熬制程序，让食物达到最佳乳化状态。机身刻有上下水位线标识，清晰显示注水的标准。

采用无水防干烧设计，当杯体中水位偏低、无水或机头被提起，豆浆机防干烧电极检测这种状态并停止工作。

教师：这一则广告语的宣传主题是什么？

学生：××豆浆机的三大特点"口感好，营养高，防干烧"。

教师：是否有明确的诉求重点？是什么？

学生：口感，营养，安全。

教师：你认为它抓住了顾客什么样的消费心理？

学生：消费性关心点和兴趣性关心点。

2．学生课堂训练

眼看着学校食堂的生意都被外卖抢去了，老板心急如焚。请你帮他写一则广告语，来推销食堂的餐饮。要求主题鲜明，感情真挚，构思新颖，语言简明。

教师：食堂与外卖相比，最大的优势是什么？

学生：安全，便宜。

教师：学生消费的心理是什么？

学生：消费性关心点——好吃，便宜，方便。

3．优秀作品赏析

四、作业布置

请为我校明年的招生拟一则广告，要求主题鲜明，感情真挚，构思新颖，语言简明。

板书设计

广告语

一、定义

二、作用：引起注意、刺激需求、维持印象、促成购买

三、公众心理：消费性关心点、兴趣性关心点、情景性关心点、新奇性关心点

四、写作要求：实事求是、诉求明确、抓住心理、有感染力

教学反思

成功之处：

1．从生态语文的视角，根据学情合理处理教材。我在教授本课时，将内容繁杂、体系庞大的广告知识重新梳理，截取本班学生急需的、暂时还没有掌握的、通过学习可以掌握的广告语的内容进行授课，把复杂问题简单化；加入心理学的相关知识，丰富课本中广告语的相关内容，又将简单问题复杂化。通过教材的处理，真正发挥职校语文学科的工具性作用，为专业课服务。

2．大量使用案例分析，创设情境。根据学生的实际情况，选取大量生动经典的广告案例，让学生赏析，让学生模仿，吸引学生的兴趣，激发学生的学习热情，促成教学目标的

达成。

3. 理论与实践相结合。重理论讲授的同时,注重学生的练习。每一部分消费心理的讲授后面都穿插了学生的实践训练,通过实践更加巩固理论知识的学习,使学生真正掌握知识点。

不足之处:强调了语文为专业课服务,忽略了语文本身的魅力,在如何做到有感染力部分应该再多强调一下修辞手法的运用,多从语文的视角去看待广告语。

《诗话南京》创新教学设计

秦迎春

设计意图

《诗话南京》是一节综合实践课，与江苏省职业学校文化课教材《语文》第一册第二单元的"走进家乡"和第六册第二单元的"地名文化探源"这两个语文综合实践活动一脉相承，从浅层次地介绍家乡的自然景观、特色产品延伸到家乡的文化内涵。

综合实践活动强调通过实际调查培养概括提炼有用信息的能力，强调团队合作精神。老师们可以根据自己家乡的特色，开展"走进家乡"系列活动，有计划地引导学生展开与家乡有关的诗文的收集整理工作，既可以挖掘家乡的文化底蕴，又可以提升学生的文化素养，同时与当前优秀传统文化进校园的时代精神相呼应，可谓一举多得。

设计思路具体如图示：

语言理解与运用
　　各活动小组选择一段以南京为主题的诗文配乐朗读，相互交流朗读的感受。学习古诗词在遣词造句上的手法，品味古诗词凝练蕴藉的特点，体悟作者的情感

思维发展与提升
　　通过比较、分析，各活动小组根据本组要汇报的内容，明确南京山、水、城、人的特点，在充分调研、掌握丰厚素材的基础上，深入理解南京山的豪情、水的柔情、城的悠久、人的杰出

中职语文核心素养（全面发展的人）

审美发现与鉴赏
　　在品味南京诗文的基础上，引导学生运用配乐吟诵、分析手法、品味意象、体悟情感等鉴赏方法，体悟南京古城独特的美，发现南京这座文化名城的独特魅力

文化传承与参与
　　通过各小组准备的精美诗文的讲解与吟诵活动，感受到南京城古老悠久的历史文化底蕴与蓬勃生机，学生们的积极参与，是对优秀传统文化的传承与发扬

语文核心素养的四个方面是一个整体，其中语言理解与运用是基础，其他三个方面都建立在语言理解与运用的基础之上。

教学目标

1. 通过收集、理解诗文，了解家乡的历史演变、名胜古迹、风土人情、历代名人，学习

相关知识。

2. 通过分组合作,提高收集与整理材料、自主学习及团队合作的能力。
3. 通过分享展示,进一步了解家乡的历史文化,产生认同感和自豪感。

教学重点

学生根据课前选择的研究方向,自主选择恰当的形式,展示自己小组的调查成果。

教学难点

提升探究问题的能力和良好的小组合作学习能力,进一步深化自主学习意识。

教学过程

一、创设情境,激发热情——导入新课

PPT出示诗句:"钟山龙蟠,石头虎踞,真乃帝王之宅也!"

师:大家知道引得诸葛亮如此赞美的是哪座城市吗?

生(齐答):南京。

师:对,南京号称"六朝古都",古称建康、建业、石头城,其历史悠久,文化灿烂,风景优美,名人辈出。今天我们这节课的主题是"诗话南京"。

二、回顾课前,准备分组——确定主题

师:"诗话南京"是"走进家乡"系列主题活动中的一环,这是同学们假期收集的资料截图。(PPT展示)

同学们在探讨如何向别人介绍家乡时,发现有着2 500多年历史的南京,名胜众多,内容庞杂,难以在短短的一节课内完成对南京的介绍。经过小组讨论,确立了"探寻一脉山""领略一带水""徜徉一座城""了解一方人"四个主题,撷取了一些经典诗文,对南京进行介绍。下面请每个小组推选代表,将你们眼中的南京介绍给大家。

生:推选小组代表。

三、主题展示,学生评价——诗话南京

学生演示主题诗文展成果。

(一)探寻一脉山

1. 小组代表展示汇报

生1:这幅图展示的是老山的美景,这幅是梅花山的盛景,我们今天汇报的主题也与此有关——探寻一脉山。

生2:明代诗人高启说:"白下有山皆绕郭。"白下,指的就是南京,意思是南京城被山包围着。接下来就让我们来看一看,在诗人的笔下,南京的山有着怎样的韵味吧。

生1:南京的东边,矗立着钟山,因山顶常有紫云萦绕,又得名紫金山。其间龙蟠虎踞,山水城林浑然一体,可谓南京山水人文之钟萃。故诸葛亮有"钟山龙蟠,石头虎踞,此帝王之宅也"的盛赞。

生2:王安石定居南京后,写下《定林所居》。(PPT展示)

小组齐诵:"屋绕湾溪竹绕山,溪山却在白云间。临溪放艇依山坐,溪鸟山花共我闲。"

生1:这首诗描写了诗人居所的清幽环境以及诗人的闲适生活,抒发了诗人对宁静闲适生活的怡然自得。

生2:城南面的牛首山,因山顶南北双峰似牛角而得名。它是中国佛教名山,文化底蕴深厚,风景宜人,是南京人踏青出游的首选之地,故有"春牛首"之称。

生1:唐代诗人杜甫有诗《望牛首寺》。有谁知道这首诗?

生:"牛头见鹤林,梯迳绕幽岑。春色浮山外,天河宿殿阴。传灯无白日,布地有黄金。休作狂歌老,回看不住心。"(PPT展示)

小组齐诵本诗。

生2:这是一首五言律诗,诗人描写牛首山的秀丽风景和牛头宗道场的盛景,十分传神,颇具禅意。此外,明代诗人陈沂(yí)在《经牛头山寺》中也对牛首山的美景做了详细的描述:"鸟声林叶暗,山影石溪寒。清梵(fàn)空中听,丹楼画里看。"我们请"小百灵"陈××同学来朗诵一下。

陈××朗诵。

生1:城西曾有个小仓山,就在如今的五台山。太平天国时期,小仓山的顶峰被削去,变成了一座山坡。位于小仓山的随园便是《红楼梦》中大观园的原型。可惜的是,如今随园建筑已无处可觅了。

生2:大家知道随园的主人是谁吗?

生:袁枚。

生2:对,随园主人袁枚在《松下作》中写道:"小住仓山畔,悠悠三十春。苍松都已老,何况种松人。"我们可以想象,诗人在松树下回首往昔,感叹时光悠悠的场景。

生1:城北边的栖霞山又名摄山,被誉为"金陵第一明秀山",因南朝时山中建有"栖霞精舍"而得名,素有"六朝胜迹"之称,在清代被列为"金陵四十八景"之一,有"一座栖霞山,半部金陵史"的美誉。

生2:宋代曾极写了首《摄山》:"一丈唐碑今露立,十寻梵塔已低摧。层层石佛云间出,坐阅齐梁成劫灰。"有谁了解它的意思?

生:意思是在唐朝,金陵不过一座废都,如今只有栖霞古寺前的明征君碑了,这块碑是南京地区现存最完整的唐碑,也是国内仅存的几块唐代行书碑之一。而六朝的繁华,也早已是过往云烟。此诗借着金陵废都的荒凉怀古,更显悲凉。

生2:说得真好!(全班鼓掌)

生1:南京当然不是只有这四座山。在古代,人们把地势较高的高地叫作台或冈。传说南朝宋元嘉十六年的一天,建康城西南面的一处高地上,飞来三只凤凰。从此,这处高地被称为"凤凰台"。李白曾在这里写下了千古名诗《登金陵凤凰台》,我们都记得吧。

全班齐诵:"凤凰台上凤凰游,凤去台空江自流。吴宫花草埋幽径,晋代衣冠成古丘。三山半落青天外,二水中分白鹭洲。总为浮云能蔽日,长安不见使人愁。"

生1:这首七言律诗虽是怀古诗,我们也不难从颈联看出唐朝时的金陵山水景色:三山半隐半现,白鹭洲把长江分割成两道。这两句诗气象壮丽,对仗工整,是难得的佳句。

生1、生2齐:南京的山还有很多很多,文化底蕴也很深,相信总有你喜欢的一座山,有空就去看看吧!

2. 教师提问,学生评价

师:"山"之组汇报的情况如何?大家可从PPT制作、材料搜集、主题是否分明及活动氛围等方面进行评价。

生:第一小组PPT制作很精美,材料搜集很全,小组内部分工明确,两位代表发言很流畅,其他成员配合也不错,特别是《登金陵凤凰台》一诗,调动了全班的热情,我觉得很好!

师:谢谢!我觉得你评得也不错!下面我们请第二小组代表来汇报一下他们的研究成果,大家欢迎!(全班鼓掌)

(二)领略一带水

1. 小组代表展示汇报

生3:今天,我们小组为大家介绍的是金陵水。古城金陵地处长江下游,河湖纵横,"烟笼寒水月笼沙,夜泊秦淮近酒家"。

全班齐:商女不知亡国恨,隔江犹唱后庭花。

生3、生4合:就让我们从秦淮河开始,来领略金陵水的魅力吧。

生4:秦淮河起源于南京溧水的东庐山,过东山镇、上方门入南京市区,是南京市最大的地区性河流,起航运、灌溉作用,孕育了南京古老的文明,是南京的母亲河,历史上极负盛名,被称为"中国第一历史文化名河"。

生3:"梨花似雪草如烟,春在秦淮岸两边,一带妆楼临水盖,家家粉影照婵娟。"(PPT展示)

生4:这不是清代戏剧家孔尚任在《桃花扇》中所描绘的秦淮河畔的繁华景象吗?

生3:你说得对,现代散文家朱自清有一篇著名的散文,他在这篇散文里描绘了秦淮河水。大家知道这篇散文的名字吗?

生齐:《桨声灯影里的秦淮河》。

生4:看来大家对朱自清先生的文章很熟悉呀,下面请大家聆听一下其中描写水的片段。(音频展示)

生3:相比秦淮河,我更喜欢莫愁湖的传说。

生4:我也是,莫愁女的传说可谓家喻户晓,谁来说一说?(播放歌曲《啊!莫愁莫愁》)

生:相传莫愁是南北朝时河南洛阳的一位贫家女子,她15岁时为葬父嫁到金陵卢家,16岁生一子,夫妻恩爱,家庭美满。后来丈夫被征戍边,一去就杳无音讯。她为了能够早日见到丈夫,就化作一泓湖水,希望从长江流到他的驻地白浪河,后人为了纪念这位对爱情忠贞不渝的姑娘,就把她化作的湖称为莫愁湖。

生4:好,谢谢你为我们大家带来这个精彩的故事。现在大家看到的这幅图画就是莫愁湖。关于莫愁女,梁武帝萧衍在《河中之水歌》中做了如下描述。请大家集体朗读一下。

全班齐:河中之水向东流,洛阳女儿名莫愁。莫愁十三能织绮,十四采桑南陌头。

十五嫁于卢家妇,十六生儿字阿侯。卢家兰室桂为梁,中有郁金苏合香。

头上金钗十二行,足下丝履五文章。珊瑚挂镜烂生光,平头奴子擎履箱。

人生富贵何所望,恨不嫁与东家王。

生3:城中有一泓湖水,那就是大自然的赏赐。

全班齐:玄武湖!

生3:没错,就是玄武湖。

生4:王安石在江南做官的时候,曾有一次到玄武湖游玩,从此便爱上了玄武湖的水,写下了《忆金陵》一诗:覆舟山下龙光寺,玄武湖畔五龙堂。想见旧时游历处,烟云渺渺水茫茫。从这首诗可以看出王安石对玄武湖是多么的热爱。

生3、生4合:这就是我们为大家介绍的金陵水,每一带水都是一首优美的歌,等着你去聆听。谢谢大家!

2. 教师提问,学生评价

师:"水"之组汇报情况如何?请同学们畅所欲言。

生:这一组的同学在资料搜集上是下了功夫的,体现在演示的形式上,有诗歌,有故事互动,还有歌曲,个人觉得很喜欢。

师:谢谢你的评价,大家觉得还有啥不足吗?

生:我们生活在长江边,我觉得还应该把长江加进来。

师:英雄所见略同,我也觉得长江不能丢,第二小组课后将之完善,归纳整理后把研究成果发送到超星平台。有请第三小组。

（三）徜徉一座城

1. 小组代表展示汇报

生5、生6齐：今天我们为大家介绍的是南京城，先来看一段小视频：

"城门城门几丈高，三十六丈高，骑大马，带把刀，走进城门敲一敲，问你吃苹果还是吃香蕉？"

生5：熟悉的童谣让我们回忆起了儿时玩的游戏，也让我们想起了这座六朝古都历史悠久的城墙遗迹。有个问题想要问问大家，有人知道南京明城墙共有多少座城门吗？

生七嘴八舌说城门。

生6：我来帮帮大家吧，请看PPT。

明朝内城十三门：三山聚宝临通济，正阳朝阳定太平，神策金川近钟阜，仪凤定淮清石城。通过吴敬梓《儒林外史》里的这首小诗，大家应该知道有多少座城门了吧！

生5：没错，南京城里共有13座城门，其中保留最完整、历史最悠久的是中华门；最负盛名的是中山门；最优美的要算玄武门了。让我们沿着古城墙缓步向前，倾听这一座座城门诉说的古老故事。

生6：石头城上，刘禹锡在吟唱《金陵五题·石头城》。（PPT展示）

生齐诵：山围故国周遭在，潮打空城寂寞回。淮水东边旧时月，夜深还过女墙来。

生5：鸡鸣寺内，杜牧在此留下流芳千古的名诗：《江南春·千里莺啼绿映红》。

生抢读：千里莺啼绿映红，水村山郭酒旗风。南朝四百八十寺，多少楼台烟雨中。

生6：鸡鸣寺后，太平门旁，台城的细柳依旧摇曳婀娜，请我们组的小诗人朱××朗诵韦庄的《台城》。

朱××：江雨霏霏江草齐，六朝如梦鸟空啼。无情最是台城柳，依旧烟笼十里堤。

生5：徜徉城内乌衣巷，历史的兴替令人感慨，请听刘禹锡的《乌衣巷》：朱雀桥边野草花，乌衣巷口夕阳斜。旧时王谢堂前燕，飞入寻常百姓家。

生6：水西门外赏心亭上，陆游在诉说衷肠，《登赏心亭》：蜀栈秦关岁月遒，今年乘兴却东游。全家稳下黄牛峡，半醉来寻白鹭洲。黯黯江云瓜步雨，萧萧木叶石城秋。孤臣老抱忧时意，欲请迁都泪已流。

生5："六代绮罗成旧梦，石头城上月如钩。"这是一座到处洒落历史文明碎片的城市，每一处角落都可以演绎一个动人的故事。

生5、生6合：南京明城墙，古老厚重，沉静敦实，每一块砖每一粒土，都在诉说着悠悠久远的历史风尘。南京明城墙，一部读不完的史书！

2. 教师提问，学生评价

师："城"之组的汇报给你什么样的感受？

生："城"之组给我普及了南京的城门文化，尤其是那么多优美的诗词，给我们南京的城门增添了几许魅力，谢谢这一组同学的介绍。

生:我听了之后,想回去找一找学校旁边的"清凉门"有没有名人留下的诗句。

师:看来"城"之组的汇报很成功啊,激发了同学们的探究兴趣。我们来看看"人"之组准备了什么惊喜。

(四)了解一方人

1. 小组代表展示汇报

生7:南京,有着6 000多年的文明史和2 500多年的建城史。

生8:南朝杰出的山水诗人谢朓曾喻"江南佳丽地,金陵帝王州"。

合:今天就让我们走进历史南京,领略人物风采。

生7:我们来看一组金陵名人图片,大家猜猜他们是谁?

生:第一张图片是金陵第一帝王孙权,第二张是北宋著名的政治家、文学家王安石,这张是革命先行者孙中山,这个是大书法家王羲之,这是文学巨匠吴敬梓,最后是平民教育家陶行知……

生8:大家猜对了,接下来由我为大家一一介绍这些名人。先让我们来看看开创了南京建都历史的吴主——孙权,有请李××同学带来的人物自述。

李××:我是三国时吴国的君王孙权,我继承父兄基业成为一代英雄,看建业龙蟠虎踞,有长江天险,外控江淮,内勾吴越,是东南形胜之地,古人云:此地有王气!所以我在此建都。

生8:谢谢"孙权"的自述,由于孙权在此建都,使得南京这一座古代名都就此迅速发展起来。这张图就是孙权墓的遗址,现如今在明孝陵的梅花山内。大家知道哪些赞美孙权的诗句?

学生七嘴八舌话孙权:"我记得辛弃疾在《南乡子·登京口北固亭有怀》中有一句:'年少万兜鍪,坐断东南战未休。天下英雄谁敌手?曹刘。生子当如孙仲谋。'"

还有《永遇乐·京口北固亭怀古》中这样写孙权:"千古江山,英雄无觅孙仲谋处。舞榭歌台,风流总被雨打风吹去。"

苏轼也写过"生子还如孙仲谋,豚犬谩多何足数"。

生7:看来,同学们都是有心人啊!接下来,我们一起来了解一下北宋的政治家、文学家——王安石。王安石是唐宋八人家之一,曾在南京三任地方官。在南京期间,他写了很多赞美南京风景的诗词,抒发了他的忧国爱乡之情,比如这首《南乡子·自古帝王州》:

自古帝王州,郁郁葱葱佳气浮。四百年来成一梦,堪愁。晋代衣冠成古丘。

绕水恣行游。上尽层城更上楼。往事悠悠君莫问,回头。槛外长江空自流。

生8:这首词是王安石晚年罢居金陵时所作。政治上受到压抑,从诗歌表面上看似乎把情怀寄寓于世外的江河湖海,实际上在闲淡之情中有一股难以排遣的郁闷孤愤之情。

生7:看过了前两位历史人物与南京的渊源,那让我们来看看近代的革命先行者——孙中山先生。孙中山是中国近代民族民主主义革命的开拓者,中国民主革命的伟大先行者,中华民国和中国国民党的缔造者,也是三民主义的倡导者。后人尊称为"中华民国国父"。

生8:我们南京也以自己的形式纪念着孙中山先生,以他的名字命名了很多地方。我们来开火车,说一说你知道的"中山"地名。

生接龙:中山小学、中山码头、孙中山纪念馆、中山陵、中山东路、中山南路、中山北路……

生8:谢谢大家!前面我们了解了三位与南京有关的杰出的政治人物,接下来再让我们看两位著名的文化人物。请欣赏大书法家王羲之的作品。(PPT展示)

生7:这位是文学巨匠吴敬梓,他与南京有着深厚的渊源,有谁知道吗?

生:他在秦淮河畔生活了20年并创作了著名的讽刺小说《儒林外史》,它反映的是康乾时期科举制度下读书人的功名和生活,这本书被鲁迅称为"清代成就最高的讽刺小说"。

生8:谢谢你的分享,最后,我们要推荐的是平民教育家——陶行知。有人说"如果你想记住近代最值得记住的一百位中国人,那你就必须记住他——陶行知"。请看陈××同学带来的人物自述。

陈××:1927年3月,我在南京城北老山脚下创办了"晓庄师范",积极推行平民教育。在我的教育中,我奉行这样的理念:

(1) 教育是立国之本。
(2) 千教万教教人求真,千学万学学做真人。
(3) 捧着一颗心来,不带半根草去。
(4) 以教人者教己,在劳力上劳心。
(5) 失败是成功之母,奋斗是成功之父。

生7:谢谢陈同学,希望大家听了陶行知的话能有所感触。

生7、生8合:一脉山传承了金陵的豪情,一代水展现了江南的柔情,一座城承载了几千年悠悠历史,一方人将永远把这座老城铭记心间。

2. 教师提问,学生评价

师:"人"之组的汇报给你什么样的感受?

生:这一组除了资料搜集丰富外,我觉得最大的亮点就是李同学和陈同学的人物自述,抓住了孙权这个建城者和陶行知这个大教育家,这两位可谓是南京城的杰出代表了。

师:大家对这一组的研究还有什么建议吗?

生:我觉得在介绍王安石时说到了他写了很多赞美南京的诗歌,我们这节课叫"诗话南京",可以多介绍点他的诗歌。

师:你的建议很好,由于课堂时间有限,这件事情就请同学们课后去探索了。

四、教师点评,总结反馈——赞我南京

1. 针对学生展示点评

师:首先我要感谢在座的每一位同学,有了大家的积极参与,认真寻找资料,分工合作,才有了我们这一节活动课。四个小组寻找到的素材都很丰富,今天展现在这里的只是其中的一部分,更多的诗歌和散文我会传到班级群里,大家可以去下载交流学习。

接着我来谈谈自己的感受,同学们寻找的这些诗歌散文,大多扣住了南京城的历史,给人一种文化的厚重之感。"山之组"画面精美,取材丰富,围绕着城的东西南北来介绍,最后用李白的《登金陵凤凰台》结尾,突出南京城的历史厚重之感。让我们感受到了山的清秀、水的灵动和人的情怀。"水之组"有诗歌,有散文,有传说,形式多样,美中不足的我觉得是未介绍"长江"这一重要河流。如果用"一河三湖"的体系,就更完美了。"城之组"突出了抒情的主线,我挺喜欢,PPT 制作还可以更精美一点。"人之组"我最喜爱结尾的一段话,把我们这节课的主旨深化了。我想知道,这段话是谁写的?我要给他点个赞!

2. 我们刚才在探寻南京的历史文化时,吟诵了许多名诗佳作,请同学们试着写一段话或一首诗,来赞一赞我们的南京城。

这是我在另一个班上课时,一位同学的现场习作,给大家参考:

醉人杨柳淮水靠,美梦绮罗华灯耀。南方有城名金陵,京城相比逊风骚。

生:我发现了,是一首藏头诗:最美南京!

师:对,大家可以展开自己想象的翅膀,用你的妙笔,写一首家乡的赞歌。

3. 学生习作展示点评

学生作品一:六朝古都遗一梦,朝见紫光绕山头。古城又名石头城,都会花灯耀佳节。

师:这个小诗不错,既点出了南京六朝古都的历史,又写出了南京的别名,还描写了南京的紫金风光,更描绘出了夫子庙花灯的盛况,在短时间内创作出这样的小诗,很棒。

学生作品二:南山好水江客盈,京城繁华历史悠。真珠帘卷春风暖,美人晚晴弄倩影。

师:先让我们为他点个赞,这是一首藏头诗呢,"南京真美",真的是匠心独运呢。我们的课堂展示就到这里。课后请同学们将自己的作品写在作业本上。

4. 总结归纳南京的文化精神内涵

师:昨天的南京,虽历尽沧桑,饱受战争的洗礼与创伤,仍屹立不倒。南京人民以其坚韧不屈的精神,在遭遇一次次破坏后重建家园。

今天的南京,正站在新的起跑线上,面对世界先进的文化,他们兼容并包。在这片古老的土地上,一座新的现代化都市正在崛起,焕发出勃勃的生机!

让我们一起来观看南京的最潮宣传片 *The Best of NanKing*,感受新南京的魅力吧。

师生共同观看视频。

生：老师，能不能把视频发到班级QQ群里，我们还想再看一遍，并且分享给朋友们。

师：当然可以。

五、布置作业，历史探源——课外延伸

1. 完成反馈训练，写一段话或一首诗赞美南京。
2. 任选南京的一个地名，探究其历史渊源。

教学反思

我所任教的4个班级都是高职班的学生，女生居多，作业完成率较高，对古诗词有一定的喜爱，而且年轻、活跃、勇于接受新鲜事物，能较为熟练地运用信息化手段收集材料，整理制作PPT不成问题。

在教学设计中，我立足学生实际，在确立活动主题后，引导学生通过实地考察、查阅书本资料、网上搜集等渠道获得第一手材料，各小组成员分工整理自己的资料，上传给小组组长，小组组长整合信息，制作PPT。这种方式，既拓展了学生思维的空间，又形成多层次、多方面的立体信息交流平台，达成了资源共享，学生通过汇报展示的方式，把自己的研究成果和其他小组分享交流，完成了知识的建构，同时培养了学生自主探究、乐于合作的精神。

在教学环节中，我设置了练笔环节，是为了巩固课堂所展示的内容，让学生深入体悟南京文化，增强自豪感。在概括南京精神内涵的基础上，针对学生的兴趣，选择了一个快节奏的宣传片，让学生从视觉、听觉等角度，更直观地感受南京的崛起，学生对此视频很感兴趣，增强了对南京这座城市的认同感和自豪感。

本课教学也有不足之处，为了凸显学生的自主学习，除了对活动主题的把握外，我对学生的辅导不够，学生在展示环节的活动形式稍显单一，内容含量上稍显单薄，特别表现在"人"这个主题上，诗文的数量不多。

在今后的教学中，教师还应引导学生更多地参加各类综合实践活动，增强其自主学习的能力，培养其合作分工的意识并付诸学习行动。

第七章　同课异构

一花一世界,大自然的一切都是独一无二的,教学也是如此。相同的教材下,不同的个人解读形成风格迥异的教学设计。

《论语》中孔子与一众弟子畅谈人生志向,《虞美人》中李煜通过对自然永恒与人生无常的尖锐矛盾的对比,抒发了亡国后顿感生命落空的悲哀,是一首生命之词。《亡人轶事》中孙犁从真实的生活细节的回忆着笔,朴实的笔调中饱含对亡妻的深情。《念奴娇·赤壁怀古》中苏轼漫步江边借景抒发壮志难酬的感慨,或叙述,或抒情,或豪情壮志,或娓娓道来……在"同课异构"中,对教材精心的解构,对学情精妙的把握,对教学资源精彩的融合,教师们施展拳脚,各呈神通,在比较中展现个人风格,在碰撞中迸发思维火花。

《子路、曾皙、冉有、公西华侍坐》创新教学设计

秦迎春

设计意图

这是一篇经典课文,出自江苏省职业学校文化课教材《语文》第二册"文采若云月"单元,意在让学生在掌握重点文言词汇和理解文章内容的基础上,充分理解人物的志向、性格,理解孔子的政治理想,体悟孔子循循善诱、因材施教的教学理念。因此,如何让文言课程变得生动有趣,让学生通过课前自主预习和课堂主动实践,在语言、思维、审美和文化传承方面都能学有所得,是值得思考与尝试的。本课以"言志"为抓手,透过文字了解弟子们的志趣、性格,理解孔子"以礼治国"的政治理想,体悟孔子"因材施教"的独特人格魅力。在开放性的学习过程中,丰富与拓展学生的学习内容与学习方式,提升学生的思维模式,巩固学生的学习内容。

设计思路具体如图示:

语言理解与运用	思维发展与提升
通过自主预习,结合课文注释,掌握重点词汇的含义,归纳文言特殊句式的规律。反复诵读课文,理解课文的行文结构	通过比较、分析孔子对几位弟子"言志"过程中的不同反应,归纳几位弟子的志向,分析明确几位弟子的性格特点,深入理解孔子的政治理想
审美发现与鉴赏	文化传承与参与
在初步了解人物性格及志向的基础上,排演课本剧,通过充分揣摩文本,再现弟子们的性格特点及志向,从而充分理解孔子的政治理想及教学理念	分析孔子的"评志",理解孔子"以礼治国"的政治思想。孔子的很多教育理念和治国思想,在《论语》中都有表述,这是孔子留给我们的精神财富,我们要继承并发扬下去

中间:中职语文核心素养(全面发展的人)

语文核心素养的四个方面是一个整体,其中语言理解与运用是基础,其他三个方面都建立在语言理解与运用的基础之上。

教学目标

1. 反复诵读,掌握文言特殊句式及重点词汇的含义。

2. 学习本文以"言志"为中心组织材料,文意明晰的特点。
3. 学习本文成功地运用对话和人物动作来塑造人物形象的写法。
4. 了解孔子评判弟子志向的思想依据,领略孔子循循善诱、因材施教的教学理念。

教学重点

1. 通过自主学习,积累文言知识。
2. 知人论世,理解孔子"礼乐治国"的政治理想。

教学难点

通过自主学习,体会课文以"言志"为中心组织材料,文意明晰的特点。

教学过程

第 一 课 时

一、课前预习,分层设计

师:从下节课起,我们将进入第五单元——文采若云月的学习。文言历来是我们学习的重点,诵读课文是我们学习文言的最基础也是最有效的方法。下面是今天的预习任务,请大家根据自身情况完成预习任务。(在QQ群发布预习通知)

1. 熟读课文,完成《练习册》中"课前预习"部分。(所有同学)
2. 根据注释,了解重点字词含义,画出不懂的字词。(所有同学)
3. 能根据注释口译全文。(学习基础较好的同学)

生:好的。

二、思想回顾,导入新课

师:同学们初中曾学过《论语十则》,还记得具体内容吗?(出示PPT)

生:《论语十则》是……(相互补充)

1. 子曰:"学而时习之,不亦说乎?有朋自远方来,不亦乐乎?人不知而不愠,不亦君子乎?"
2. 曾子曰:"吾日三省吾身:为人谋而不忠乎?与朋友交而不信乎?传不习乎?"
3. 子曰:"温故而知新,可以为师矣。"
4. 子曰:"学而不思则罔,思而不学则殆。"
5. 子曰:"由,诲女知之乎!知之为知之,不知为不知,是知也。"
6. 子曰:"见贤思齐焉,见不贤而内自省也。"
7. 子曰:"三人行,必有我师焉。择其善者而从之,其不善者而改之。"

8. 曾子曰:"士不可以不弘毅,任重而道远。仁以为己任,不亦重乎?死而后已,不亦远乎?"

9. 子曰:"岁寒,然后知松柏之后凋也。"

10. 子贡问曰:"有一言而可以终身行之者乎?"子曰:"其恕乎!己所不欲,勿施于人。"

师:请从中归纳孔子的教育思想。

生:自我反省;温故知新;知之为知之,不知为不知;见贤思齐;三人行必有我师;己所不欲勿施于人。

师:你还知道哪些孔子的教育思想?

生:有教无类、因材施教、循循善诱、学而不厌、诲人不倦。

师:很好!大家归纳得已经比较全面了,这些思想是孔子留给我们的精神财富,我们要继承并发扬下去。(用PPT展示孔子师生授课图,归纳《论语十则》的教育思想)

三、检查预习,铺垫教学

师:下面我们来检查一下同学们的预习情况,这是有关孔子的生平、著作、思想核心等的填空题,请第一组同学依次回答。

生:孔子,名丘,字仲尼,儒家学派创始人,思想核心是仁,政治上主张以礼治国,鼓励人们入仕,即"出来做事"。

《论语》是一部语录体散文集,是孔子的弟子和再传弟子所辑录的孔子及其弟子的言行录。《论语》包括《学而》《为政》《八佾》《里仁》等共20篇,每篇又分若干章,不相连属;言简意丰,精警诫人。宋儒把《论语》和《大学》《中庸》《孟子》合称为"四书"。

师:从刚才的答题情况,可以看出同学们预习比较充分。

师:我们来看看课题,题目中的子路、曾晳、冉有、公西华分别和课文中的谁相呼应?

生:子路是孔子的大弟子,姓仲名由,文中的"由"就是他;曾晳,名点,文中孔子问的"点"就是指他;冉有,名求,文中的"求"就是他;公西华,名赤,文中的"赤"就是公西华。

师:对,古人有姓、名、字以及号,长辈对晚辈说话或者自谦时,就会称呼名。

生:喔。

师:怎么理解"侍坐"一词?

生:陪长者闲坐。

师:大家想一想,闲坐这样的环境有什么好处?

生:闲坐这样的环境就容易使课堂气氛和谐融洽,师生平等、轻松自由,弟子们能各抒己见。

师:对,接下来让我们走进课文,去感悟孔子的启发式教学。

四、疏通字词,把握文意

师:"读书百遍而义自见",请同学们把书打开,我们一起来朗读课文。

生齐读课文。

师:刚才在朗读过程中有几个字的读音要注意一下。(纠正读音,PPT展示)

生:每个字齐读两遍。(朗读加深印象)

师:在学习过程中你有哪些词的含义不太了解?大家可以找出来,相互讨论一下。

生:"夫子哂之"中的"哂"是不是嘲笑?

师:很好,谁来给她解答一下?

生:不是,就是笑了笑。

生:"冠者五六人"中的"冠"为何读第四声?

师:这个问题谁来回答?

生:"冠"在衣冠等名词中读第一声,这里"冠"读第四声,作动词,表示戴着帽子。

师:还有什么疑问吗?

生:"浴乎沂,风乎舞雩"中的"浴"和"风"各是啥意思?

师:嗯,哪位同学知道?

生:"浴"是"清洗","风"是"吹风",都作动词用。

生:"吾与点也"中的"与"是啥意思?

生:赞同。

师:还有没有不懂的词语了?

生:老师,文中有四个"如",它们的意思一样吗?

师:谢谢你提的这个问题,说明你预习很深入,我们一起来看看这四个"如"字,看看句子,再思考其含义,大家可以讨论。

(1) 如或知尔,则何以哉?

(2) 如其礼乐,以俟君子。

(3) 宗庙之事,如会同。

(4) 方六七十,如五六十。

生:第一个"如"表示假设,"如果"的意思,第二个"如"是"至于",第三和第四个"如"都是"或者"的意思。

师:那"方六七十,如五六十"和"可使有勇,且知方也"两个句子中的"方"意思一样吗?

生:不一样,第一个是"方圆",表示土地面积,后者的"方"是"是非的标准"。

师:很好,大家在阅读古文的时候要注意,同一个字,在不同的语句中,它的意思会有所变化,我们要根据文中的上下句来判断它的意义。刚才我们把自己预习中遇到的疑难词句进行了讨论,从中可以看出大家预习都很认真,希望大家继续保持。

师:现在请同学们根据注释,结合自己的预习和刚才的讨论,尝试将课文的意思复述出来。

生口述文章大意。

师:课文的主要意思都讲出来了,下面我们一起来分析文本。

五、精读课文,研读讨论

师:本文写了什么内容?

生:这篇文章记叙了孔子和四个弟子子路、曾皙、冉有、公西华一次谈话的整个过程。

师:孔子和弟子们的谈话围绕什么话题展开?

生:围绕着"志向"展开。

师:根据四位弟子"言志"的内容,课文可划分为几个段落?试用简洁的语言概括段意。

生:可以分为三个部分,孔子问弟子的志向,弟子们分别讲述自己的志向,孔子评价弟子们的志向。

师:很好,我们把它归纳一下,就是:孔子问志、弟子述志、孔子评志。(老师板书)

师:本节课我们的学习就到这里,下面我们一起来回顾一下本课中的重点词句。

六、重点词句,反馈巩固

1. 翻译下列句子,比较加点字的用法。(PPT展示)

(1) 以吾一日长乎尔(你们)

(2) 子路率尔而对曰(……的样子)

(3) 鼓瑟希,铿尔(和铿一起,表示拟声)

(4) 尔何如(你)

2. 找出文中的通假字。

(1) 鼓瑟希("希"通"稀",稀疏)

(2) 莫春者("莫"通"暮",晚)

(3) 唯求则非邦也与("与"通"欤",疑问语气)

七、布置作业,深入研读

1. 熟读全文,完成《练习册》P.105 三、四题。

2. 各小组分配角色,排演课本剧,发到班级群参评。

3. 预习:文章运用了语言、动作等多种方法描写、刻画人物,请思考其含义并体会其作用(结合《练习册》"课堂研讨"三)。

第 二 课 时

一、角色表演，导入新课

师：上节课我们各组都排演了课本剧，并发到班级群参评了，经过同学们网上投票，推举第一组课堂表演，下面我们鼓掌欢迎他们现场表演。

第一组表演。

师：同学们，刚才第一小组表演精彩吗？

生：精彩。

师：大家觉得谁扮演的角色最出彩？

生：我觉得曾皙的扮演最出彩，把他的从容淡泊都表现出来了，还有他向孔子请教时的谦逊，他的手势、眼神还有退后半步的肢体语言，都表现出了他虚心求教的真诚和对老师的尊敬。

生：我也觉得曾皙的表演很好，尤其是他就地取材，把算盘当成古琴道具，席地弹琴的场景表现出了曾皙的高洁淡雅。

师：那我们就把最佳角色奖颁给曾皙的表演者安××。下面我们就来分析孔子的四位弟子的志向和他们的性格特点。

二、分析志向，探究性格

师：四位弟子的"志"分别是什么？请在文中找出相应的语句，并用笔画出来。

生快速浏览课文，采用批注法找出相关语句。

师：好，我们分别来看看四位弟子的志向，就按弟子们回答的先后顺序。

生：子路的志向："比及三年，可使有勇，且知方也。"

冉有的志向："比及三年，可使足民。如其礼乐，以俟君子。"

公西华的志向："宗庙之事，如会同，端章甫，愿为小相焉。"

曾皙的志向："浴乎沂，风乎舞雩，咏而归。"

师：四位弟子的志向有何异同？

生：子路、冉有、公西华的志向虽有大小，但都强调的是治国，曾皙的志向跟治国无关，看起来像春游。

师：对，大家看看子路、冉有、公西华的志向侧重点分别是什么？

生：子路侧重强国，冉有侧重富民，公西华侧重礼治。

师：很好，同学们结合四位弟子的志向，再看看他们回答时的语气、顺序，分析人物的性格特征。先来看看第一个回答的子路，他的性格特征如何？

生：从子路的治国方案可以看出他有抱负，也很自信。

师:其他同学还有什么补充吗?

生:我觉得子路第一个抢答,有点欠缺思考,感觉有点轻率、鲁莽。

师:你说得很对。那么冉有是个什么样的人呢?

生:冉有是在孔子点名后才回答的,足见他懂得谦虚退让。他看到孔子对子路的回答未置可否,就把自己的治理国家的面积缩小了,可以看出他很谨慎小心。

师:说得不错,谁来说说公西华的性格特点?

生:公西华是在孔子点名后才回答的,足见他谦恭有礼,他在志向上选择了赞礼官一职,足见他在为人上很娴于辞令。

师:那曾皙的性格特点又是怎样的呢?

生:从其他人回答孔子的志向而曾皙却在弹琴,可以看出来他很洒脱,爱好高雅,从他回答孔子时的语气可以看出他很从容淡定。

三、分析孔子,了解理想

师:孔子是怎样评价弟子们的志向的呢? 找出文中孔子对四人述"志"的态度的语句。

生快速浏览课文,采用批注法找出相关语句。

师:孔子为何"哂"子路?

生:因为子路毫不客气抢答了,没有谦让别人,这是不礼貌的行为。

师:对,还有补充吗?

生:就是这个意思。

师:那"哂"能理解为嘲笑吗?

生:不能,就是笑。

师:那孔子除了笑子路的"其言不让",还有没有其他意思呢?

生:是不是有点鼓励其他弟子发言的意思?

师:差不多,这里的"哂"既是孔子对子路坦率发言的赞赏,又是对他不懂谦让的委婉批评。

师:如何理解孔子的"吾与点也"?

生:孔子对他描绘的图景很喜欢。

师:是很喜欢,这里我们来看一段杨树达先生的评论:"孔子与曾点者,以点之所言为太平社会之缩影。"

生:这和孔子以礼治国的思想有什么关系吗?

师:这个问题提得好,大家讨论一下。

生(讨论,归纳):曾皙描绘的这个境界,是社会安定、国家自主、经济稳定、天下太平,每个人都享受了真、善、美的人生,这就是孔子以礼治国的美好世界。

师：你认为孔子是一位怎样的老师？

生：孔子是一个既热情而又严格的老师。

师：何以见得？

生：孔子一开始便用"以吾一日长乎尔，毋吾以也"的劝导打消弟子们的思想顾虑，态度谦和、亲切。

师：那严格体现在哪？

生：体现在他对子路、冉有和公西华志向的点评上，对每个弟子都有更高的期许。

师：你找到了关键点。

四、探索课堂，归纳特点

师：孔子是如何教育弟子的？他的课堂又有什么特点呢？下面我们一起来朗读课文，体悟一下孔子的课堂特点。

生齐读课文。

师：孔子在和弟子们对话施教中有何独到之处？

生：孔子开发对话的方式很有趣，采用假设。

生：孔子对子路的"不让"有所不满，但为使其他弟子能畅所欲言，只是微笑了一下，没有加以评论。

生：曾皙因与其他弟子志向不同，没有立刻说出自己的志向，孔子也没有加以责备，仍耐心地诱导、热情地鼓励。

生：对曾皙的问题，孔子不厌其烦地答疑解惑。

师：大家说得都很好，提示大家看看课题"侍坐"，再看看孔子的课堂有何特点。

生："侍坐"使得课堂氛围轻松愉悦，没有上课的紧迫感。

师：对，从刚才大家的回答中，我也看到了一个教育大家的课堂的睿智，无论是轻松愉悦的课堂氛围，还是循循善诱的教学方法，或是诲人不倦的教学态度，都值得老师学习借鉴。

五、布置作业，畅谈理想

1. 熟读课文，完成练习册"反馈练习"部分。
2. 在四位弟子中，你最欣赏谁的人生理想？谈谈自己的理由。
3. 预习《鸿门宴》，完成《练习册》"课前预习"部分。

板书设计

子路、曾皙、冉有、公西华侍坐

文章结构：孔子问志——弟子述志——孔子评志（以礼治国）

人物性格：

子路：有抱负，自信，却失之鲁莽、轻率

冉有：谦虚谨慎，说话很有分寸　　　　记言绘形
　　公西华：谦恭有礼，娴于辞令　　　　　　栩栩如生
　　曾点：洒脱高雅，从容淡定
　　孔子：心怀宽阔，循循善诱

教学反思

　　本课教学班级是会计专业的五年制高职班，该班学生具有较好的自主学习能力，课前能开展比较充分的预习，课文及重点文言实词的疏通在课前预习中基本完成。该班有一批富有表现力的学生，他们勤于思考，喜爱表演。因此，在教学设计中，我立足学生实际，设计了课本剧表演，以读促演，以演促悟。在实际排演过程中，学生通过反复揣摩，融入了自己对角色的理解，加深了对文章内容的理解，尤其是曾皙的扮演者，在表演中的表现令人赞叹。通过排演课本剧，学生在学习中的主动性和创造力都得到了较大提高。

　　本文教学也有不足之处，由于学生知识储备和概括能力不足，在探索与思考环节，学生对孔子课堂的特点进行探讨时，对教师列出的第四点和第五点未能概括出来。

　　此外，关于"孔子与点"的理解，历来有争论，我采纳了积极的观点，即曾皙的话与孔子以礼治国的观点相符合；对另一观点，曾皙"不求为政"之意正合孔子恬退避世之心未加阐释。在今后的教学中，还应引导学生学会从不同的角度去思考问题，培养学生的创新思维能力。

《子路、曾皙、冉有、公西华侍坐》创新教学设计

张 琴

设计意图

这是一篇思想精深、语言精致的古文名篇,出自江苏省职业学校文化课教材《语文》第二册第五单元"文采若云月"。《论语》是语录体,文字简练质朴,含义深刻。本文描写生动,篇幅较长,是历来研究孔子思想以及孔门弟子的重要资料;文中人物语言能鲜明体现其性格特征,少量动作描写,言简意赅,生动传神,同样具有文学价值。教学中不仅要增强学生阅读浅易文言文的能力,更要注重古为今用,汲取民族智慧,引导学生追寻先贤之志,树立正确的人生理想。

任教班级为中专计算机班,他们喜欢上网,能积极搜集查找相关资料,经过前面的学习,已知诵读是学习文言文的基本方法,能够通过预习读准字音,需进一步指导读清句读,读出语气;具备基本的文言字词常识,能够疏通文义,可以学习本文人物形象的塑造方法;初中已接触过论语,但对孔子思想和论语"微言大义"的语言特色知之甚少。

设计思路具体如图示:

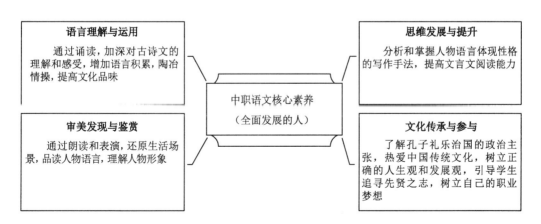

语文核心素养的四个方面是一个整体,其中语言理解与运用是基础,其他三个方面都建立在语言理解与运用的基础之上。

教学目标

1. 积累文言文词汇句式。
2. 掌握人物语言体现性格的写作手法,提高文言文阅读能力。
3. 通过朗读和表演,还原生活场景,品读人物语言,理解人物形象。
4. 了解孔子礼乐治国的政治主张,热爱中国传统文化,树立正确的人生观和发展观。

教学重点

品读人物语言,理解人物形象。

教学难点

正确理解子路等人的人生理想和孔子流露出的个人志向。

教学过程

课前准备

《论语》成书年代悠久,研究流派众多,课前让学生观看电影《孔子》和百家讲坛于丹《论语心得》,同时自制微课并上传。希望学生消除学习文言文的畏难心理,走近经典。要求学生收集整理资料,分组合作,完成《我所了解的孔子》《我喜欢的〈论语〉经典句子》《孔子和他的弟子》PPT,上课时交流。

围绕教学目标及重难点,立足学生实际,我设置了三个步骤五个环节,分两课时完成课堂教学。

第 一 课 时

一、导入——管中窥豹知论语(15分钟)

学生分三个小组PPT汇报导入新课。

《我所了解的孔子》小组展示;

《我喜欢的〈论语〉经典句子》小组展示;

《孔子和他的弟子》小组展示;

学生互相评价,教师点评。

课前学生充分的准备和体验活动为新授奠定了良好的基础。

二、新授——见微知著读论语(70分钟)

第一环节:琢章雕句晓文意(10分钟)

教师范读课文。学生自由朗读,疏通字词,然后完成iPad平台上的语义练习,评出得分最高的学生。

借助于网络平台的字词小竞赛有效地检查了全体学生的字词掌握情况。

第二环节　发思接龙理情节(10分钟)

1. 两问发思：

① 对话中子路、曾皙、冉有、公西华他们的名分别是什么？

② 本文情节分为哪三个环节？

学生分小组合作讨论，梳理全文结构。

2. 文句接龙：全文划分为18个句子，学生一人一句依次朗读。让学生在快乐的文句接龙游戏中熟悉情节，理解课文。

第三环节　洞幽察微懂人物(15分钟)

学生找出文中关键词句，细细品味，分组讨论，总结文中人物的性格特点。

子路、冉有、公西华的述志用FLASH动画短片展示，可以帮助学生直观理解人物性格特点；曾皙的述志描写较为丰富，教师来演绎，为下一环节学生表演示范，调动学生积极性。

第四环节　个性解读演场景(15分钟)

学生分小组演绎表演课文内容，可以结合自身理解，发挥想象。看后完成"课本剧评价表"，打分，并选出最佳表演奖。

此环节积极引导学生主动参与，通过"角色扮演"，可以更好地理解文意，把握人物形象，落实教学重点。

第五环节　穿越千年写对话(20分钟)

每位同学从文中自选一个或几个人物形象，结合其性格特征，发挥合理想象，加入神态、动作、心理描写，完成片段写作。

学生将自己的作品上传网络平台，互相点赞，生生评价，教师补充点评。由读到写，学生更好地掌握通过语言展现人物性格的写作手法，突破教学难点。

三、小结——古为今用学论语(5分钟)

《论语》博大精深，有经世济世之用，古人曾说"半部论语治天下"。眼下，我们中职生学习《论语》，的确可以在迷乱的世界中，找到一点从容和睿智，找到可以归往精神的家园。

课后作业我设置情境做了这样的拓展："文中子路、曾皙、冉有、公西华分别代表了四种不同的性格特征，试想你以后的工作团队中如有这样类型的人，你会如何与之协调合作？将你的想法发布到QQ群，互相交流。"

学生课后将自己的感想纷纷上传到QQ群，表现了极大的热情和兴趣。

【板书设计】

子路、曾皙、冉有、公西华侍坐

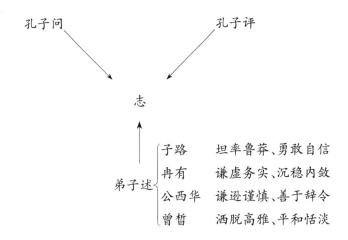

教学反思

1. 以生为本,诵读感悟

本课通过多种诵读方式学习经典,学生在诵读中感悟,在体验中提升。

2. 他山之石,可以攻玉

本课恰当地运用了信息化的教学环境,借助 iPad 平台、微课、QQ 群等信息化手段,拓宽了学生视野,调动了学习兴趣,扩大了语文教学的资源,优化了语文教学。其中微课的运用对教学目标的达成功不可没。课前,我在平台上传了大量的学习资料,实际教学过程中,我发现学生真正看的内容微乎其微。探讨人物性格时,他们对子路"率尔而对"后老师意味深长的表情"哂之",和曾皙述志后老师"喟然叹曰""吾与点也"的理解存在偏差。而这也是学习这篇课文的难点,课堂上我们一起观看微课"孔子为何哂由而与点",帮助学生理解。微课中还介绍了孔子"礼乐治国"的政治主张和因材施教的教育理念,学生们对《论语》"微言大义"的语言特点有了直观的印象,人物性格呼之欲出,学习难点也迎刃而解。

3. 信息化教学,任重道远

由于本人信息化教学手段的运用起点较低,学科知识素养有限,还需在今后教学中进一步探索实践,努力体现信息技术与语文学科的有效整合。

《虞美人》创新教学设计

周　静

设计意图

《虞美人》是江苏省职业学校文化课教材《语文》第二册第二单元"心灵的歌吟"单元的开篇课文,它是五代词人、南唐后主李煜的绝笔之作。本篇课文是唐宋词中的名篇,具有高超的艺术成就,对词的理解有助于学生更好地理解经典诗词的意境美,体会中国文化的博大精深。因此,在教学中,将诵读鉴赏作为教学目标之一,依托信息化教学元素,将白板软件与古诗词教学融合,运用联想和想象,探究诗词的意境,优化课堂教学模式,培养学生鉴赏唐宋诗词的能力,也为学生更好地诵读本单元作品打下良好基础。同时,满足不同学生的学习需求,提高文化品位,发展健全个性,形成健全人格。

设计思路具体如图示:

语言理解与运用	思维发展与提升
品读全词,赏析语言与意象,引导学生从节奏、情感、语调等方面探究朗读方法,掌握作品独特的艺术方法,理清词的结构思路	通篇采用一问一答、自问自答、问起答结的架构,分析在这个架构中形成的三组对比,结合时代背景,对李煜其人及其人生进行探讨,引导学生探究李煜悲剧人生的原因
审美发现与鉴赏	文化传承与参与
品味意境,引导学生挖掘文中词眼"愁"的深层内涵,品析虚实结合、情景交融的写法,把握作者所表达的情感,体会词深远的意境美和音乐美	进一步揣摩经典名句"问君能有几多愁?恰似一江春水向东流",鉴赏作品将抽象的情感形象化的特点。引导学生诵读描写"愁"的诗句,领会中华传统文化的美妙,增加文化自信

中职语文核心素养（全面发展的人）

语文核心素养的四个方面是一个整体,其中语言理解与运用是基础,其他三个方面都建立在语言理解与运用的基础之上。

教学目标

1. 诵读词作,赏析重点词语,提高词的鉴赏能力。

2. 品味意境,挖掘作品中"愁"的深层内涵。
3. 了解作者词中蕴含的思想感情,体悟中华民族文化的博大精深,增加文化自信。

教学重点

诵读词作,学会抓住重点词句鉴赏诗词。

教学难点

结合李煜生平,挖掘作品中"愁"的深层内涵。

教学过程

一、导入新课

1. 播放背景音乐:A colourful world

师:刚才我们听到的熟悉的音乐就是今年大热的中国诗词大会的开场曲目,英文名字叫作 A colourful world(打开电子白板拉幕)。王立群老师说,中国的语言文化里,文字是根,成语是枝,诗词是树,字、词只能是构件,只有诗词是枝繁叶茂的参天大树,让我们先从以前学过的词谈起,走进这个生机勃勃、多彩的世界。

2. 九宫格练习

师:马上我们进行九宫格练习,课前在微信群里推选出了今天的擂主,请擂主上台,从9个字中识别一句诗词,请其他同学也做好准备,拿出手机写好你的答案发送到微信群,擂主写完后,其他同学停止作答。

生1、生2到白板前连线九宫格中的诗句。

明确答案:往事知多少。

师:诗句出自李煜的《虞美人》,大家知道这首词对于李煜意味着什么吗?

生齐答:绝命词。

师:对,这首词既是他的代表作,也是他的绝命词,一首词竟然引来杀身之祸,他究竟在词里写了什么呢?

二、新授内容

(一) 初读感知,花月入愁(板书)

1. 检查预习

师:我们前面学习过朗读诗词的方法,让大家练习朗读,并发在群里,我挑出了一位同学朗读,会是谁呢? 我们一起来听一听。

点击播放录音。

师:为什么选他呢?因为从他的诵读中我们听出了这首词的感情基调是?

学生:低沉、凄凉。

2. 齐读感知

思考:这首词中集中表达的情感,如果用一个字概括,这个字应该是什么?(电子白板放大镜功能)

生齐答:愁。

3. 分析归纳

思考:词中用了哪些意象表现"愁"?

师:找一个同学到白板上画出来,其他同学在书本上画出来,同桌之间看看答案是否相同。

生1到白板上标出意象。

白板:

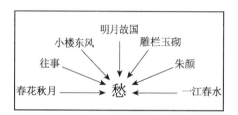

其余学生在书本上标出,同桌合作。

(二)细读思考,对比显愁(板书)

问题引领:那么词人因何愁?

1. 知人论世,走近李煜

师:关于词人李煜,你了解多少?

生1:初名从嘉,字重光,号钟隐,五代时南唐国主,世称李后主,南唐中主李璟第六子。

生2:开宝八年,宋兵攻克金陵,李煜投降,被送往汴京,过着"日夕以泪洗面"的软禁生活。两年后,他41岁生日时(七夕之夜)作《虞美人》词,并令歌伎演唱,此曲触怒了宋太宗,不久,李煜饮所赐牵机药酒被毒死,该词便成了后主的绝笔之作。

师:词人从皇帝到阶下囚,在身份中他失去了什么?

生1:无忧无虑的物质生活,万人之上的尊重。

生2:身为皇帝的自由。

2. 分析三组对比

师:哪些事物触发了词人的哀思?

生齐答:春花秋月、往事、东风、明月……

思考:(1)春花秋月本是美好的事物,作者为什么希望它早点结束呢?

生1:这样的美好事物反而加深了他亡国的痛苦。

(2)"往事"指的什么事?

生2:物质上:锦衣玉食、后宫佳丽、一国之君的尊荣富贵的生活。

生3:精神上:欢乐、自由、尊严、生存的安全感等。

(3) 我们常说月是故乡明,此刻,李煜给我们描绘了一幅怎样的画面?

白板出示图片:明月、小楼、夜晚、词人。

教师引导:在一个夜晚,天上有明月,词人在哪里?

生1:词人身陷囚楼,听着春风,望着明月,愁绪万千,夜不能寐。

师:词人还有希望复国吗?

生2:他无心从政,也无力从政。

(4) 正是因为复国无望,所以越加深了他对故国的思念,他想到了故国的什么?

生齐答:雕栏玉砌、朱颜。

师:雕栏玉砌指的是原来的物,而朱颜已经改了,也就是——

生齐答:物是人非。

师引导:春花秋月——往事,小楼东风——故国不堪回首,雕栏玉砌——朱颜改,似乎这些内容有相似,也有区别,大家能分析出来吗?

师生小结:春花秋月、明月小楼东风、雕栏玉砌——宇宙永恒不变;往事、故国、朱颜(人生短暂无常)三组对比,隔句相承,虚实结合。

3. 唱读体会

李煜的愁具体指哪些呢?

师:我们先跟着邓丽君早年的演绎一起在歌声中体会一下。

生听音乐感受。

师:结合刚才的探讨,回到第一个问题,李煜的愁有哪些呢?

生:亡国的痛苦、命运的无常、故国的思念、人生的无奈。

白板:

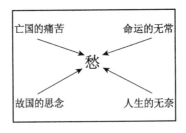

(三) 品读感悟——比喻化愁(板书)

1. 分析文中名句

师:书上有如此多的愁,请捧起书本,大声有感情地朗读。

生大声朗读。

师:合上书本,告诉我,你印象最深的是哪一句?

生:问君能有几多愁?恰似一江春水向东流。

师:这一句是千古绝唱,好在哪里?

生:运用了比喻的修辞手法。

师:把什么比作什么?愁是抽象的,把抽象的情感具体化,这是——

生齐答:化虚为实。

师生小结:这一句化虚为实,极言愁的长度,愁的连绵不绝、无穷无尽、无边无际、无休无止,这哪是一江春水,这是一江愁水,一江苦水……

2. 分析有关"愁"的名句

师:李煜的这一句写愁的名句,几乎涵盖了愁绪所有的特点。同时这最后两句,平仄交替,亦如春江波涛时起时伏,连绵不尽,真是声情并茂,也被后人不断演绎。

白板出示名句:

(1) 秦观《江城子》云:"便做春江都是泪,流不尽,许多愁。"

师生分析:这愁已经物质化,把一江的苦水演绎成为一江泪水。

(2) 董解元《西厢记诸宫调》中云:"休问离愁轻重,向个马儿上驮也驮不动。"

师生分析:把愁从船上卸下,驮在马背上。

(3) 王实甫《西厢记》杂剧《正宫·端正好·收尾》云:"遍人间烦恼填胸臆,量这些大小车儿如何载得起。"

师生分析:把愁从马背上卸下,装在车子上。

3. 师生小结

这句千古名句被不断演绎,但都把抽象的愁具体化,变成可观可感可测量的事物,而我们中华民族的文化也从中得以传承。

三、拓展延伸

诗句接龙,描写"愁"的经典词句。

师:描写愁的词还有很多,我们一起再来回忆一下,抢答(白板出示诗词)。

1. 无言独上西楼,月如钩,寂寞梧桐深院锁清秋。剪不断,理还乱,是离愁,别是一番滋味在心头。——李煜《相见欢·无言独上西楼》

2. 日暮乡关何处是?烟波江上使人愁。——崔颢

3. 少年不识愁滋味,爱上层楼,爱上层楼,为赋新诗强说愁。而今识尽愁滋味,欲说还休,欲说还休,却道天凉好个秋!——辛弃疾《丑奴儿》

4. 独自莫凭栏,无限江山,别时容易见时难。流水落花春去也,天上人间。——李煜《浪淘沙》

5. 若问闲愁都几许？一川烟草,满城风絮,梅子黄时雨。——贺铸《青玉案》

6. 十年生死两茫茫,不思量,自难忘……小轩窗,正梳妆。相顾无言,惟有泪千行。——苏轼《江城子》

7. 花自飘零水自流,一种相思,两处闲愁。——李清照《一剪梅》

8. 此情无计可消除,才下眉头,却上心头。——李清照《一剪梅》

9. 白发三千丈,缘愁似个长。——李白《秋浦歌》

10. 前不见古人,后不见来者。念天地之悠悠,独怆然而涕下。——陈子昂《登幽州台歌》

11. 梧桐更兼细雨,到黄昏、点点滴滴。这次第,怎一个愁字了得! ——李清照《声声慢》

师引导:最后这首李清照的《声声慢》在我们教材42页,同样是一首经典的描写愁情的词,课后可以再去赏读整首词。现在让我们一起读读黑板上的经典词句。

男女生交换读、齐读。

四、课堂总结

这些大家熟悉的诗词和词人,将自己的愁和恨都寄托在了文字当中,并释放出穿越千古的力量,一直传诵到今天,这是他们伟大的地方。光是愁的诗句我们随口拈来的就如此多,中国传统文化博大精深,我们应增强文化的自信。每当我们吟诵出来,实现了与前人遥隔千年的对望,我们通过诗词曲感受他们,遥望他们,这是一笔中华民族独有的丰富的文化财富。

而你们,青春、善良,充满活力,是我从教以来教过的最可爱的学生,今天我们学习了鉴赏诗词的方法,即观察、思考、感悟,找出意象、加以分析,并透过重点词句感受词人的思想感情,以后多读诗词,传承经典,给青春诗与远方。

五、布置作业

1. 背诵全词。

2. 完成练习册。

3. 前人曾评价李煜"做个词人真绝代,可怜薄命做君王",评价李煜的"愁",将语音发到班级微信群。

板书设计

教学反思

教学效果与收获：

（一）一表一里，以表促里

创设情境、借助信息化手段教学是表，意在促进语文生态教学。现代认知心理学表明：一幅形象的画面、一组动听的声音、一段动态的场景，往往可以诱发认知内驱力，从而使学生对认知对象产生强烈的热情。随着教育改革的不断深入和信息化建设的不断推进，交互式电子白板作为一种新的教育技术，优化了本节课堂教学环节，让古诗词在信息化手段的浸润下，散发别样的光彩。

（二）环环相扣，张弛有度

本节课在教师的有效引导下，围绕着文中的文眼"愁"字，以"花月入愁""对比显愁""比喻化愁"串联全词，通过对三组对比的分析，挖掘词人丰富的情感和思想，同时，赏析千古名句，加深对愁的理解。教学环节设计精巧，环环相扣，张弛有度，避免了教师按部就班的呆板教法，具有针对性和时效性，有利于培养学生的独立阅读能力和鉴赏能力。

（三）因材施教，以生为本

新课改的核心精神是以人为本，语文课标也倡导以人为本，以学生为主体。本节课的教学思路紧紧围绕这一思想，处处体现以学生发展为本的教学主导思想，通过信息化的形式，把本文的内容进行动态的展示，借用诗词大会的契机，让每个学生动起来，充分调动学生的学习热情，鼓励学生思考回答，并利用小组合作等形式展开讨论和交流，课堂学习气氛浓厚，从而顺利完成教学目标。

不足与改进：

学生的交流、讨论还不够深入，《虞美人》这样的名篇，其思想内容博大精深，不作深入思考，是无法透彻地理解作品的。课后通过作业、阅读等方式，进行问题的再讨论，让学生畅所欲言的同时，再一次回顾知识点，加深理解，提升鉴赏能力。

胡适先生曾说："生命本身并没有什么实际意义，你赋予它什么意义，它就有什么意义。"作为教师不仅要传授知识，更要使学生汲取人类文明优秀成果，培养健康的审美情趣，积累丰厚的文化底蕴，增强文化自信，以期使个人能力和综合素质得到有效提升。

《虞美人》创新教学设计

时 敏

设计意图

本次所选课题为一首词,本词选自江苏省职业学校文化课教材《语文》第二册第二单元。诗词首先是重在诵读,其次是把握意象、意境和情感。所以,在教授本课时,第一,诵读将会贯穿于整堂课之中,通过不同形式的诵读由浅入深感知全词。第二,在整体感知情感的基础上向外扩散,波及全词,通过学生自己对词作的把握,赏析重点词句,品味词作感情。第三,本词在手法上的主要特点是化抽象情感为形象的比喻手法,所以当堂进行仿写,强化训练。本堂课设计了两个亮点:一是不同形式的诵读贯穿始终,二是课内向课外的知识及能力的延伸、拓展。

本课设计思路具体如图示:

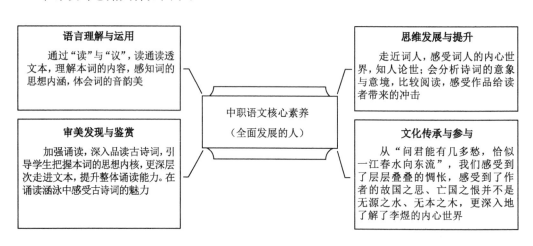

语文核心素养的四个方面是一个整体,其中语言理解与运用是基础,其他三个方面都建立在语言理解与运用的基础之上。

教学目标

1. 理解本词的内容,感知词的思想内涵,体会词的音韵美。

2. 对李煜其人及其词有一定的了解。
3. 感受本文将"抽象的感情形象化"的艺术特色。

教学重点

学会分析诗词的意象及意境，从而把握诗人的感情。

教学难点

知人论世的鉴赏古诗词的方法。

教学过程

一、引

师：同学们想不想听故事？

生（小声）：想。

师：这"想"的声音不够"响"嘛！

生（大声）：想！

师：好，那老师给大家讲一个历史故事。不过，需要提醒的是，这不是一个欢乐的故事，而是一个悲伤凄婉的故事。我要求大家在听的过程中，能把听到的内容在脑海里转换为形象的画面。我也相信大家都是出色的摄影师，一定能完成这个任务。下面，让我们开始——

（课件背景音乐。如怨如慕，如泣如诉）

师（深情地）：一个细雨蒙蒙阴云低垂的早晨，一座金碧辉煌而又气氛肃杀的宫殿，一个泪眼朦胧面容苍白的君主。佛，他拜过了；契丹，他也求过了，眼见着亡国被俘的命运是逃不掉的。在这花园般美丽的古都金陵即将沉陷于敌国铁蹄之下的时候，这位"生于深宫之中，长于妇人之手"的风流天子，缓缓地站起身来，脱去穿在身上15年之久的那件金光闪闪的龙袍，肉袒负荆，出城跪降。随后，在宋兵的辱骂声中，一路呜咽，北上东京。紧接着就是被囚禁，只能日夕以泪洗面。虽被封为"违命侯"，但最后的命运还是在他过完41岁生日的那天晚上来临，面对一弯残月，他慢慢转过身去，远眺南方他那无法看到的"三千里地山河"。失落的、冰凉的眼泪打在他的手臂上，他再也无法整理这多年积累的愁绪，吟唱了一曲最为绝望的诗歌，喝完宋太宗赐来的毒酒，倒地而亡。

请问，他是谁？

生：李煜。

师：对，他就是南唐后主李煜，一位失败的政治家。

（投影呈现李煜头像及相关档案）

姓名:李煜

别名:重光

生辰:937年8月15日

祭日:978年8月13日

籍贯:徐州

国家:南唐

职业:国主词人

信仰:佛教

师:但在死神来临之前,他却用一个艺术家的天才敏感,领受到非人的囚徒生涯,以一个昔日君主的眼光看待亡国灭种的不幸命运。在死亡的召唤声中,他没有闭上眼睛,而是蘸着血、和着泪写下了一曲曲凄凉如挽歌般的诗作,创造了审美世界的最后辉煌。

今天,就让我们一起走进这位南唐末代帝王的内心世界——

(投影呈现:江水图。《虞美人》全词内容)

二、读

师:学习课文先从诵读开始。先请两位同学来朗读这首词,其他同学在听读过程中,要注意比较,然后评析谁朗读得更好。

一男生、一女生诵读。

师:他们读得怎么样?

生:男生读得声音洪亮,韵律清楚,好像感情太高亢了,这不大应该。女生的感情处理好一些。

师:应该什么样的感情?

生:低沉、凄凉,在声调上有曲折。

师:其他同学还有什么评价吗?

生:我觉得他们读得都不好,重音上只处理好了最后一句,前面的读得不怎么样。

师:依你说,应该怎么处理?

生:我觉得这几个词要读好:何时、多少、又、不堪、应、只是、几多。这些词特别能表现诗人痛苦的内心世界。

师:你再来试试读读。

生读。

师:大家说读得怎么样?

生(齐):好。

师:刚才在读的时候,一张一弛,一顿一挫,好像把我也带入那个忧伤的世界了,这才是入情入境、高质量的诵读。还有没有同学向他挑战?

生:我想试一下。

师:来,先为勇敢的挑战者鼓掌!

生读。

(学生再次鼓掌)

师:怎么样?

生(七嘴八舌):更好!棒!

师:不愧是年级诗歌朗诵大赛的冠军,不过老师我今天也想向他挑战一回!

生(齐):好!(鼓掌)

师:我可是有备而来的,备好了音乐,我读完后大家再实事求是地评价,不要因为我是老师就给我面子,也不要因为我是老师就不给我面子。

生笑。

师配乐朗诵。

生鼓掌。

师(见一学生举手):你说——

生:老师读得很投入,不过普通话还不是很标准。

师:嗯?

生:"玉砌"的"砌",老师读成了"切"。

师:谢谢纠正。大家认为我比汪晓雨读得好的,举手!

(只有6个人举手,全班42人)

师:看来我是没希望超过她了,大家可要好好练练,争取超过她,有没有信心?

生(乱):好!没问题!

师:来,咱们一起背一遍,背诵的时候争取眼前能浮现出词中的景象。春花——

生齐背。

三、议

师:要朗读得好,必定要把握全词的情感核心。请问,文中哪个词可以概括全文的感情?

生(齐):愁。

投影呈现:放大"愁"字,字色由黄变黑。

师:大家说说李煜的愁有哪些。

投影呈现问题:李煜的愁。

生:国家灭亡。

师在黑板上书写"国家灭亡"。

生:还有离开君主宝座的失落。

师在黑板上书写"离开君主宝座的失落"。

生：没有了妻妾的幸福。

师：嗯？

（众生笑）

生：至少没有了家庭啊，家已经支离破碎了。

师：这才像话。（在黑板上书写"家庭支离破碎"）

生：对往事的怀念，或者说是岁月流逝，自己的命运越来越差。

师在黑板上书写"感时伤怀"。

师：差不多了，我自己思考的答案，跟这几位同学说得差不多，看看——

投影呈现：

    往事之叹

    亡国之恨

    "愁"

    离家之痛

    思家之苦

师：这层层叠叠的铺天盖地的"愁"接踵而至，真是"这次第，怎一个愁字了得"！

师：好。这"剪不断，理还乱"的无限忧愁，虽然真实存在，但毕竟过于抽象。我们虽然看不见，摸不着，却又能真切地感受到。那么，问问大家，作者是怎么样来写"愁情"的？

投影呈现：作者是怎么样来写"愁情"的？

生：选取典型的景物，如春花秋月表达忧愁，有意境。

师：春花秋月是美好的事物，能直接表现愁情吗？

生：我猜是对比吧。

师：好。

生：结尾的名句用了比喻，把抽象的感情写得很形象。

师：好。

生：虚实结合。对往事的回忆，引起现在的愁苦，前虚后实。

师：很好。

师：我看除了对比、比喻、虚实的运用外，作者的发问也很有特色。先问天："春花秋月何时了？"再问人："往事知多少？"最后问自己："问君能有几多愁？"可以说是，问天天不应，问人人不知，问己泪满面。层层叠加，曲折回旋。最后以"一江春水"作结，这哪是一江春水啊？简直就是一江愁水，一江苦水，使抒情达到了极致。

投影呈现：

① 意境的创设上：虚实结合，情景交融

实写：物是（自然永恒）

虚写:人非(人生无常)

② 比喻

③ 对比

④ 发问

师:我还想问问,你们是如何看待李煜的"愁"的?

投影呈现:如何正确评价李煜的"愁"?

生:这是封建帝王的愁,不值得同情。谁叫他声色犬马,不务正业呢?

生:我觉得这愁愁得美。

师:为什么觉得美?

生:因为它很有人情味,人性化。

师:说得好。

生:我也是"哀其不幸,怒其不争"吧。

师:我说说我的看法:我无暇去责备他纵情声色以至丧失了南唐美丽的山河,我所感受的是他卸去帝王外衣后的平民式的抒情。"问君能有几多愁?恰似一江春水向东流"。这种化帝王之愁为凡人之愁的做法,已经从艺术审美的角度深深感染着古往今来的李煜的读者。再由审美的通道回过来看,我们又能看到李煜独有的天堂炼狱般的大绝望,苦难风流的大哀伤,那太息般的眼光,丁香般的惆怅——如果说,我们要同情李煜的话,那只能是审美上的同情,而不是道德上的怜悯。

师:带着这种认识,我们一起来看李煜的另一词作《浪淘沙》。

师:将课本翻到 68 页,自读,并思考它与《虞美人》的相通之处。

投影呈现:《浪淘沙》词作内容。

生:都写的是离国离家之愁。但是没有仇恨,是纯净的愁情。

生:我喜欢"梦里不知身是客,一晌贪欢",很动情,我读到这里是哽咽的。

师:说说看。

生:这算是虚写吧,梦里寻找到极乐世界,加重了现实的悲凉。越是在梦里沉醉,越能看出现实处境的凄凉。

生:我喜欢"别时容易见时难"。一般说,相见很容易,作者却反过来说,与作者的经历有关。一旦告别了国与家,就彻底孤独了。

生:我注意到作者又写到春天了。作者写春天是在怀念,也是反衬,是在与春天告别。

四、结

师:说得都不错。

投影呈现:尼采与缪塞的话。

师：尼采说："在所有文学作品中,我尤其喜欢那些用血写出来的文字。"缪塞说："最美丽的诗歌是最绝望的诗歌,有些不朽的篇章是纯粹的眼泪。"的确,平庸的心灵只能有平庸的痛苦,平庸的痛苦只能产生平庸的艺术,而那些伟大的艺术只会在绝望的心灵里诞生。

我们可能不会绝望,我们可能不会写出惊人的篇章,但是,热爱生活比一切都显得重要。让我们热爱诗歌热爱生活吧!

教学反思

古诗文教学要特别重视朗诵,古代文人墨客"情动而辞发"写下千古传诵的优美诗文,今天我们读者就要"披文而入情"走进他们丰富的感情世界,通过反复诵读理解诗情诗意。"旧书不厌百回读,熟读深思子自知",诗的情感、气魄、层次、节奏等,不是讲出来的,而是读出来的,品出来的。这节课,我用朗诵贯穿始终,打破一开始就由教师激情范读的模式,采取循序渐进的方式:先"朗读",待读准、读顺、读懂后,再"品读",赏析诗歌内容,最后"诵读",水到渠成地理解诗歌的思想感情,声情并茂地加以吟诵。整节课,力图使学生沉浸在高雅的审美愉悦当中,受到美的教育、熏陶,认识汉语的美。

因为这是一首很短的诗词,所以一节课只完成一首词的讲解课堂容量太小。因此在设计本堂课时,最后又拓展了一首作者同时所作的另外一首词进行比较阅读,以便更好地把握词人的情感。今后在设计课时,要把课堂环节设计得更为合理,尽量"压缩"一些环节,展开一些环节。另外还要克服语速过快这一毛病,把课讲得更有声有色!

《念奴娇·赤壁怀古》创新教学设计

王红艳

设计意图

《念奴娇·赤壁怀古》选自江苏省职业学校文化课教材《语文》第二册第二单元。本单元的主要内容是诵读古代诗词曲名篇,目的在于培养学生鉴赏古代文学作品的能力,所选的都是古诗词创作中最有代表性的作品。

《念奴娇·赤壁怀古》写于1082年,是作者苏轼因"乌台诗案"被贬到黄州时所写的一首怀古词。文中作者以古怀今,不仅表达了对古代英雄的缅怀和仰慕,还有对自己年岁将老、壮志难酬的感叹。该文不仅是苏轼的代表作,也堪称宋词中的经典,是本单元教学的重点内容。

德国职教专家特拉姆对行为导向教学法曾作过这样的界定:"行为导向是一种指导思想,是培养学习者具备自我判断能力,懂行和负责的行为。它可视为主体得以持续发展的过程,也就是说在这一过程中,他们所获得的知识和能力在实践活动中可得以展现。"本节课,教师采用行为引导教学法,实施课前行为引导,下达任务书,进行课本剧创作和表演,引导学生分组、自主探究、合作学习,共同完成本课题。行为引导教学法突破了传统教学重知识、轻能力的局限,充分调动学生动脑、动手、动口的积极性,强调的是综合职业能力的培养,更符合对职业学校的学生进行素质教育的要求。

设计思路具体如图示:

语言理解与运用	思维发展与提升
本词文辞优美,感情浓厚,境界雄阔,感悟意蕴,特别是抒情部分更要细心玩味。让学生发现诗词中的语言美、情感美、意境美,陶冶情操	通过阅读学习,理解词中写景、咏史、抒情融为一体的写作手法。了解豪放派宋词的特点,提高古典诗词阅读鉴赏能力
审美发现与鉴赏	文化传承与参与
感受苏轼豪放的词风,体会作者渴望为国效力的思想与壮志未酬的苦闷,学习他的旷达胸襟和进取精神	"历史回声"不绝如缕,"千古江山"尽显风流。豪放派词人苏轼的《念奴娇·赤壁怀古》从遥远的大宋王朝走来,又裹挟着今天的声音向未来走去,它永恒震撼着人们的心灵

中职语文核心素养(全面发展的人)

语文核心素养的四个方面是一个整体,其中语言理解与运用是基础,其他三个方面都建立在语言理解与运用的基础之上。

教学目标

1. 理解全词的主要内容,学习品析、感受词人壮志难酬的心怀。
2. 诵读吟咏,感受诗词恢宏开阔的意境;培养学生改编再创造剧本的能力。
3. 理解词人复杂的心情,丰富学生的情感世界。

教学重点

情与景的自然结合,借景抒情,怀古伤今。

教学难点

感受苏轼豪放的词风,体会作者渴望为国效力的思想与壮志未酬的苦闷,学习他的旷达胸襟和进取精神。

教学过程

课前准备

1. 班级学生分成两个小组,在上课时进行小组讨论、朗诵比赛。
2. 安排部分学生对本词内容进行课本剧改编,并进行课本剧表演排练。

一、导入新课,初步感知

教师播放一位大师的音频朗诵,学生听配乐朗诵《念奴娇·赤壁怀古》。

师:同学们,刚才大家聆听了一位大师朗诵的《念奴娇·赤壁怀古》,听后你们有什么感受呢?

生:大气磅礴,有历史厚重感,再现三国赤壁之战的盛况,词人感伤自己。

师:大家讲得都很好,昨天我们大家共同疏通翻译了这首词,对词作内容有了初步的理解。

二、复习旧知

师:我们先对这首词的字词知识、文学常识进行复习。1.淘;2.故垒;3.风流人物;4.酹。(教师出示PPT)

生:1.淘:冲洗;2.故垒:旧时的营垒;3.风流人物:杰出的人物;4.酹:用酒来祭。

师:大家掌握得很好,下面我们回顾文学常识:1.苏轼,字( ),号( ),( )。公元

1082年被贬黄州的苏轼,政治上遭受打击,思想苦闷,经常游于江湖山水之间,写下了名垂千古的经典名作( )、( )和( )。

2. 宋词豪放派的代表人物是:( )和( ),婉约派的代表人物是:( )和( )。

生:1. 子瞻,东坡居士,"唐宋八大家之一",《赤壁赋》《后赤壁赋》《念奴娇·赤壁怀古》。

2. 苏轼、辛弃疾,柳永、李清照。

师:大家对这些文学常识要认真掌握。今天这节课我们将进一步深入研读这首词,感受诗词意境,体会词人的矛盾心境。

三、深入领会

教师创设情境讲授,带领学生走进赤壁怀古。

师:我们先整体感知词的上下阕的内容,请大家提炼归纳。

生:上阕:侧重写景,咏赤壁。

生:下阕:侧重抒情,怀周瑜。

师:大家归纳得到位,那么我们先重点研习上阕,品读重点句段,请思考:"大江东去,浪淘尽,千古风流人物。"开篇给我们展现了什么样的图景?

生:这句话中有气势磅礴的大江、巨浪、历史人物。

师:是的,大家提炼得很好,词作开篇把大江、历史、人物巧妙地融合在一起。不仅写出了长江奔流浩浩荡荡、气势磅礴,而且将写景与写人融合为一体,营造了一种磅礴的气势,雄浑壮阔的意境,这是典型的豪放之美,是一种大美!在这里,长江已不仅仅是一条江水的名字,而是滔滔历史江水的代名词。作者面对江水不禁心潮起伏激荡,怀想往昔无数的风流人物。运用起兴手法,同时为下阕英雄出场作铺垫。

请进一步对比品读下面两首词的开篇所奠定的基调:

1. 寒蝉凄切,对长亭晚,骤雨初歇。(   )
2. 大江东去,浪淘尽,千古风流人物。(   )

(学生朗读品味)

生:《雨霖铃》开篇渲染凄凉、离别之情,是婉约之词,而《念奴娇·赤壁怀古》则雄浑阔达,是豪放之词。

师:大家通过开篇对比也体会出了婉约词与豪放词的不同。我们继续品读词句:"故垒西边,人道是,三国周郎赤壁。"体会这段话表达的感情是什么。

生:表达词人对往昔英雄的无限怀念。

师:是的,作者所要怀念的是三国时的英雄。再接着给下面句子填充完整,"( )石( )空,( )涛( )岸,( )起千堆雪"。

生:乱、穿、惊、拍、卷。

师：这些字都是什么词性？

生：动词。

师：请体会这段话中这些字写得如何生动、传神。结合书下注释及词句来理解。

生：乱，岸边山岩之险怪。

生：穿，陡峭山崖的高峻。

生：惊，江水之汹涌。

生：拍，惊涛与江岸搏击的力度。

生：卷，波涛力量之大。

师：大家归纳得都很好，对这些意象的特点把握到位，在此基础上，我们进一步概括作者所描写的赤壁之景的意境，请用词语提炼回答。

生：气势豪迈，雄伟壮阔。

师：提炼得很好，这幅画面实写赤壁之险峻雄奇，惊心骇目。有动有静、有声有色，寥寥数笔便勾画出一幅雄奇壮丽的雪浪图。令人想到当年赤壁鏖战的壮阔场面，为下片追怀英雄渲染气氛。

我们再接着品读上阕最后一句"江山如画，一时多少豪杰"在全词的结构中起什么作用。

生：由景及人、承上启下。

师：是的，上阕的所见之景正是为了衬托下阕的所想之人，那么，下阕所想之人是谁呢？请用词中句子回答。

生：千古风流人物，一时多少豪杰。

师：刚刚我们品读了上阕内容，下面我们齐声有感情地诵读上阕，在朗读中体会上阕的景和情。

（学生齐读上阕）

师：刚才大家读得很有激情。在上阕写景的基础上，词人转入下阕的抒情。老师选取了一部电影《赤壁》中的人物剧照，带领大家直观感受三国人物，由此引入对下阕周瑜的描写。

（学生观看人物剧照：周瑜、诸葛亮、孙权、刘备、曹操、小乔）

师：请分析下阕中作者从哪几个角度描写周瑜的，请大家从词中找出重点字词填空归纳并分析周瑜形象。

生：小乔初嫁——年轻得意。

生：雄姿英发——人才出众。

生：羽扇纶巾——风流潇洒。

生：谈笑间——自信乐观。

生：樯橹灰飞烟灭——从容破敌。

师:大家关键词句提炼得很好,并对应上人物的特点,我们在此基础上进一步归纳周瑜的形象特点。

生:风流儒将英雄周瑜。

师:作者描写周瑜,笔锋转到对自己的反观,请大家分别从年龄、婚姻、外貌、职务、际遇五个方面对周瑜、苏轼两人进行对比,查找相关资料分别完成周瑜、苏轼两人的材料,将图表填空完整。

生:周瑜,34岁,幸福美满,英俊儒雅,东吴都督,功成名就,昂扬奋进。

师:而此时的苏轼呢?

生:苏轼,47岁,屡遭不幸,早生华发,团练副使,功业未就,踟蹰矛盾。

人物	周瑜	苏轼
年龄	34岁	47岁
婚姻	幸福美满	三十丧妻
外貌	英俊儒雅	早生华发
职务	东吴都督	团练副使
际遇	功成名就	功业未成

师:通过这两人的对比,作者想要表达什么?请结合词作背景、上阕内容来回答。

生:下阕中作者所忆的是周瑜雄姿英发、自信破敌,所叹的是自己早生华发、功业未就。

师:我们由此分析归纳出作者"踟蹰矛盾"的心境,这种情感是诗人理想与现实尖锐冲突之后的心理反应。那么面对此情此景,词中是如何反映出来的呢?

生:人间如梦,一尊还酹江月。

师:同学们如何看待、理解词末的这种心境?

学生们结合本词内容及情感,各抒己见。

师:江月是永恒的,在无限的时间和空间中人只是沧海一粟,人生如此短暂,又何苦让种种"闲愁"萦回我心呢?一位襟怀超旷、识度明达的诗人浮现在我们眼前,在他的自解和自我安慰中仍有一腔豪迈之情。(联系《前赤壁赋》中的"惟江上之明月……吾与子之所共适"理解)

下面我们齐声有感情地诵读下阕内容。

四、拓展延伸

在深入研读词作的基础上,学生小组讨论,结合所学,对课文内容适当运用再创造,进行课本剧《念奴娇·赤壁怀古》的创作和表演。(表演中配以适当的背景音乐《高山流水》及插播视频《赤壁》中的"火烧赤壁"片段)

表演者:苏轼——王江城
　　　　周瑜——何涛
　　　　诸葛亮——王靖
　　　　黄盖——赵耀
　　　　小乔——冯婷婷
　　　　旁白——黄乐乐

学生表演完,师生进行点评。

五、梳理重点,加深印象

(教师进一步巩固、强调本节课学习重点和难点)

本次课深入分析研讨本词的重点句段及主要内容,深层次去理解把握本词的意境。课堂结束,我们再次对这首词进行诵读。

苏轼的这首豪放词把写景、咏史、议论、抒情融为一体,豪迈奔放,一泻千里。在对赤壁景物的描写上和对周瑜形象的塑造上,都体现了豪壮的情调。用烘托和映衬的手法,抒发了自己的感慨。更可贵的是,这首词还留给我们无尽的人生启示:每个人的一生都必然遇到种种挫折和磨难,你将如何应对呢?从苏轼和他的作品中,或许我们每个人都能找到自己需要的答案。

六、布置作业,巩固知识

1. 背诵本首词。
2. 对比阅读《念奴娇·赤壁怀古》和《雨霖铃》两首词,仔细体会两首词不同的意境与感情基调。
3. 进一步拓展阅读《念奴娇·赤壁怀古》《前赤壁赋》和《后赤壁赋》"一词二赋",领略东坡居士的人生境界。

板书设计

念奴娇·赤壁怀古

苏　轼

写景 ┬ 赤壁之景 ── 穿石拍岸(拟人、夸张)
　　 └ 大江气势 ── 卷起千堆雪(比喻)

咏史 ── 怀周瑜 ── 年轻有为、雄韬伟略、风度闲雅
　　　　　　反衬　　君王赏识

抒情 ── 抒己感慨 ── 人生如梦、壮志未酬

教学反思

《念奴娇·赤壁怀古》这首词看似豪迈易懂,但要理解其中的深层含义,尤其是理解词人壮志难酬的心怀还是有一定难度的。本节课是第二课时,在第一节课初读课文的基础上深层次地剖析课文,诵读吟咏,让学生去深刻理解作者赤壁怀古的复杂情感,并运用课本剧改编表演拓展课文内容,带领学生感受赤壁之战,对比周瑜与苏轼,进一步使学生理解文章的主旨,从而完成本节课的教学。依据职业学校语文课堂生态的特征——和谐的情境性,有机的整体性,积极的交互性,以学生为主体,让学生在小组合作中发现、探索、研究、体验,增强学习兴趣,掌握学习方法,提高学习能力。

本课的教学指导思想是以教师为主导,以学生为主体,以"诵读—鉴赏—讨论—再创造"为主线,培养学生的诗词鉴赏能力。采用诵读感悟法去品读这首宋词中的经典,文辞优美,感情浓厚,境界雄阔。教师认真引导学生诵读文章,感悟意蕴,特别是抒情部分更要细心玩味,让学生发现诗词中的语言美、情感美、意境美,陶冶情操;并根据词中所描绘的情景,利用多媒体,配以形象的图片、音频、视频及生动的语言,模拟实景,创设情境,使学生如见其景,如闻其声,直观地感受情境和意象,走进作者的内心世界。

本节课教学任务已圆满完成,该班级学生的课堂互动较流畅,课本剧的表演也很成功,但由于教学内容量大,时间上有点紧凑。

《念奴娇·赤壁怀古》创新教学设计

余 萍

设计意图

《念奴娇·赤壁怀古》选自江苏省职业学校文化课教材《语文》第二册第二单元"心灵的歌吟"。元丰五年,苏轼因"乌台诗案"被贬黄州,漫步长江岸边的苏东坡,望着奔腾不息的江水,畅想着历经沧桑的赤壁古战场,情难自已。本词从声韵到用字,从意境到风格,都具有豪放之气,既饱含作者壮志未酬的苦闷,又彰显其身处困境旷达洒脱的胸怀。诗词语言凝练但意蕴深厚。本课充分利用学习平台资源、微课、智慧笔、喜马拉雅 FM 软件,对传统课堂进行拓展。在以生为本教育理念指引下,采用任务引领、合作探究、师生共建的方式,多角度突破教学重难点,达成教学目标,实现学生语文核心素养的提升。

设计思路具体如图示:

语言理解与运用	思维发展与提升
通过观看分析朗诵视频,总结掌握豪放派诗词的朗诵技巧。欣赏词作写景、咏史、抒情浑然一体的手法,提升语言运用能力	运用智慧笔,让学生将抽象的思考转化为形象的文字,辅助课堂反馈,提升思维效率
审美发现与鉴赏	**文化传承与参与**
共享资源的运用,辅助创设情境、拓展阅读。通过了解人物生平、怀古词相关知识,理解苏轼豪放的词风,体会词人旷达洒脱的思想境界	课外,学生精心排练,参加社团活动,走出校园、走进社区,在活动中挖掘体会苏轼诗词的深层内涵,传承中华传统文化,展现了文化的自信

中职语文核心素养(全面发展的人)

语文核心素养的四个方面是一个整体,其中语言理解与运用是基础,其他三个方面都建立在语言理解与运用的基础之上。

教学目标

1. 了解人物生平、怀古词相关知识,掌握豪放派诗词的朗诵技巧。
2. 欣赏词作写景、咏史、抒情浑然一体的手法。提升语言运用、审美鉴赏等语文核心素养。

3. 理解苏轼豪放的词风,体会词人旷达洒脱的思想境界。

教学重点

欣赏词作写景、咏史、抒情浑然一体的手法,理解苏轼豪放的词风。

教学难点

感悟苏轼渴望为国效力、壮志未酬的苦闷,身处困境、旷达洒脱的人生态度。

教学过程

一、导入新课

(播放《三国演义》主题曲)

师:孔子登泰山而小天下,范仲淹临洞庭而忧苍生,欧阳修游滁州而醉山水。他们心为山动,情为水发,锦文华章喷薄而出。同学们,今天就请随我一起走近苏轼,走近这首震烁千古的《念奴娇·赤壁怀古》。

学生齐读全词。

二、新授内容

(一) 鉴赏景物

师:下面有请"苏轼生平"小组为我们进行汇报。

生:(读PPT汇报)苏轼,字子瞻,号东坡居士,谥号文忠,眉州眉山人,是北宋著名文学家、书画家、散文家和诗人,豪放派代表人物。他与他的父亲苏洵、弟弟苏辙皆以文学名世,世称"三苏",与汉末"三曹父子"齐名。他还是著名的唐宋八大家之一。作品有《东坡七集》《东坡乐府》等。

师:苏轼与父亲和弟弟并称"三苏",此外他在诗、词、散文、书法各方面都有成就,就个人创作而言,堪称"中国古代第一全才"。下面我们就走近苏轼,鉴赏他的诗词才情。

请同学们用智慧笔找出上片描写的意象,分析景物特点,并抓住传神的词汇,分析"乱石穿空,惊涛拍岸,卷起千堆雪"这一名句中使用了哪些修辞手法和观察角度。

(学生用智慧笔写出意象、传神词、特点、修辞手法、观察角度)

师:(屏幕展示学生手写内容)屏幕显示。大家找到的意象与传神词都十分完整,我们就请同学为我们分析一下。

首先,上片中写了哪些意象?

生1:我找到了大江、乱石、惊涛、千堆雪这些景物。

师:那么你觉得有哪些词比较传神,为什么呢?

生1:我觉得"乱、穿、惊、拍、卷",还有"千堆雪",这些词都很传神。"乱石穿空"的"穿"运用了夸张的修辞手法。"惊涛拍岸"的"拍"用了拟人的修辞,而"卷起千堆雪"的"雪"是比喻。"穿""拍"这两个动词让画面十分生动。

师:观察角度你是怎么分析的?

生1:大多数景物描写都是从视觉角度写的,我觉得"惊涛拍岸"中也有听觉角度的描写。

师:非常好,苏轼在描写中运用了这些修辞,变换了观察角度,再加上传神的动词的运用,上片中的景物大家觉得都具有什么特点?

生:(自由说)豪迈、雄浑、壮阔、壮丽。

师:是的,上片写景为我们勾画了一幅气势磅礴、波澜壮阔的景象,体现了本词豪迈奔放的风格。

(二) 咏史怀古

师:"江山如画,一时多少豪杰",上片尾句拉开了下片咏史怀古的帷幕。有请"赤壁之战"小组为我们进行汇报。

生2:我们小组剪辑制作了一段关于"赤壁之战"的解说视频,请大家欣赏。

(学生播放解说视频)

师:词的下片中苏轼选取了其中的哪位豪杰来进行描绘?

生:(齐)周瑜。

师:当年战场上孙权27岁,周瑜34岁,曹操54岁。其实身在黄州赤壁的苏轼已经47岁了。下面我们就回到诗词,有请"苏轼与赤壁"小组带领我们了解一下本词的创作背景。

生3:(读PPT汇报)宋神宗元丰二年,苏轼因"乌台诗案"被捕入狱。出狱后,被贬黄州做团练副使。苏轼在黄州十分穷困,靠朋友的帮助弄到一块地,自己耕种起来。他还亲自整理场地,在东边山坡上盖了一间屋,给自己起了一个别号,叫东坡居士。苏轼在政治上失意的日子里,常常游山玩水,写作诗歌。有一次,他在一个月光皎洁的夜里,约了几个朋友,乘着小船到赤壁去游览。在那里,想起三国时期曹操和周瑜大战的情景,触景生情,写了一篇文章——《赤壁赋》。在游赤壁之后,他又写了《念奴娇·赤壁怀古》。

师:苏轼因"乌台诗案"被贬黄州,做团练副使,这实际上是一个虚职,但政治失意的苏轼在黄州不仅写了《赤壁赋》《后赤壁赋》,还写了《念奴娇·赤壁怀古》《临江仙》《记承天寺夜游》等经典佳作。词中"赤壁"在今湖北黄冈,而非历史上赤壁之战所在地。

请同学们根据小组汇报内容及我补充的知识点,研读诗词下片,用智慧笔完成下列表格。

(学生用智慧笔填写表格)

师:(屏幕展示学生手写内容)大家分析得很好,请同学来解释你的解答根据是什么。

生4:我是从"小乔初嫁"了看出周瑜年轻得志,家庭幸福。"雄姿英发。羽扇纶巾"一句我看出他英俊儒雅。"谈笑间,樯橹灰飞烟灭",这句显示出他足智多谋、功成名就。

生5:下片中"多情应笑我,早生华发"是苏轼写自己功业未成,头发都已经花白了。

师:非常不错,那么大家思考总结一下从表中看出两人区别在哪,这里是什么写法?

生6:周瑜在赤壁之战时意气风发、志得意满。苏轼在赤壁时政治失意、壮志难酬,内心应该是苦闷的。我觉得这里是在作对比。

师:很好,准确地说这种写法叫"映衬、衬托",包含正面衬托和对比反衬两方面。这里作者正面衬托了对周瑜英雄壮举的赞美,以此来反衬自己的失落苦闷。苏轼在词中用周瑜和自己作映衬,而当年苏轼的诗词也常被拿来与别人比较。请大家看学习平台中俞文豹《吹剑录》片段。

师:请同学来为我们介绍一下片段内容。

生7:文章将苏轼的词与柳永的词作了比较,指出柳永的词风是婉约派的,苏轼的词风是豪放派的。

师:不错,当年世间流行的是柳永的婉约离别词,人们更倾向柳词,对苏轼的新风格并不很喜爱。那么后人对豪放词的评价如何呢?请大家点击学习平台链接,在资源库中阅读后人评价,找出评价苏词豪放风格的语句。

生8:我找到徐度《却扫篇》中说的:(柳永)词虽工致,然多杂以鄙语,故流俗人尤喜道之。其后欧、苏诸公继出,文格一变,至为歌词,体制高雅。

师:这里徐度认为什么人喜爱柳永的词?

生8:"流俗人"。

师:他怎么评价苏轼的词呢?

生8:"高雅"。

生9:我找的是纪昀说的,词自晚唐五代以来,以清切婉丽为宗,至柳永而一变,如诗家之有白居易;至苏轼而又一变,如诗家之有韩愈,遂开南宋辛弃疾等一派。

师:很好,当年世间流行的是柳永的婉约离别词,而苏轼诗词豪放的风格却是一种创新。黄州的生活让苏词创作了如此多的经典佳作,他超越了前人柳永,开辟了豪放派的先河,引领了后世一派。最后,我们欣赏一段资源库中的视频。

(播放平台资源库视频)

(三)境界解读

师:"人生如梦,一尊还酹江月",全词以此作结。这是壮志未酬的苏轼在怀古映衬中感到的自卑落寞还是别有他情呢?请同学们结合前面所学内容,在学习平台阅读《赤壁赋》《苏东坡传》片段,小组讨论,畅所欲言,在平台讨论区进行个性化解读。

(学生讨论)

生10:《赤壁赋》里面感觉苏轼很喜欢游山玩水,享受自然风光啊,他心情挺好的。

生11:你看《苏东坡传》中写得很清楚了,他在黄州过着神仙般的日子呢!

生12:他对山水、自然很喜爱,我感觉他不消沉,生活很乐观啊。

生13:我记得课前预习的时候我在网上搜集资料时也看到过评价,苏轼是一个心境旷达洒脱的人。

(学生在平台讨论区留言,屏幕展示讨论内容)

师:同学们的讨论、留言都十分精彩。《赤壁赋》中苏轼虽然政治失意十分苦闷,但他在黄州壮丽的风景中找到了人生的另一种寄托,《苏东坡传》中苏轼的日常生活,也体现了他在逆境之中积极乐观、旷达洒脱的人生态度,这是他的人生境界,更是他豪放派风格的创作源头。

我们一起来看一段微课片段进行总结。

(平台微课播放)

师:最后我们一起来检测一下这段学习成果。请大家用智慧笔完成以下选择题。

(学生完成检测题)

师:总的来看,大家掌握得不错,我们再读全词,大家要读出豪放情感、读出洒脱意境。

学生齐读全词。

(四)朗诵指导

师:同学们有些已经能够背诵了,但从情感表现上来看朗诵水平还有待提高。下面我们欣赏一段朗诵视频,共同总结一下朗诵的技巧。

(平台放视频)

生14:看了视频之后,我觉得朗诵要有感情,注意节奏,语速有快有慢。

生15:我觉得有些地方还要注意强调重音,抑扬顿挫。

生16:我注意到视频里的朗诵者在朗诵时还配合了神态和动作。

师:是的,朗诵除了读准字音、诵出情感,还要注意节奏、重音、语速、停连,借助神态、动作等体态语,表达感情。

三、教师总结、布置作业

时间关系,同学们课后还可在平台中反复观看我上传的几个朗诵视频,进行学习;分组制作朗诵视频,可单人也可集体朗诵,配合背景音乐,注意朗诵技巧;同时,将本词改写成短文,配合与词中景物意境相符的图片,利用各类软件,制作成图文并茂的作品。将两个作品上传至平台作业区,开展点评点赞活动,我们将评选出最佳作品。

| 板书设计

念奴娇·赤壁怀古

苏 轼

景物鉴赏——气势磅礴，波澜壮阔
咏史怀古——赞美英雄，反衬失落
人生态度——积极乐观，旷达洒脱
诵读技巧——读准字音，诵出情感（节奏、重音、语速、停连……）

教学反思

1. 依托学习平台，整合信息化资源，提高古诗词课堂教学效果。

学习平台、资源库拓展了学生的知识储备，也为教师多元评价等提供了便利。

学生观看教师微课，自制解说视频，感受传统文化的熏陶。

智慧笔的运用，将学生抽象的思考转化为形象的文字，课堂反馈更加迅速、直观，教师评价指导更有针对性，切实提高了课堂效率。

大量共享资源的运用，辅助创设情境、拓展阅读，实现"共享课堂"的理念。

2. 多角度共同熏陶，激发对传统文化的热爱，促进语文核心素养的提升。

课前、课中学习，提升了学生的语言建构和运用、审美发现与鉴赏等语文核心素养。课后拓展作业的反馈中，学生诵读、鉴赏、写作等能力都得到了相应的训练与提高。

在实践过程中，同学们更加热爱中华传统文化，但也体会到对苏轼诗词的深层内涵挖掘还不够深入，他们继续通过课外浏览"苏轼全集"等 App 以及阅读课外书籍等方式进一步学习。

学生们徜徉在历史长河之中，沉浸在苏词的艺术境界中，在中华传统文化的浸润下，实现着自身的成长，完成了语文核心素养的提升。

《亡人逸事》创新教学设计

吴路平

设计意图

本文是江苏省职业学校文化课教材《语文》第三册第三单元"生命的芦笛"专题篇目。

作为一篇写人记事的悼亡之作,妻子所具备的传统美德理解起来并无难度;但是,作者含蓄蕴藉于细节中的情感却并不是不太成熟的粗浅的读者容易品咂出来的。所以本人筛选自己研读文本时比较有感受的"三笑"与"一手"几个细节,引导学生围绕一个个"细节"进行研读,并力图将阅读与思考,将阅读与写作联系起来,在细小的目标设置下留出思维腾挪的空间,让读写训练兼顾广度与深度。

另外,微写作的课前要求贴近目标,选择课前写作片段作为教学素材,从有无"细节描写","细节描写"是否体现某种"人情之美",能否关注自己的生活写出真情意三个方面,选择典型片段,课上集中进行交流修改,将听、说、读、写的基本要求融合起来。

设计思路具体如图示:

语文核心素养的四个方面是一个整体,其中语言理解与运用是基础,其他三个方面都建立在语言理解与运用的基础之上。

教学目标

1. 在整体把握文章的基础之上,通过品读作品的"细节之美"体察蕴藉其中的"人情之美"。
2. 学以致用,借鉴作品写作手法提高学生细节描写的意识与能力。

教学重点

1. 学会将细节放到语境中品读,避免对作品中"人情"的误读。
2. 引导学生在比较中读细节,探讨行文的"细节之美"体现出的"人情之美",体会"真"高于狭义的"美"的原则。

教学难点

提高写作中运用"细节描写"来展现"人情之美"的能力,培养"小处着笔""大处着意"的写作意识。

教学过程

一、课前准备

1. 学生通读课文,给文中生字注音。
2. 整体把握文章,用自己的话概括每一部分内容,并拟定小标题。
3. 用细节描写的方法刻画一个人物,写一个百字左右的片段,力图表现出人物的个性特点和内在品质。(课前收上来,批阅筛选代表性的作品,以备课堂交流)

二、预习检测

1. 读准字音

相媳妇(　　　)　　　机杼(　　　)　　　巢卖(　　　)
孤处(　　　)　　　瞑日(　　　)　　　场院(　　　)

教师指名完成。

2. 完成问题

(1) 概括每一部分内容,并拟小标题。
(2) 从内容上分,《亡人逸事》属于(　　　　　)类的散文。

师生简单交流讨论,共同完成。

参考答案:

1. xiàng　　zhù　　tiào　　chǔ　　míng　　cháng

2. (1) 天作之合　婚前相看　婚后琐事　临别赠语

或　缘定　初识　持家　悼别(师生简单交流,对概括做一点整合,并在文本中标注)

(2) 写人记事类或悼亡类

三、导入新课

师:悼亡类代表性作品,大家初中应该接触过苏轼的一首词,还记得吗?

生:苏轼《江城子》。

师:(出 PPT)请大家有感情地朗诵作品。

生:《江城子·乙卯正月二十日夜记梦》苏轼

十年生死两茫茫,不思量,自难忘。千里孤坟,无处话凄凉。纵使相逢应不识,尘满面,鬓如霜。夜来幽梦忽还乡,小轩窗,正梳妆。相顾无言,惟有泪千行。料得年年肠断处,明月夜,短松冈。

师:注意读音,不思量 liáng,自难忘 wàng。

师:时隔千年,这首词主要用了什么手法,让我们至今读起来还觉得"亡人"音容宛在?(提示)"尘满面,鬓如霜""相顾无言,惟有泪千行"是什么描写手法?

生:细节描写。

师:本节课,我们就来品读一下孙犁的一篇"悼亡散文"《亡人逸事》中"细节之美",看看这些"细节描写"展现了怎样的"人情之美",对我们的写作又有怎样的借鉴意义?(板书:孙犁　亡人逸事　细节之美　人情之美)

四、品读文本

(一) 明确概念　熟悉文本

师:所谓细节描写,是对肖像、动作、语言、心理、环境等细微之处的描写刻画。结合同学们的整体把握,按照自然分组,找出文中天作之合、婚前相看、婚后琐事、临别赠语四部分中典型的细节描写。

生1:我们的洞房喜联横批,就是"天作之合"四个字。她点头笑着说:"真不假,什么事都是天定的。假如不是下雨,我就到不了你家里来!"有语言和神态的细节描写。

生2:我看见站在板凳中间的那个姑娘,用力盯了我一眼,从板凳上跳下来,走到照棚外面,钻进了一辆轿车。"盯""跳""走""钻"是一系列动作细节描写。

师:结合前后文,你知不知道这一系列动作表现了人物什么性格特点?

生2:后面说"她"礼教观念很重,这些动作写的是婚前相看可能不合规矩,所以姑娘很矜持,到车里"躲起来"了。

生3:她弯下腰,挎好筐系猛一立,因为北瓜太重,把她弄了个后仰,沾了满身土,北瓜也滚了满地。她站起来哭了。

生 4：她闭上眼睛,久病的脸上,展现了一丝幸福的笑容。

（二）"三笑"品细节

师：我们从文中选出三处写"笑"的内容,来细细品味一下这些细节里,有怎样的人情之美。

生读：结婚以后,她跟我学认字,我们的洞房喜联横批,就是"天作之合"四个字。她点头笑着说："真不假,什么事都是天定的。假如不是下雨,我就到不了你家里来！"

师：看到"天作之合"点头一"笑",你从细节里看到了人物怎样的感情？

生：妻子充满新婚的喜悦。

师：具体这一"笑"是在什么语境什么情形下的一"笑"？

生：看到"天作之合",觉得因为下雨媒人躲雨说亲是上天的安排,所以点头笑了。

师：可见这一"笑"是对什么观念的认同？表现了人物怎样的感情？

生：认为姻缘天定,她是"信命"。

师补充：认为姻缘天定,这一"笑"有对命运婚姻的感激之情,妻子对命运的感激预示了妻子一生对婚姻的忠诚。我们还可以继续揣测,这个细节仅仅表现出妻子对姻缘天定的感激之情吗？作者在妻子去世之后回忆这个细节,也可说有作者对妻子的感激。

生读 PPT：我在北平当小职员时,曾经买过两丈花布,直接寄至她家。临终之前,她还提起这一件小事,问道："你那时为什么把布寄到我娘家去啊？"我说："为的是叫你做衣服方便呀！"

她闭上眼睛,久病的脸上,展现了一丝幸福的笑容。

师：这是第二"笑",久病的"笑容"。为什么妻子脸上会展现"幸福的笑容"？

生：想起丈夫对自己的爱,觉得很幸福。

师：这个细节妻子一定重温过很多遍,"幸福"二字作者也点明了,我想提醒大家的是,除了关注动作的细节描写,还要关注语言的细节描写,注意语气。

师读："你那时为什么把布寄到我娘家去啊？""为的是叫你做衣服方便呀！"和我们说的"你为什么把布寄到我娘家去？""为了你做衣服方便！"有什么区别？

生：原文的语言类似跟小孩子讲话,特别耐心、温柔。

师：对啦！问的语气是久病妻子的娇弱,答的语气充满宠溺与温存。这跟把布料寄到娘家一样,是从微妙的细节里品味到的爱与幸福。这个微笑,可以算是两人婚姻关系的定格。再看第三处。

生读：有一天,母亲带她到场院去摘北瓜,摘了满满一大筐。母亲问她："试试,看你背得动吗？"

她弯下腰,挎好筐系猛一立,因为北瓜太重,把她弄了个后仰,沾了满身土,北瓜也滚了满地。她站起来哭了。母亲倒笑了,自己把北瓜一个个捡起来,背到家里去了。

215

师：人们常调侃说婆媳关系是"天敌"，那么这一"哭"一"笑"该怎么理解？

生：妻子在娘家养得比较娇，没干过重活，婆婆让她背瓜背不动，有点委屈。

师：婆婆让她背瓜是为难她吗？

生：不是吧。

师：从哪看出来？

生：从语言"试试，看你背得动吗？"

师：这个语气不是为难，更像是什么？教导。注意婆婆事前的语言带着鼓励，教导这个家庭新成员适应新的家庭，所以我们体会婆婆的那一"笑"，事后自己背并不为难她，她的笑带着对媳妇的宽容爱惜，也带着对自己劳动能力的骄傲与自信。

师：回头再看这一"哭"，动作细节上，媳妇努力想把北瓜背起来，结果跌得非常狼狈。她因为自己的狼狈、难堪，还有新媳妇初到夫家，对劳动的不适应而哭了。一"哭"一"笑"，看似不和谐，恰是新家庭走向和谐的磨合，有着传统的人情之美。

（三）一"手"写细节

生读PPT：我从外面回来，看到她两个大拇指，都因为推机杼，顶得变了形，又粗、又短，指甲也短了。

师：大家想象一下，以前"这双手"是什么样子的，补充两三句以前这双"手"的细节描写试试？

生：这双手应该是白皙、光滑的，因为娘家养得娇，指甲可能还修得光洁整齐，染个指甲花啥的。

师：一双又粗又短的畸形的手，会不会让人觉得"丑"？我们知道，孙犁的小说，素来有"诗体小说"的美誉，即使写残酷的战争，也不失清新秀雅的特点。作者是非常注重语言的美感的。我们不妨看一下他的另一个作品中写到女性的手的片段。

生读：月亮升起来，院子里凉爽得很，干净得很，白天破好的苇眉子潮润润的，正好编席。女人坐在小院当中，手指上缠绞着柔滑修长的苇眉子。苇眉子又薄又细，在她怀里跳跃着……不久在她的身子下面，就编成了一大片。她像坐在一片洁白的雪地上，也像坐在一片洁白的云彩上。　　　　　　　　　——孙犁《荷花淀》

师：这也是写"手"的细节，也是刻画女性的"劳动"，残酷的战争在作者笔下都有某种美感，那本文为什么选择了一个看起来"丑"的细节而舍弃了写写妻子当年那双"美"手来对比突出一下妻子的辛劳？

生讨论。

师总结：实际上这是一个"伪问题"。"文无定法"，写，未必就不行，但我们对材料的取舍要服务于文章的立意，也就是说，我们刻画细节是"小处着笔"，但我们选择什么样的细节去进行刻画却由我们想要表达的思想情感决定，也就是"大处着意"。（完成板书）

总结本文如何体现这一点。

五、写作借鉴

从学生提交的片段写作里选择两则,结合本文的学习,评价片段中细节的成功之处,细节体现的人情有哪些可圈可点的地方,也可说说你认为有待提高的地方:

(一)

爷爷点上了一支烟,嘟起嘴猛吸一口,眉毛间的皱纹立刻舒展开来,脸上的一颗颗小点都缩回了皮肤里。马上(很快),爷爷吐出了一个个甜甜圈似的烟圈,深呼吸,享受地眯起眼回味(享受起)烟的味道。不一会儿,房间里就飘起了一阵浓雾,此时的爷爷,好像神仙般快活、悠闲,正应验了一句话,"饭后一支烟,快活胜神仙"。一开门(门被推开了),一股烟味儿扑面而来,大家都捂着鼻子四散逃开。奶奶拿着一瓶清新剂,朝着爷爷就是一阵猛喷,"嗞——"爷爷吓得急忙把烟灭了。

参考:1."甜甜圈"可做意象探讨。
　　　2.关于情态的细节描写可做重点讨论。

(二)

过了一会儿,老爸便抱了一些苹果兴冲冲地跑来。他把苹果从车窗一个一个递给我,看着老爸那染霜的白发,我不禁一颤,最后一个苹果没接住,掉在地上。老爸赶忙弯腰去捡,这时,车启动了,老爸连忙把沾着泥土的苹果在衣服上蹭了几下,又递给我,还在车窗外挥动着手,着急地喊:"那只苹果,你别吃!还没擦干净……别忘了到校给家里写信。"我的热泪涌了出来,滴在手上,也滴在了那个沾有泥土的苹果上。

参考:是真实情感的表达,还是不太成熟的仿写?经典教材定格的"美"与读者能够接受的"真"的冲突可做探讨,有利于培养更健康的写作观。

六、作业

1.完成课后思考练习题。
2.分类修改习作,订正错别字,修改病句,无细节描写的增加细节描写,有细节描写的加以润色。

板书设计

《亡人逸事》
孙　犁

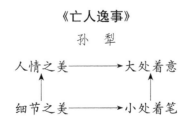

教学反思

本堂课的教学设想要达到较理想的效果，需要有充分的课堂"培育"：一者，指导学生的预习要充分，课前研读文章、整体把握作品要到位，最好利用早读课，组织同学反复诵读文章。课前的片段写作要反映出学生真实的写作状况，不必害怕暴露问题，同时要反复遴选，选用和本课学习内容有关联的具有代表性的片段；二者，一个研讨性的课堂，不是为了追求答案的标准，而是要培养认真思考、畅所欲言的学风，所以要充分重视和研究学生对问题的看法，探究其可取之处，教师提出的看法供参考启发。这样的课堂需要师生长期磨合。

老师能够将自己阅读中比较独到的感受拎出来与学生分享，是非常愉悦的，但作为语文教学是"慢功"，一堂品评细节、领受细微审美愉悦的语文阅读课更是"三寸象牙上雕八宝楼台"，故，既要细微处整合素材，又不可过于零碎。抓住重点可以举一反三，面面俱到易浅尝辄止，同时，阅读体验的积累与审美能力的提高都不能一蹴而就，从这个意义上讲，无论是老师还是学生，都是"得法于课内"而"得益于课外"。

本课教学的不足之处在于，学生普遍阅读与阅历积淀不足，表达能力偏薄弱，在层次较好的班级可以完成的教学在有些班级完全无法进行课堂的交流与互动，所以老师要充分研究学情，针对性备课。

《亡人逸事》创新教学设计

张 琴

设计意图

泰戈尔说:"我的生命就像一个多节的芦笛,经过它希望和收获的缺口,便奏出多姿多彩的音乐。"本课出自江苏省职业学校文化课教材《语文》第三册第三单元"生命的芦笛"单元,意在让学生感受到作家叙写人物时,采撷典型事件,捕捉生动细节,倾注饱满深情,令人物心灵洞开,风采烨然。因此,如何上出新意,让学生们觉得学有所获,在教学中酿造语文核心素养的浓度,校准核心素养的宽度,课后延伸核心素养的长度,是值得思考与尝试的。在开放性的学习过程中,拓展学生的学习内容、学习形式、学习方法。

设计思路具体如图示:

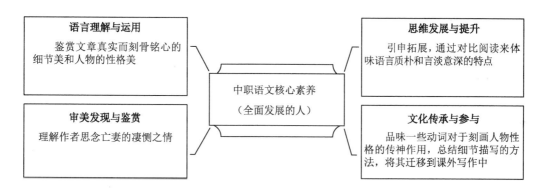

语文核心素养的四个方面是一个整体,其中语言理解与运用是基础,其他三个方面都建立在语言理解与运用的基础之上。

教学目标

1. 鉴赏文章真实而刻骨铭心的细节美和人物的性格美。
2. 引申拓展,通过对比阅读来体味语言质朴和言淡意深的特点。
3. 理解作者思念亡妻的凄恻之情。

教学重点

找出文中对亡妻的生活细节的描述,分析亡妻的人物形象,体会作者真挚感情。

教学难点

品味一些动词对于刻画人物性格的传神作用,总结细节描写的方法,将其迁移到课外写作中。

教学过程

一、导入

1. 江城子　苏轼

十年生死两茫茫,不思量,自难忘。千里孤坟,无处话凄凉。纵使相逢应不识,尘满面,鬓如霜。夜来幽梦忽还乡,小轩窗,正梳妆。相顾无言,惟有泪千行。料得年年断肠处,明月夜,短松冈。

简单赏析:

"相顾无言,惟有泪千行。"细节描写"无言"包括了万语千言,表现了"此时无声胜有声"的沉痛之感。如果彼此申诉各自的别后种种,相忆相怜,那将又从何说起啊!一个梦,把过去拉了回来,但当年的美好情景,却不再存在了。

夫妻情深——悼亡之作

2. 解题

师提问:这是一篇悼亡之作,"亡人"是谁?"逸事"如何理解?

生回答:亡人,即亡妻;逸事,世人不大知道的关于某人的事迹,多指不见于正式记载的。

二、初读文本,整体感知

师:请大家阅读课文,概括文章四部分的主要内容,并为每部分拟一小标题。

生分组讨论并回答:1. 天作之合:从"天作之合"的婚姻说起,回忆了作者与妻子是怎么结婚的。2. 初次见面:着重写了自己和妻子初次见面时的情景。3. 勤劳持家:写妻子如何从一个娇惯女儿变成一个吃苦耐劳的妻子与母亲。4. 临终诀别:写作者对妻子的愧疚并回忆妻子临终前的情景。

三、鉴赏细节,把握形象

师:找出文章中的细节描写,说说对刻画人物性格的作用。

生在文中找出并朗读。

师：你们觉得孙犁妻子是一个什么样的女子？

生：从第一部分看出她天真聪慧；第二部分看出她腼腆、传统礼教观念重；第三部分看出她娇惯倔强又善于学习、吃苦耐劳勤俭持家；第四部分看出她重情义、易满足。

师：是个可爱、可亲、可敬的女子。正是她默默奉献自己，才成就了孙犁文学上的成就，她是作者背后的伟大女性。那么，作者对她的付出你们感受到了吗？文中如何体现的？

四、问题探究，体会深情

师：当一位老朋友劝"我"写写"大嫂"时，"我唯唯，却一直拖延着没有写"。大家看板书，本文写于妻子去世后的第十二个年头。这不是很奇怪吗？既然感情这么深，为何迟迟不写？是他不能写，还是不想写，还是不愿写呢？作者对妻子怀有怎样的感情呢？

生1：第四部分"相聚之日少，分离之日多；欢乐之时少，相对愁叹之时多耳……家庭及我，又多遭变故"，这表明作者觉得妻子为家庭付出太多，而自己没有尽到责任。

生2："老年孤处，四壁生寒，却几乎每晚梦见她……"作者现在年老体衰，更觉孤苦凄凉，自然对亡妻更加眷恋。

师：抗日战争改变了孙犁的人生道路。1937年卢沟桥事变后，孙犁离开家乡投笔从戎。1956年初夏，孙犁不幸病倒，此后是"十年荒于疾病，十年废于遭逢"，近20年的时间不能正常工作，也极少写作。"文革"浩劫时期，他受到残酷迫害，谪居陋室。他几次想到自杀，但终于坚持下来。找出文中相关的语段。

生："自我病后，她伴我至公园，至古董店、书店，顺我之素好，期有助我病速愈。当我疗养期间，她只身数度往返于小汤山、青岛。她系农村家庭妇女，并不识字，幼年教养，婚后感情，有以致之。我于她有惭德。呜呼！死别已五载，偶有梦中之会，无只字悼亡之言，情思两竭，亡者当谅我乎！"

师：试着总结作者对妻子的感情。

生：眷恋、感激、愧疚、自责！

师：一种刻骨铭心的痛啊！

五、知人论世，品味语言

为什么"不太感伤的片段"和平淡的语言却能深深地感动读者？

比较阅读

她两个大拇指，都因为推机杼，顶得变了形，(像极了两个生姜头，)指甲也短了。(只剩半截，深深地嵌进了肉里。我看了痛心不已，内心充满了无限的愧疚！)

临终之前，她(深深地吸了口气，很吃力地)问道：

"你那时为什么把布寄到我娘家去啊?"

我(强忍住悲痛,哽咽着)说:

"为的是叫你做衣服方便啊!"

她闭上眼睛,久病的脸上,展现了一丝幸福的笑容。(她在即将告别人世时,心中念挂的居然是这样一件于我来说不值一提的小事,这让我再也不能抑制悲伤,泪水噙满了眼眶。)

生1:没有更好,反而多余。

生2:显得庸俗,不够真诚。

师:对,大家的直觉很好。斯人已逝,当作者满怀愧疚与不安之情来怀念逝者,把思念倾诉于笔端,写下这些"不太令人伤感的片断"时,我们能感受到作者穿越时光,沉淀岁月的目光。"不思量,自难忘。"在这里,没有"青梅竹马,两小无猜"式的浪漫,没有"举案齐眉,相敬如宾"式的恭敬,也没有"贫贱之交不可忘,糟糠之妻不下堂"式的清高自守,这里只有一种带着些许酸楚、些许温暖的回忆。而这些回忆,正是由于作者的真情流露,使得文章的细节充满了真实感,才具有如此感动人心的力量。

文中质朴淡泊的细节描写,却真实传神地表达了浓重的悲伤和真挚的深情,形成作者浓而淡、丰而约、深而远的语言风格,给我们留下深深的印象。这也是我们可以在自己的习作中学习运用的方法。

扩展阅读

品味例文中真实生动的细节和质朴平淡的语言,探究细节写法,学习写作。

我说道:"爸爸,你走吧。"他往车外看了看,说:"我买几个橘子去。你就在此地,不要走动。"我看那边月台的栅栏外有几个卖东西的等着顾客。走到那边月台,须穿过铁道,须跳下去又爬上去。父亲是一个胖子,走过去自然要费事些。我本来要去的,他不肯,只好让他去。我看见他戴着黑布小帽,穿着黑布大马褂,深青布棉袍,蹒跚地走到铁道边,慢慢探身下去,尚不大难。可是他穿过铁道,要爬上那边月台,就不容易了。他用两手攀着上面,两脚再向上缩;他肥胖的身子向左微倾,显出努力的样子。这时我看见他的背影,我的泪很快地流下来了。我赶紧拭干了泪,怕他看见,也怕别人看见。我再向外看时,他已抱了朱红的橘子往回走了。过铁道时,他先将橘子散放在地上,自己慢慢爬下,再抱起橘子走。到这边时,我赶紧去搀他。他和我走到车上,将橘子一股脑儿放在我的皮大衣上。于是扑扑衣上的泥土,心里很轻松似的。过一会说,"我走了,到那边来信!"我望着他走出去。他走了几步,回过头看见我,说:"进去吧,里边没人。"等他的背影混入来来往往的人里,再找不着了,我便进来坐下,我的眼泪又来了。

六、布置作业

运用细节描写手法,写一个片段,表现出你所熟悉的一个人曾带给你的真情与感动。

板书设计

亡 人 逸 事

孙 犁

人物形象　　　　　　　　　抒发感情
　可爱　⎰细节　真实生动⎱　眷恋
　可亲　⎱语言　质朴平淡⎰　感激
　可敬　　　　　　　　　　　愧疚
　　　　　　　　　　　　　　自责

教学反思

本文作者悼念亡妻，从对真实的生活细节的回忆着笔，熔写人、记事、抒情于一炉，朴实的笔调中饱含对亡妻的深情。

让学生成为真正的学习的主人。这节课中引导学生对细节和语言魅力进行深入地讨论和探究，培养学生的合作能力、探究能力，在鉴赏活动中进行个性解读、多元解读。

从细节描写角度去赏析一篇散文，帮助学生更好地理解细节对人物描写的作用，感受作者的语言风格和特色，希望能够帮助学生欣赏作品并在自己的习作中学会迁移运用。

课堂上，结合学生习作探讨，师生互动，气氛融洽，有效达成教学目标，也不乏精彩纷呈。

第八章　以赛促教

百年大计,教育为本;教育大计,教师为本。职业院校技能大赛教学能力比赛是深入贯彻习近平总书记关于职业教育的重要指示,落实全国职业教育大会精神,坚持"以赛促教、以赛促研、以赛促建、以赛促改"的总体思路,围绕立德树人根本任务,构建"三全育人"体系,落实课程思政建设的有关要求,推进"三教"改革,提高教师综合素质、专业化水平和创新能力,构建以学习者为中心的教育生态,使之成为提高教育教学质量的重要引擎。

本章节选自2020年我们生态语文团队参加江苏省职业院校教学大赛的作品,获得了三等奖。这次比赛促使我们更新教学理念,创新教学方法,提高教学水平。虽然有不少遗憾和不足之处,但毕竟是团队协作的成果。未来我们将以教学比赛为契机,以培育高水平教学团队为目标,来促进人才培养质量的全面提升。

道阻且长,行则将至;行而不辍,未来可期。

2020 江苏省职业院校教学大赛参赛作品
"领略古典魅力,增强文化自信"教学实施报告

刘 鹰 彭 超 汪园园 时 敏

语文课程是学习正确理解和运用祖国语言文字的综合性、实践性课程,是工具性与人文性的统一。语文课程对于全面贯彻党的教育方针,落实立德树人根本任务,培养德智体美劳全面发展的社会主义建设者和接班人具有重要作用。

本单元教学深入贯彻党的十九大精神,以社会主义核心价值观统领整个单元教学,以新课标为指导,努力探索以生为本、促进学生全面发展的教育新生态。

一、教学整体设计

(一) 设计说明

1. 单元主题

"领略古典魅力,增强文化自信"——《语文》第五册古文教学单元设计

2. 内容概述

本单元是江苏省职业学校文化课教材《语文》第五册的第三单元,原名"古典的魅力",属于文言散文单元。

本单元收录的课文都是中国古代经典的传统名篇,记录着中华民族的精神和情愫,透现出中华民族的文化心理和思维方式,表达了古人对真善美的执着追求。本单元在前四册文言教学的基础上承前启后,强调把握文言文特点、提升文言文阅读能力、积累相关文化常识和感受古代文化魅力,不仅为学生今后学习文言文,更为学生今后的终身发展奠定基础。

3. 课时安排

序 号	篇 目	课 时
1	《庖丁解牛》	2课时
2	《廉颇蔺相如列传》	3课时
3	《伶官传序》	2课时

(续表)

序　号	篇　目	课　时
4	《左忠毅公逸事》	1课时
5	《语文综合实践活动》	2课时
6	《写作·总结》	2课时

（二）教学理念

近年来，加强古诗文教学，已经越来越成为中职语文教学界的共识，新的课程标准中，也增加了中华优秀传统文化的内容。如何提高古诗文教学效果？针对这些问题，我们在新课标的引领下，在贯彻思政教育的基础上，立足语文课堂本色，体现职业教育特色，在文言文教学中采取"一体三化四步"的学习模式，打造以生为本、促进学生全面发展的语文生态课堂。

"一体三化四步"，是指以学生语文核心素养的自我提升为主体，学习任务情境化、学习环境特定化和学习方式实践化。具体的课堂学习按"激活——优化——生成——反思"四步进行。

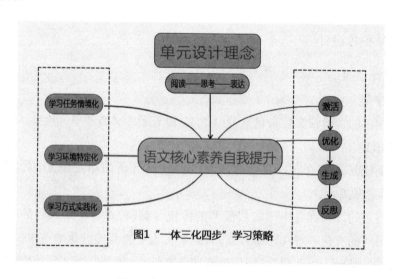

图1　"一体三化四步"学习策略

追求语文核心素养的养成，是中职语文课堂教学的价值追求和目标任务。通过对语文核心素养的培育，使学生具有较强的语言文字运用能力、思维能力和审美能力，传承和弘扬中华优秀文化，接受人类进步文化，成为全面发展的高素质劳动者和技术技能人才。自我提升是指引导学生自主学习，以学生作为学习的主体，通过学生独立的分析、探索、实践、质疑、创造等方法来实现学习目标。它体现了以学生为中心，基于学生，为了学生，促进学生全面发展的生本理念。

学习任务情境化：教师在教学过程中设计典型任务，以职业生活、个人生活、社会生活和学科认知等具体的语言运用情境为载体呈现出来，驱动学生自主学习，提升语文核心素养。

学习环境特定化：根据语文学科特点，创设以形象为主体，富有感情色彩的特定的物理环境和人文环境，促进师生的情感体验，激发学生学习的主动性和积极性，提高课堂学习效率。

学习方式实践化：学习方式的实践化是由核心素养的内隐性决定的。学生通过具体的阅读与欣赏、表达与交流、语文综合实践等实践活动形成与发展语文核心素养，通过具体的学习情境和积极的言语实践反映其语文核心素养水平。

（三）设计思路

1. 创设情境，整合内容，打造传统文化学习氛围。

学校会计文化展厅为庆祝建国 71 周年需要重新布置展厅，分为工匠馆、和谐馆、勤勉馆、爱国馆、体验馆。请从本单元《庖丁解牛》《廉颇蔺相如列传》《伶官传序》《左忠毅公逸事》《写作·总结》和《语文综合实践——中国古代文化常识竞赛》内容中查找搜集材料。

2. 布置任务，计划准备，教师发布相应任务至教学平台。

教师将上述本单元中各课任务发至教学平台，学生下载"古诗文网 App"等资源学习，按计划完成，并上传平台。

3. 小组合作，教师引导，共同探究研讨，依次完成任务。

《庖丁解牛》→《廉颇蔺相如列传》→《伶官传序》→《左忠毅公逸事》→《语文综合实践——中国古代文化常识竞赛》→《写作·总结》

特将《写作·总结》调整到《语文综合实践活动》之后，把握课标模块专题的要旨，承接语文综合实践活动的任务，作为应用文写作总结的素材，展开教学，帮助学生掌握规范的总结写作格式，训练学生对材料的总结提炼概括能力，契合了阅读—思考—表达的思维训练。

序　号	篇　目	内　容
1	《庖丁解牛》	工匠馆
2	《廉颇蔺相如列传》	和谐馆
3	《伶官传序》	勤勉馆
4	《左忠毅公逸事》	爱国馆
5	《语文综合实践活动》	体验馆
6	《写作·总结》	体验馆

二、教学策略

（一）学情分析

1. 教学对象基本情况

教学对象为高职三年级财会专业学生。本专业培养学生理想信念坚定，德、智、体、美、劳全面发展，具有一定的科学文化水平、良好的人文素养、职业道德和创新意识，精益求精的工匠精神，较强的就业能力和可持续发展的能力；掌握本专业知识和技术技能，面向商务服务业的各类中小微型企业和非营利组织的会计专业人员职业群，能够从事会计核算、会计监督、财务分析工作的高素质技术技能人才。

2. 起点能力和知识基础分析

（1）情感态度方面。由于不得文言文学习之法，所以学习效果不佳，部分学生存在抗拒和畏难心理。

（2）文言知识结构方面。虽然学生已经积累了一定的文言文知识，初步构建起了知识框架，但是还存在着一些缺漏，如一字多义、古今异义、句子翻译等。

（3）能力方面。三年级的学生，已经能够借助注释、工具书、网络平台阅读文本，并联系学习过的古代诗文，梳理常用文言实词、虚词、特殊句式，具备一定的阅读古代诗文的能力。

（4）价值观方面。学生学习中国古代经典诗文，阅读并了解作品内容，能够体会其精神内涵、审美追求和文化价值，但受一系列外因影响，还要系统强化。如学生多为独生子女，少数学生缺乏吃苦耐劳的精神，因此还需大力弘扬劳模精神、工匠精神等。

3. 学习策略

依据以上学情分析，本单元教学采用"一体三化四步"的学习策略。

（二）教学目标确定

基于单元特点及学情特点，制定以下教学目标：

1. 阅读与欣赏

借助注释和工具书，读懂课文基本内容，把握文章思想内涵，体会文章艺术特色；了解课文中常见实词、虚词的含义和用法，以及常见文言句式，分类归纳古代汉语知识；在具体实在的语文活动中认识文言文特点，掌握文言文基本规律，提高文言文阅读能力；结合教材中的文章，了解相关的文化常识，丰富文化积累，提升对中华优秀传统文化的认同感、自豪感，增强文化自信。

2. 口语交际

掌握主持的方法和技巧，主持时做到清晰准确、字正腔圆、通俗易懂。

3. 写作

掌握总结的写作要领，能对工作学习情况作出较为深刻的反思，并根据具体情况，灵活运用纵式与横式结构写作规范的总结。

4. 综合实践活动

通过收集信息、选择信息、组织与整理信息,加强中华古代文化素养的积淀,提高综合素质,增强民族自豪感;能够通过出竞赛题、写主持词、参与竞赛活动、办墙报等形式了解中华古代文化的基本常识。

《中等职业学校语文课程标准》(2020年版)指出:语文课程目标是学生通过阅读与欣赏、表达与交流及语文综合实践等活动,在语言理解与运用、思维发展与提升、审美发现与鉴赏、文化传承与参与几个方面都获得持续发展,自觉弘扬社会主义核心价值观,坚定文化自信,树立正确的人生理想,涵养职业精神,为适应个人终身发展和社会发展需要提供支撑。

(三)教学重点难点制定

基于此,我们在制定重点时综合考虑到语文课程、职业素养与课程思政三个维度,在制定难点时依据学生学情,基于学生学习文言文的现状,拟定教学重难点如下:

1. 单元教学重点

通过对文章内容的概括提炼,对描写方法的研究分析,对所学所思的表达与交流,对特定情境的揣摩与反思,提升语文核心素养;通过立足文本分析,联系实际生活,联系学习生活,联系职业生活,提升职业素养;通过课堂思想火花的碰撞,延展对于课文中社会主义价值观的认知,自觉弘扬社会主义核心价值观,坚定文化自信,树立正确的人生理想。

2. 单元教学难点

运用以前学习的文言文阅读与欣赏的方法进行文本研习,积累知识,涵泳语句,反复诵读,把握作品思想内涵,充分感悟传统文化的思想精髓及其时代意义。

三、教学实施

(一)实施流程

坚持"一体三化四步"的总体思路,立足核心素养之本,紧握语文之根,打开职业之门,涵养思政之魂。单篇实施教学时按照以下流程进行:

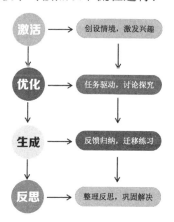

图2 课堂"一体三化四步"图

(二) 数据采集与应用

注重数据采集与分析,对学生进行有的放矢的指导。以《庖丁解牛》为例,课前布置"趁热打铁"任务,考核学生掌握情况。课上根据学生回答的数据分析,明确学生的短板,在一字多义、古今异义、句子翻译等方面存在问题,课上就可以有针对性地进行讲解,弥补学生短板。

四、教学实施成效

(一) 聚沙成塔,积累梳理

文言文学习终究还是语言的学习,所有的落脚点必须是基础的字词句。知识的积累最为基础也最为重要,要求学生制作表格,在表格中注重知识的分类,让积累结构化,逐渐培养语感。

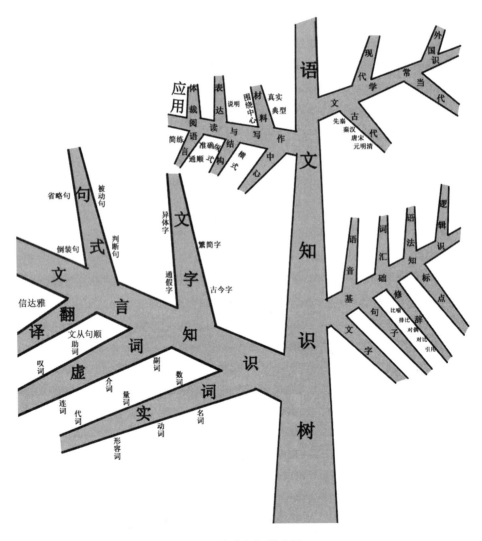

图3 文言知识谱系图

（二）多法并用，落实阅读

阅读是理解文章内容的基础，课堂上必须强化文本的有效阅读。教师设计了形式各异的诵读，从初窥门径的自由诵读，到精挑细选的甄选诵读，再到对症下药的指向性阅读，最后到带着问题速读课文，目的明确，目标精准，学生理解了内容，品味了语言。当然，学生也领会到了诵读在文言文学习过程中的重要作用。

（三）情境先行，深入理解

理解是阅读的核心，理解能力的培养是语文教学的重点，自然不能忽视。

在教学过程中，教师有目的地引入或创设具有一定情绪色彩的、以形象为主体的生动具体的场景，以引起学生一定的态度体验，从而帮助学生理解教材，并使学生的心理机能得到发展。

我们通过身临其境（在学校会计文化展厅体验）、语言描述情境，通过表演体会情境，通过音乐渲染情境，通过图画再现情境。

图 4　学习任务情境化

（四）多元延伸，发展思维

古文的深度阅读旨在培养学生高层次的阅读能力，发展学生阅读思维的深刻性、独立性和创造性。以《伶官传序》和《庖丁解牛》为例：

思维的深刻性重在超越事物的表象进入体现事物本质意义的核心层面，能够将文本中的哲理自然联系身边人、家国事。在《伶官传序》的课堂上，我们引导学生透过表象看本质，比如提问：课文的最后一节是不是画蛇添足？两组道理之间存在什么样的关联？

思维的独立性重在尊重个性解读，允许出现不同的"声音"。比如在《庖丁解牛》的课堂上让学生思考庖丁是否自信，找出原文证明自己观点，有同学从"怵然为戒"看出庖丁不够自信。我们在肯定学生立足文本分析的做法的同时，引导学生探究谨慎小心和缺乏自信的区别，让学生自查自己的个性解读是否正确。

思维的创造性重在突破，突破"原文本"这个"小界"，达到"超文本"这个"大界"，在《伶官传序》的课堂上，教师由"岂独"引导学生思考庄宗的人生盛衰并不是个例，由古至今,既学习体会了与"逸豫可以亡身""祸患常积于忽微,智勇多困于所溺"相关的时政,又能联系学生生活实际中鲜活的例子。同时,由中而外,结合当下疫情,加深学生对文本哲理的理解。在《庖丁解牛》的课堂上让学生谈谈自己对职业教育中"技"与"道"的关系的理解,联系生活,突破文本。

图 5　学习方式实践化

(五) 教学评价,立足发展

遵循导向性、整体性和发展性的评价原则,实施多元化评价。采用学生自我评价、同伴评价、教师评价等相结合的方式,建构学习与评价的共同体,全面评价学生语文素养。同时,我们还注重评价方式多样化,立足学生发展,根据不同的评价目的和评价对象,选用恰当的评价方式。整合诊断性评价、形成性评价、终结性评价等多种评价方式,采用测试、现场观察、对话交流、小组分享、自我反思、活动多维评价表等多种评价方式,增强评价的科学性和有效性,较全面地评价学生语文学科核心素养的整体发展。

图 6　评价方式多样化

五、创新和特色

(一) 紧扣中职语文课程任务,注重文化传承与参与

新课标明确指出:要使学生传承和弘扬中华优秀文化,接受人类进步文化,汲取人类

文明优秀成果,形成良好的思想道德品质、科学素养和人文素养。因此我们在语文教学中注重渗透课程思政,注重文化传承与参与。

单元篇目	课程思政
《庖丁解牛》	爱岗敬业,工匠精神
《廉颇蔺相如列传》	爱国,和谐
《伶官传序》	爱国敬业,勤勉自律
《左忠毅公逸事》	爱国
《语文综合实践活动》	爱国,文化自信
《写作·总结》	职业素养

本学习还激发了学生们对中华传统文化的热爱。学生们积极参与学校诵读、珠算、剪纸等传统文化社团,走出学校、走进社区,用自己精彩的活动,传承着中华传统文化,展现文化自信。同时还利用多种新媒体手段(学校网站、微信公众号、抖音、哔哩哔哩等)将自己对传统文化的理解延伸到更广泛的空间。

图7 走出校园、走进社区、传承文化

(二)"一体三化四步"学习模式,促进核心素养的提升

"一体三化四步"的学习策略,从学生实际出发,充分调动学生的情感和积极性,让他们化被动为主动,自主学习,使教学真正成为生动活泼、自我需求的活动。如《廉颇蔺相如列传》组织学生表演情景剧、开展辩论活动,让学生直观感受到主人公为了国家牺牲个人的爱国情怀。《中华古代文化常识竞赛》让学生自行讨论、确定文化专题,拍摄视频,自学主持相关内容,协作拟定主持词,制作电子海报……

(三)线上线下混合育人,多维协调创新

信息技术的使用,方便了教与学,平台的使用解锁了教与学的时空限制,能够帮助教师创设生动活泼的教学情境,提高教学效率,能够帮助学生激发学习与发现的兴趣,提高自主学习能力和创新能力,以及分析问题、解决问题的能力。但是网络教学在具体操作的过程中有一定局限性,因此我们将线上线下有机结合,发挥两者合力。后"疫情"时代,我们还要提高信息素养,不断探索信息化背景下教与学方式的转变,做到线上线下混合育人,重构新时代语文教育生态。

六、教学反思与整改

(一) 教学反思

1. 构建基于语文核心素养培养的以学生为主体的教育生态课堂

教师分析永远代替不了学生的主体参与。让学生作为学习主体,积极、主动、创造性地参与到教学活动中来。着重确立学生在古文鉴赏活动中的主体地位。将更多的课堂时间交给学生,让学生能够从容地展开与作者、作品的对话,并进行交流、讨论、评价、扩展等活动。学生对古文的鉴赏过程就是一场强烈的情感体验活动。在这个过程中学生与作者、学生与作品都进行着激烈的情感碰撞。教师可以以情唤情,激发学生的情感投入,并珍视学生的独特感受、体验和理解,鼓励其在发现、探讨、争辩过程中张扬个性,从而受到情感熏陶,获得思想启迪,享受审美乐趣,构建教育生态课堂。

2. 创设信息技术与语文教学深度融合的人文性课堂

我们充分利用信息化手段辅助教学。教师课前在网络教学平台上发布与课时相关的任务,通过学生的反馈,了解学生的困惑以及不足,适时调整教学策略。学生结合教师发布的教学资源,采用自主学习和合作探究,寻找学习方法,突破重难点,但这一过程并不都是在课堂上完成,很多时候是在课前或课后,而信息化手段的使用突破了空间和时间的限制,学生小组讨论和教师适时指导都可以通过网络教学平台实现。除了教学平台,我们还使用现成的语文资料库"古诗文网"App助力教学,它为我们的文言基础知识教学提供了极大的帮助。

但同时,我们也清醒地认识到,信息技术不能代替文本阅读和书写,更不能包办正常的教学活动。语文学科的特殊性在于它是语言的艺术。语言文字有着无比巨大的想象空间,这是任何信息技术手段都无法替代的。因此,我们融合线上线下教学,打造深度融合的人文性课堂。

(二) 教学整改

新的课程结构要求以学生的语文实践为主线。一直以来,课程改革都倡导以自主、合作、探究式学习为主要的学习模式。教师引导学生有效参与,尊重学生的差异化解读,使他们通过阅读鉴赏、表达交流、梳理探究等学习活动,获得能力和品格的全面提升。针对于此,我们在教学中作了课本剧排演、辩论会、评点法、知识竞赛、拍摄视频等尝试,将更多的主动权给学生。由于时间有限,课堂上还不能给学生充分的展示机会,这也为我们今后进一步拓展教学的空间和深度提供了依据。